"跨境电商 B2B 数据运营"1+X 职业技能等级证书配套教材
"跨境电子商务师"认证项目配套教材

跨境电商营销策划

"跨境电商 B2B 数据运营"1+X 职业技能等级证书配套教材编委会　组编

本书主编　何　雄
本书副主编　杨　玲　袁静波
本书编委　何　英　刘　晓　朱丽萍
　　　　　胥蓓蕾　马欢欢　罗　元

电子工业出版社
Publishing House of Electronics Industry
北京·BEIJING

内 容 简 介

本书以整合营销、数字营销在跨境电商领域中的应用为主题,尝试构建跨境电商营销策划体系,全书共分为 11 章,包括概论、市场与品牌战略、客户策划、产品与供应链策划、定价与促销、视觉营销策划、平台营销策划、社会化媒体营销策划、EDM 营销策划、服务营销策划和跨境电商营销创新。通过本书的学习,读者能对数字营销有系统的认识,并能撰写较专业的跨境电商营销策划案。

本书为"跨境电商 B2B 数据运营"职业技能等级标准(高级)的配套教材,可作为"双高"职业学院和应用技术型本科院校跨境电子商务、电子商务、国际经济与贸易、商务英语等相关专业教材,也可供跨境电商应用企业营销策划人员参考。

未经许可,不得以任何方式复制或抄袭本书之部分或全部内容。
版权所有,侵权必究。

图书在版编目(CIP)数据

跨境电商营销策划/"跨境电商 B2B 数据运营"1+X 职业技能等级证书配套教材编委会组编. —北京:电子工业出版社,2021.11
ISBN 978-7-121-42427-4

Ⅰ. ①跨… Ⅱ. ①跨… Ⅲ. ①电子商务—商业经营 Ⅳ. ①F713.365.2

中国版本图书馆 CIP 数据核字(2021)第 242381 号

责任编辑:陈　虹
印　　刷:北京捷迅佳彩印刷有限公司
装　　订:北京捷迅佳彩印刷有限公司
出版发行:电子工业出版社
　　　　　北京市海淀区万寿路 173 信箱　邮编 100036
开　　本:787×1 092　1/16　印张:16　字数:410 千字
版　　次:2021 年 11 月第 1 版
印　　次:2024 年 8 月第 7 次印刷
定　　价:58.00 元

凡所购买电子工业出版社图书有缺损问题,请向购买书店调换。若书店售缺,请与本社发行部联系,联系及邮购电话:(010)88254888,88258888。
质量投诉请发邮件至 zlts@phei.com.cn,盗版侵权举报请发邮件至 dbqq@phei.com.cn。
本书咨询联系方式:chitty@phei.com.cn。

"跨境电商 B2B 数据运营" 1+X 职业技能等级证书配套教材编委会

主　　任：顾　明

执行主任：毛居华　姚　远　何　雄

委　　员：（按拼音首字母顺序排列）

陈一兵　邓焕玉　邓健宇　邓志超　杜晓燕

冯　笑　黄　康　胡新振　金　贝　刘学之

刘　颖　罗　艳　缪晨卿　马　宁　石　虎

孙孟洋　沈　萍　王红梅　王航鹰　王　娟

王　妮　万佳迪　温秋华　许绍宏　徐　薇

闫高杰　袁静波　杨　玲　郑辉英　周　丽

出版说明

随着"一带一路"倡议得到国际社会的广泛认可,以及互联网技术的迅猛发展,跨境电商企业面临前所未有的巨大机遇,网上丝绸之路已蔚然成势。在新业态、新技术的大背景下,人才瓶颈更为凸显,国际化、复合型数字贸易人才数量严重不足,已是制约跨境电商企业持续发展的首要问题。

为解决跨境电商企业用人难题,协助各高校、职业院校建设跨境电商专业,并满足"跨境电商 B2B 数据运营"职业技能等级证书的学习和考试需求,国家服务外包人力资源研究院联合阿里巴巴(中国)教育科技有限公司,以研究院"(跨境电商领域)应用技术型人才标准及认证体系研究"部级科技鉴定成果为基础(该成果填补国内空白,达到国际先进水平),结合跨境电商 B2B 数据运营职业技能等级标准,共同编撰开发了该套丛书。

该丛书共 7 本,其中《跨境电商 B2B 店铺运营实战》和《跨境电商视觉设计与营销》为初级考试配套教材,《跨境电商 B2B 店铺数据运营》和《海外社会化媒体营销》为中级考试配套教材,《跨境电商营销策划》、《海外客户开发与管理》和《国际搜索引擎优化与营销》为高级考试配套教材(说明:按照 1+X 考试原则,高等级考试范围涵盖低等级相关内容)。

该套丛书的出版得到了教育界和产业界的高度关注和支持。

因能力有限,时间紧迫,教材难免有疏漏甚至错误之处,敬请广大读者批评指正。

序

自我国 2013 年提出"一带一路"倡议以来,已有 200 多个国家、地区和国际组织参与和支持,联合国大会、联合国安理会等重要决议也纳入"一带一路"建设内容。"一带一路"倡议为全球经济贸易往来提供了难得的良好国际政商环境。

互联网技术的发展,为全球化贸易奠定了前所未有的信息技术基础。贸易的核心是信息,而互联网则实现了世界范围内的信息及时性、全透明、全覆盖。借助互联网上的信息,企业能够在原材料价格最低的地区购买,在加工成本最低的地方生产产品,并把产品卖给最需要的客户。

古时候,由于国家间交往的安全因素,以及信息的封闭孤立,客观上使得国际贸易只能是极少数冒险商人的专有发财机会;而在新时代,随着中国发起的"一带一路"倡议为广大国家地区和组织认可,随着世界各国的交通、通信等基础设施逐渐完善,随着互联网及其他新技术在全球普及应用,普通企业以跨境电商方式进行国际贸易成为可能。足不出户可知天下大事,身不出国可做全球贸易,新时代网上丝绸之路已成型,全球所有国家和企业都面临着前所未有的重大历史机遇。

现实亦是如此。近几年来,跨境电商快速发展,参与企业数量和贸易额每年都以两位数的速度增长。我国货物贸易出现了一般贸易、加工贸易和跨境电商三驾马车并驾齐驱的新局面,特别是在此次新冠肺炎疫情期间,跨境电商更是发挥了不可替代的独特作用,跨境电商已成为全球贸易不可或缺的重要模式。基于跨境电商的独特优势,相信其未来会有更大的发展。

不过,随着跨境电商的迅猛发展,人才瓶颈也日益凸显。据国家服务外包人力资源研究院在沿海城市的调研,超过 71%的跨境电商企业认为最大的发展瓶颈是"专业人才缺乏",远高于国际物流等其他问题。据估计,每年跨境电商人才缺口超过 30 万人,专业人员的不足,已极大地制约了跨境电商的发展。

"硬实力、软实力,归根到底要靠人才实力"。当前,培养既掌握新信息技术又通晓国际贸易规则和技能的复合型国际经贸人才(跨境电商人才),已是重中之重,对于企业发展,对于"一带一路"沿线各国经济繁荣,都有着非常紧迫和现实的意义。

多年来,国家服务外包人力资源研究院和阿里巴巴集团一直在致力于解决跨境电商新领域的企业发展和人才培养问题。我很欣慰地看到,跨境电子商务师技能产业认证工作已取得了相当大的进展,数万家企业因之获益。

在国家职业教育改革的大背景下，跨境电商相关职业技能正式列入教育部 1+X 证书系列，这是件好事。希望借此机会，能够在更高标准、更大范围内规模化、体系化地培养产业人才，扎扎实实解决院校教改和企业发展问题，踏踏实实解决大学生就业问题，为我国产业转型，为"一带一路"区域经济繁荣做出应有贡献。

商务部原副部长　魏建国

前　言

自"市场营销"概念诞生以来，各种经典营销案例层出不穷。在如今的互联网时代，这些经典案例常常被整理出来，并快速分享。因文字可读性强、图片充满趣味性、视频抓人眼球，阅览经典营销案例本身已成为一种大众娱乐。在大学，营销课通常也比其他课程更受学生欢迎和期待。我每每被优秀的营销创意所吸引，常有叹为观止的感受，一次又一次刷新这种感受。终于有一天，我确定在营销领域，"观止"将永不会发生。因为创意无限，因为人类在发展，因为每个时代都有那个时代的"真善美"。

随之而来的是焦虑，年龄一天天增长，焦虑也在增长。当我发现无法理解的营销成功案例越来越多时，会陷入焦虑；当非常努力思考依然无法提出让自己满意的营销创意时，会陷入焦虑；当与年轻人一起"头脑风暴"，感受他们天马行空的新点子时，也会陷入焦虑。这种焦虑在6年前一脚踏入跨境电商领域时达到了顶峰。

电商营销"套路"深不可测。当我思考如何能将一个店铺经营好时，朋友给我展示了他的奇葩玩法，这些"神操作"在电商领域频繁发生着，创造了一个个业绩奇迹，但很难见诸书本。我想继续深入电商产业，收罗这些创意和技巧，臆想着这些能让我成为电商营销大师。

直到有一天，另一个朋友跟我眉飞色舞地描述他如何用超低成本"购买"了20万美元的信保额度，已见怪不怪的我突然意识到中国的电商营销正走在一条危险的道路上，这一认知让我脊背发凉。《孙子兵法》讲，"以正合，以奇胜"，市场营销应用领域一直在追求"奇"，而忘了"以正合"。事实上，现代营销学之父科特勒早已指明，营销学核心的4P[①]中，促销只是其中很小的一部分，更重要的还是客户、产品及其价格（价值）。他还一直坚持构建和优化营销框架体系，让营销人能够通观全局。

正是在这样的背景下，我强力推动了"跨境电商B2B数据运营"职业技能等级标准的修订，把原标准关注营销工具灵活应用的导向修改为关注构建营销框架体系，以顺应"正合奇胜"的先贤教导。

然而，事情并不如想象般顺利。正如前面提到的，我感觉现在的跨境电商领域内部从业人员已在"奇巧"的道路上走得太远，当我把我的构想阐述给部分业界同人时，很多人并不看好。他们认为想法是好的，也有意义，但很难接地气，结局可能是"爹不疼娘不爱"，教育界和产业界都不接受。此时，湖南人的执拗冒了出来，我坚持把本书做成了现在的结构，并做好了被各种质疑的心理准备。为了不被"骂"得太狠，我在前言中先行为自己辩护，阐述自己的观点。

本书的框架结构源自科特勒的《营销管理》一书，营销框架体系并不容易创新，站在巨人肩膀上成为必选。但直到2019年，科特勒更新的营销框架依然只做到自成体系，并未在模型层面与战略管理、组织行为学等发生有机关联。本书的营销框架13N1模型借鉴了战略分层思想，将框架分为战略、战术和战斗三层，与组织架构的职级层次实现了对应，并在最后一章按三个层级阐述了整合营销模式。这样，13N1模型不但自成体系，而且与其他管理类课

---

① 4P：产品（product）、价格（price）、渠道（place）、促销（promotion）。

程实现了有机关联，使得模型内在逻辑性、系统性和外延稳定性更强。

这是我自认为最满意的地方，也是产业界部分朋友质疑最多的地方。他们的观点是，按本书主张的那样追求系统性，必然导致市场响应慢，企业可能快速死亡。而我的观点是，营销应做到系统性、有章法，才能真正支撑品牌打造和"品牌出海"。这两种观点目前看不出谁对谁错，请读者和我们一同迎接未来，见证最终的结局。

电商节奏快是不争的事实，营销框架的系统设计是战略层的事，让 CMO 去头疼好了，其他营销人员一定要跟上快节奏，所以本书在强调框架系统性的同时，也赞同互联网行业广为接受的"快速试错""效率第一"的观念。例如，在营销框架的落地执行上，本书提出了 PDCA-DCA-DR 三层循环。在各章的落地工具上，一般会给出"简易策划表"。在一些量化指标的计算上，甚至牺牲严谨性，鼓励使用简易算法或快速试算。这些地方很多，建议读者更关注这样做的背后意义，而不必苛责简化导致的不严谨、不周全。

正是因为电商产业界还没有系统的营销框架，学术界对一些新的规律、指标和方法也没有深入研究，本书提出了大量新概念、新工具和新方法。例如，上文提到的 13N1 模型、PDCA-DCA-DR 三层循环实践、简易策划表，第二章的最优市场战略函数、市场战略画布，第四章的选品策略矩阵，这一章还将选品策略与波特五力模型进行关联，主张将所有选品策略归纳为横向和纵向两大类……显然，这些创新点还很粗糙，还有待业界同人共同努力改善。这样做一方面是因为跨境电商营销策划领域还太新，笔者的研究还太粗浅，无法做到更好；另一方面笔者又希望对已经观察到的新规律进行归纳总结，哪怕只是块砖，也要抛出来，万一引出玉了呢？

另外，互联网产业，特别是细分的电商、游戏、数字媒体等领域，中国已走在世界前列，由中国人总结的一些规律也有了相当的价值。个人比较喜欢陈威如、余卓轩的《平台战略》、杨飞的《流量池》，在本书中均有大量引用。参与本书编写的何英的"七星经营系统"课程也给了笔者很多灵感。建议读者找到这些原著深入研究，必将受益匪浅。

本书以"跨境电商 B2B 数据运营"职业技能等级标准（高级）为依据，是跨境电商营销人员的高阶读物，建议读者先通过"跨境电商 B2B 数据运营"职业技能等级证书中级考试，最好具备一定的数据运营实践经验。本书共分 11 章，第一章提出跨境电商营销框架 13N1 模型及其落地实践方法；第二章介绍战略层任务市场与品牌战略；第三、四、五、七章是战术层任务：包括客户策划、产品策划、定价策划、渠道（对应 4P）策划；第十一章是未归入三层框架的营销创新；其他章均属于战斗层任务，包括视觉、社会化媒体、EDM、服务营销策划。每章均有 4~5 节，大致按定义、方法、评价、策划的逻辑组织内容。希望读者能做到概念清晰，熟悉方法，科学评价，创新策划/优化，最终能建构一套适合自己的跨境电商营销框架体系，这也是对高级运营人员的要求。

本书是典型的产教融合产物，作者团队由具备多年一线实战经验的企业项目经理或一线教学经验的骨干教师组成，他们是清华大学国家服务外包人力资源研究院杨玲、杭州添晔进出口贸易有限公司袁静波、广州明行企业管理顾问有限公司何英、四川大学锦城学院朱丽萍、湖北大学知行学院马欢欢、武汉学院胥蓓蕾、福州外语外贸学院罗元、南昌师范学院刘晓。

本书在编写过程中，还得到了北京乐博创电子商务有限公司黄康、阿里巴巴国际事业部金贝和孙孟洋，以及众多产业界朋友的帮助，在此一并表示感谢。

本书配套资料有 PPT 课件、线上课程和训练题库，可联系责任编辑获取相关资源或链接，邮箱地址：chitty@phei.com.cn。

由于编者能力有限，不当之处在所难免，敬请广大读者批评指正，联系邮箱：yangling@niso.edu.cn。

何　　雄

目 录

第一章 概论 ·· 1
  第一节 数字营销时代 ·· 2
  第二节 营销基础 ·· 5
  第三节 数字时代的跨境电商营销策划 ···························· 8
  第四节 CMO 及其团队 ·· 12
  本章小结 ·· 17
  本章习题 ·· 17

第二章 市场与品牌战略 ·· 18
  第一节 市场调查 ··· 19
  第二节 目标市场 ··· 28
  第三节 定位 ··· 31
  第四节 品牌 ··· 36
  第五节 市场战略策划 ·· 42
  本章小结 ·· 47
  本章练习 ·· 47

第三章 客户策划 ·· 49
  第一节 客户洞察 ··· 50
  第二节 客户运营 ··· 54
  第三节 客户价值评价 ·· 60
  第四节 客户运营策划 ·· 62
  本章小结 ·· 64
  本章习题 ·· 65

第四章 产品与供应链策划 ·· 66
  第一节 理解产品 ··· 67
  第二节 选品 ··· 75
  第三节 跨境供应链选择 ·· 88
  第四节 产品运营 ··· 91
  第五节 产品与供应链策划 ·· 97
  本章小结 ·· 101
  本章习题 ·· 101

第五章 定价与促销 ·· 103
  第一节 定价基础 ··· 104
  第二节 定价实践 ··· 108
  第三节 促销 ··· 113
  第四节 促销策划 ··· 122
  本章小结 ·· 125

本章习题……………………………………………………………………………………125

第六章　视觉营销策划……………………………………………………………………126
　　第一节　视觉营销概述……………………………………………………………………127
　　第二节　跨境电商的视觉与体验…………………………………………………………129
　　第三节　视觉营销效果评估………………………………………………………………135
　　第四节　视觉营销方案策划………………………………………………………………138
　　本章小结……………………………………………………………………………………142
　　本章习题……………………………………………………………………………………142

第七章　平台营销策划……………………………………………………………………143
　　第一节　概述………………………………………………………………………………144
　　第二节　阿里巴巴国际站营销矩阵………………………………………………………147
　　第三节　店铺经营指标体系………………………………………………………………153
　　第四节　跨境电商平台营销策划…………………………………………………………156
　　本章小结……………………………………………………………………………………160
　　本章习题……………………………………………………………………………………160

第八章　社会化媒体营销策划……………………………………………………………162
　　第一节　概述………………………………………………………………………………162
　　第二节　社会化媒体品牌营销及其成效分析……………………………………………165
　　第三节　社会化媒体获客及其成效分析…………………………………………………168
　　第四节　社会化媒体再营销及其成效分析………………………………………………172
　　本章小结……………………………………………………………………………………177
　　本章习题……………………………………………………………………………………178

第九章　EDM 营销策划……………………………………………………………………181
　　第一节　概述………………………………………………………………………………182
　　第二节　实施 EDM…………………………………………………………………………184
　　第三节　EDM 的成效评价…………………………………………………………………189
　　第四节　EDM 策划…………………………………………………………………………193
　　本章小结……………………………………………………………………………………195
　　本章习题……………………………………………………………………………………195

第十章　服务营销…………………………………………………………………………198
　　第一节　服务与再营销……………………………………………………………………199
　　第二节　社群运营…………………………………………………………………………204
　　第三节　服务营销评估……………………………………………………………………208
　　第四节　服务营销策划……………………………………………………………………212
　　本章小结……………………………………………………………………………………216
　　本章习题……………………………………………………………………………………217

第十一章　跨境电商营销创新……………………………………………………………218
　　第一节　营销创新概述……………………………………………………………………219
　　第二节　直播营销…………………………………………………………………………221
　　第三节　高阶营销技巧……………………………………………………………………231
　　第四节　营销创新环境与激励……………………………………………………………240
　　本章小结……………………………………………………………………………………244
　　本章习题……………………………………………………………………………………244

参考文献……………………………………………………………………………………245

第一章 概 论

> 某些推销工作总是必要的，然而，营销的目的就是使推销成为多余。
>
> ——彼得·德鲁克

案例 1-1

揭秘！Anker 是怎么"玩"流量的

Anker 是一家营收主要来自海外的出口电商公司，主打智能移动周边产品，如移动电源、充电器、蓝牙外围设备等。2015 年，Anker 被亚马逊评为"最受好评品牌"，其业务覆盖欧美、日本、东南亚、韩国等多个国家和区域市场，优质用户超 2 400 万个。Anker 的母公司——海翼，2017 年半年度财报显示，半年营收 15.6 亿元，同比增长 75%；半年净利润达 3.16 亿元，同比增长 199%。

Anker 主要销售渠道为亚马逊、eBay 和 Lazada 等线上平台，以及线下零售和独立站。Anker 靠电商平台起家的同时，成功引流到自己的独立站。目前，Anker 网站世界排名第 2.9 万位，美国排名第 1.3 万位，域名月均访问量超过 266 万次，网站流量比较可观。Anker 到底是怎么做到的呢？Anker 的流量来源比例如图 1-1 所示。

Anker 的流量来源比例

序号	流量来源	来源类别	世界排名	流量占比	环比上月
1	Google Search	Search / Organic	—	60.89%	↑ 1.88%
2	Direct	Direct	—	23.44%	↓ -2.99%
3	E-mail	Email	—	2.27%	↑ 0.73%
4	Google Search	Search / Paid	—	1.91%	↑ 0.27%
5	Facebook	Social	—	0.94%	↑ 0.45%
6	Youtube	Social	—	0.92%	↓ -0.25%
7	kakaku.com	Referral	395	0.81%	↑ 0.14%
8	forum.xda-developers.com	Referral	—	0.59%	↑ 0.42%
9	10ways.com	Referral	—	0.59%	↑ 0.31%
10	Reddit	Social	—	0.58%	↑ 0.21%

图 1-1 Anker 的流量来源比例

Anker 的流量来源比例分别为：Search/Organic（自然搜索）60.89%，Direct（直接访问）23.44%，Social（社交）2.44%，E-mail（电子邮件）2.27%，Search/Paid（付费搜索）1.91%，Referral（推荐）1.79%。

自然搜索的流量份额排在了第一位，可想而知 Anker 在 SEO（搜索引擎优化）上面花了不少心思。海翼（Anker 母公司）创始人 Steven Yang 曾在谷歌公司担任工程师，对 Google 算法相当熟悉。

直接访问的流量份额排在了第二位，说明 Anker 的品牌策略效果不错。Anker 通过亚马逊、eBay 等平台积累了一定的用户口碑后，其品牌价值开始形成。这时再去做 B 端市场，通过分销商将产品销售到其他线上及线下市场，产品销量就很容易上去。

推荐流量来源前三位是 kakaku.com（日本比价网站）、forum.xda-developers.com（知名手机论坛）、10ways.com（英国比价网）。Anker 采用精准营销策略，在比价网站和相关论坛上定位目标用户，再将目标用户带到自己的独立站。

Anker 来自社交的流量占比不高，应该有较大的增长潜力。社交营销以网络营销为主，精准度高，成本低。社交的流量来源中，Youtube、Facebook、Reddit 排名靠前。

Anker 的成功绝非偶然，从产品质量到社群运营，再到品牌营销，每一处 Anker 都用心在做，因此，才成为国内出口电商公司中的佼佼者。

第一节 数字营销时代

营销无处不在，无时不在，商业公司、非营利组织、政府、个人都离不开营销。计算机与互联网的诞生，让人类处理信息的速度和精度急剧提升。直至大数据的应用给人们的生产、生活带来巨大的影响时，人们终于意识到，一个全新的数字时代已经来临。营销也迎来了又一个黄金时期，并且比过去任何一个时代都更为波澜壮阔。跨境电商正是在这个时代快速发展起来的。

一、前互联网时代

1946 年 2 月 14 日，世界上第一台程序控制的电子计算机"ENIAC"在美国的宾夕法尼亚大学诞生。1969 年，美国国防部资助开发的阿帕网"ARPANET"用于学术和军事研究，是互联网的雏形，标志着互联网的诞生。20 年后，英国人蒂姆·伯纳斯·李（Tim Berners-Lee）成功地开发出世界上第一个 Web 服务器和第一个 Web 客户端软件，是自 20 世纪 90 年代起风靡全球的万维网的雏形。万维网的诞生把互联网的应用推上了一个崭新的台阶，因此，本书把 1969—1989 年称为前互联网时代。

其实，前互联网时代在营销层面上乏善可陈，此时也没有"电子商务"（E-Commerce）一词。但是，这个时代的一些工具，直到现在还在跨境电商领域经常使用，如 E-mail。E-mail 在跨境电商领域的应用如此之广，在可见的未来，其作用依然无法忽视，所以说，前互联网时代为电子商务、网络营销奠定了基础。

随着 E-mail 应用的普及，就产生了一个无法避开的问题，即垃圾邮件呈现爆炸式增长。1997 年 10 月 5 日，国际互联网电子商务协会在主题为《不请自来的大量电子邮件：定义与问题》报告中，将"不请自来的大量电子邮件"定义为"垃圾邮件"，即 UBE（Unsolicited Bulk E-mail）。2002 年 5 月 20 日，中国教育和科研计算机网公布了《关于制止垃圾邮件的管理规定》，2003 年 2 月 26 日，中国互联网协会颁布了《中国互联网协会反垃圾邮件规范》，对垃圾邮件进行了定义和约束。邮件营销从此只能"带着镣铐跳舞"。如今，跨境电商从业者应特别关注邮件许可问题，以免侵犯他人的合法权益，给企业造成损失。

二、Web 1.0 时代

万维网诞生之后，"网站"进入发展快车道，特别是从 1994 年之后，各类网站如雨后春笋般出现，电子商务也在世界范围内快速崛起，到 2004 年蒂姆·奥莱利（Tim O'Reilly）提出 Web 2.0 概念，这个阶段我们称之为 Web 1.0 时代。

从技术层面讲，HTML（Hyper Text Markup Language，超文本标记语言）支持的富文本让网站的表现力大幅提升，互联网上的资源实现快速聚合，出现第一次信息大爆炸。网络用户、互联网企业的数量快速攀升。1996 年，全球互联网用户约 4 000 万个，1997 年突破 1 亿个。一大批网站诞生了，比较著名的如亚马逊、雅虎、谷歌等，"中国四大门户网站"（新浪、网易、搜狐、腾讯）也相继成立。在电子商务领域，易贝（eBay）、亚马逊（Amazon）均于 1995 年成立，阿里巴巴于 1999 年成立。

Web1.0 时代的互联网为电子商务提供了跨越时空的信息服务，信息全球化、普及化为电子商务发展和网络营销创造了历史性机遇，主要表现在以下几点。

（1）降本增效。网络营销是低成本触达客户的高效渠道之一。

（2）数字化沉淀。客户访问电子商务平台的过程和结果均被数字化沉淀下来，客户行为、偏好分析可以帮助商家细化客户画像，提升客户转化率，也可以深挖客户价值，提升客户复购率。搜索引擎对热词的分析可以帮助商家把握流行趋势，有效进行商业预测。

（3）突破时空局限。互联网对跨境电商来说，意义非凡。互联网无国界，可以提供 7×24 小时全天候服务，配合全球经济一体化共识，跨境电商高速发展的条件全部具备了。

（4）信息检索、展示技术支持丰富的、精准的营销信息表达和传递。网络营销变得更有趣、更精准，得到了高速发展，从 CPM（Cost Per Mille，千次展示付费模式）广告到 CPC（Cost Per Click，点击付费模式）广告，靠数据说话、效果可测量的数字营销逐步繁荣起来。

正是以上优势，数字营销异军突起，成为众多互联网企业的主要盈利模式，由头部企业推动的数字营销时代迎来大发展。电子商务也迎来了第一个黄金期（主要表现在投资热方面）。电商企业除大规模使用 E-mail 开拓客户，纷纷在电商平台如亚马逊、易贝上开设店铺，推动了电商平台的快速发展，使其成为资本宠儿，在全世界范围开疆拓土。阿里巴巴成立之初，即定位于全球供应商的集散地，特别是帮助中国中小制造企业走向世界。这个时期，也有些企业通过兴建自有商城展开线上销售，并利用谷歌等搜索引擎进行引流、推广，使得搜索引擎竞价排名日趋激烈。

但是，在 Web 1.0 时代，信息多是单向传递，是人与信息的连接。因互联网的被动性，且有一定环境、设备和技术门槛，使得网络消费主要是"新锐"专属，限制了大多消费者的参与。对中国而言，2001 年 12 月才加入 WTO（世界贸易组织），大部分商家没有全球视野，国际贸易还是以参展、组团出访交流等形式推动。千禧年网络泡沫破灭，又打击了人们对互联网的信心，数字营销一度受到冲击。然而，在互联网企业哀鸿一片的时候，更大规模的信息爆炸正悄悄酝酿，人类必然进入全面数字经济时代。

三、Web 2.0 时代

从 2004 年蒂姆·奥莱利提出 Web 2.0 概念至今，我们称之为 Web 2.0 时代。

随着互联网应用的丰富和普及，"马太效应"在虚拟世界开始发挥作用，并快速成为互联网投资人口中的热词,强者恒强、赢家通吃、寡头垄断似乎是不可避免的局面。伴随互联网成长起来的一代人,却天生反垄断,他们开始主导互联网声音,推动网络世界话语权从门户寡头向用户转移。这是 Web 2.0 最显著的变化。中国网民对此并不陌生,一本《参与感》,将雷军及小米推上巅峰,小米的成功是"米粉"的成功,是"站在风口上,猪都可以飞起来"的时代产物,更是"雷布斯"(雷军的昵称)深刻理解 Web 2.0 精髓的教科书式创新范本。

互联网用户话语权经由 UGC(User Generated Content,用户生产内容)实现,从 Web 1.0 主要由企业产出内容,到 Web 2.0 由海量用户产出内容,内容生产的主体数量呈爆炸式增长,相应的内容本身则以更猛烈的"爆炸"波及全网,同时用户还是内容的传播者,"裂变"的速度已超乎人们想象。此时,一些心理学词汇开始被人们熟知,如"羊群效应"(从众心理导致的一种现象)。例如,在互联网上,用户愿意听从网友的建议,如网友对某餐饮店的评论似乎比商家本身所呈现的信息更值得信赖。网友乐于围观和传播热点事件的特点,推动一些事件成为"热搜"。羊群效应催生了 KOL(Key Opinion Leader,意见领袖),普通公众人物开始有了巨大的社会影响力。在大众打造"人设",向 KOL 奋进的过程中,又诞生了"网红"一词,即门槛比传统 KOL 低,细分领域较 KOL 更多的"小 KOL"。他们深度研究人际传播,"六度分隔理论"被广泛提及。

优秀的互联网企业在这一时期进一步巩固垄断地位,转型为平台型巨无霸,阿里巴巴成为电子商务平台,Twitter、微信成为即时交流平台,YouTube、TikTok 成为视频社交媒体平台,LinkedIn 成为职场社交平台……网络效应、六度分割理论在这些平台上发挥着令人惊叹的作用,每个平台的用户规模都数以亿计,他们每天花费大量的时间在平台停留,产生内容,传播内容,为数字营销爆发式增长构筑了最佳环境。

数字营销真正进入黄金时代,主要出现了以下几种数字营销模式:

(1)搜索引擎营销。其代表模式是以 CPM 计费的展示广告和以 CPC 计费的搜索广告。展示广告主要应用于品牌推广;搜索广告则被认为是按效果付费的精准模式,关注可计算的投资回报,代表平台是 Google。

(2)社媒营销。社会化媒体类型丰富,以 Facebook 为代表的社媒沿用搜索引擎营销的模式。社媒特别适合进行广义的内容营销(各种媒体性质的内容),如拍客、播客等模式,通常都会用优质的内容传播达到营销目的。而直接组建社群,进行持续互动,则让活动营销创意无限。

(3)直播营销。近年兴起的直播营销在变现速度上超越了以往所有模式,往往和直接推销同步发生。直播可以不依赖搜索引擎或社媒平台进行,又往往整合各渠道的流量,包括线下流量,构筑资源、流量高度集中的直播营销环境。人们熟知的知名电商主播们正在以动辄上亿的销售额激励着其他主播。

上述三种数字营销模式在跨境电商领域的应用尤为广泛,处于 Web 2.0 时代的跨境电商领域的从业者普遍的感受是:数字营销工具极其丰富,"玩法"百花齐放,切换速度让人跟不上,烧钱无止境。

四、未来已来

2004 年,克里斯·安德森(Chris Anderson)提出"长尾理论",即只要产品的存储足够多、流通的渠道足够广,需求不旺或销量不佳的产品所共同占据的市场份额可以和那些少数热销产品所占据的市场份额相匹敌,甚至更大,也就是说,众多小市场汇聚成可产生与主流相匹敌的市场能量。该理论深刻影响了互联网产业发展,是数字精准营销的理论基础。在可以预见的未来,长尾理论将继续延展其范畴。

在Web2.0时代发展起来的平台,还在继续膨胀,但它们已经体会到,互联网世界广阔而孤独,因此纷纷开始构建生态。苹果Store是手机应用的生态;阿里巴巴构建了"商家+平台商+各种服务商"的商业生态,又在外围发展了文娱、金融、云计算等大生态;万达拥有从"造星"、内容创作、版权买卖、电影制作、电影发行、院线放映等完整的电影产业生态。而Google在新技术领域的探索,使它完成了"高科技"生态企业的"心智"植入。

更广泛的生态正在快速产生,物联网被认为是人与计算机(信息)、人与人之后第三轮大规模连接,实现万物互联时,人、物、信息的大生态将成形,信息生态才真正突破至"大数据"时代,有大数据支撑的"智能"时代将真正开启。

或许未来将不再需要营销,一切都已被"智能"精确计算;或许未来我们将生活在营销的世界,身边的一切皆营销,甚至头脑闪念的瞬间已跌入营销的情景。无论是这两种极端的哪一种,我们不要忘记,这是数字营销的发展所致,数字时代使之成为可能!

第二节 营销基础

一、营销的定义

市场营销是一门新兴的学科,其概念产生仅百年历史。在不同时代,不同专家或组织给出的营销定义并不一致,甚至大相径庭。

1. 什么是营销

美国营销协会(American Marketing Association,AMA)从管理角度给定的营销定义是:营销既是一种组织职能,也是为了组织自身及利益相关者的利益而创造、传播和传递顾客价值,管理顾客关系的一系列过程。

科特勒给出的市场营销定义是:企业为从顾客处获得利益回报,而为顾客创造价值,并与之建立稳固关系的过程。广义的市场营销是一种通过创造和与他人交换价值实现个人和组织的需要和欲望的社会及其管理过程。在狭义的商业环境中,市场营销涉及与顾客建立价值导向的交换关系。

本书主要讨论跨境电商领域的营销,如无特别说明,应理解为科特勒定义的狭义的市场营销,即本书的营销哲学是"价值导向",营销目标是与顾客建立交换关系。无论是短期还是长期、直接或间接的活动,最终目标是与顾客建立交换关系。

2. 营销的5W1H

Why:即为什么营销?笔者认为营销的目标主要是两个:①促进销售。正如开篇德鲁克所言,营销是为了让推销变得多余。②打造品牌。中国外贸企业已经进入品牌时代,事实上,某跨境电商平台已限制非品牌商品入驻。

What:即营销什么?本书希望读者站在企业经营的角度审视营销,主张全面营销,即科特勒所说的十大营销对象都应关注。但考虑到当前跨境电商商家整体状况,营销重点是"商品",围绕商品的服务、事件、体验、人物、地点、专利、企业、信息、理念都可以成为营销对象。这样就构成"一主九辅"的格局。

Who：即谁执行营销和营销的受众是谁？通常，企业的市场部（营销部）执行营销相关工作。目前，我国跨境电商 B2B 企业主要有两类，一类是贸易公司，另一类是工贸一体公司。我们建议均应执行 13N1 模型（本章第三节中做详细介绍）。营销的受众是境外企业买家，本书还会做进一步细分，请参见后续章节。

When：即何时营销？包含两方面：一是营销的时点，具体的日期、时间；二是营销的时机，如阿里国际的三月采购节、店铺庆典、黑色星期五或顾客触发某设定条件时（如注册新用户推送新用户福利）等"特别"的时机。因竞争加剧，商家往往希望有更多拉动销售的时机，三月采购节、"双十一"等都是商家迎合商家需求创造出来的节日。

Where：即在哪里营销？本书主要讨论跨境电商营销，显然营销发生在线上。线上营销也有不同的渠道或场景，如平台内营销、搜索引擎营销、社会化媒体营销等。由于线上流量资源耗尽，商家已重新重视线下流量。事实上，广交会等展会从来都是重要的营销场所。阿里巴巴国际站提供专门窗口，让商家在各种国际展会上展示形象。

How：即如何营销？这是本书讨论的重点，归纳起来，就是第三节要介绍的 13N1 模型。

二、重要的营销术语

讨论营销时无法回避一些重要的营销术语，本节简单罗列一些基本的，后续章节都会进行必要的补充，本书附录还会给出术语检索表，供读者快速查阅。

1. 需要、欲望和需求

需要（needs）是指人们的基本要求，如生存、繁衍、安全、爱与被爱、尊重等。我们常说的"马斯洛需求层次理论"，按本书的术语界定，统一为"马斯洛需要层次理论"。

当需要指向具体的、可以满足需要的特定物品时，即成为欲望（wants）。如我此时需要生存（摄取食物），而欲望是簋街某饭店的麻辣小龙虾。

需求（demands）是指有能力购买的欲望。如我此时只有 100 元，而簋街某饭店的麻辣小龙虾需要 120 元，那么，簋街某饭店的麻辣小龙虾就不是我的需求。所以，人们常常简单定义需求应满足两个条件："有钱""想要"。

可以认为需要是客观存在的、普适的。需要不能创造，只能发现或唤醒。而欲望与个人及其所处的环境有关。欲望可以激发，这也是营销"原罪"的理论依据。人们有欲望是营销的基本假设前提。

了解需要和欲望并不总是很容易，因为：

（1）顾客可能没有意识到自己的需要；

（2）顾客可能表达不清楚、社会文化阻止他表达或无法用语言表达其需要；

（3）营销专家也不知道如何将需要转化为具象的欲望。

于是，我们常常将需求进一步细分为：

（1）伪需求，即并不真实存在的需求，对应真实需求；

（2）潜在需求，即存在但没有被发现或不能明确表达出来的需求，对应显性需求；

（3）刚性需求，即存在且已表明的、强烈的需求，对应弹性需求。

因此，营销不仅要满足消费者的明确需求，还要挖掘潜在需求，注意识别需求的真伪，对需求的必要性进行细致地分析，并帮助消费者了解其需求。

2. 营销环境和竞合关系

营销环境是营销的作用范围，可细分为任务环境和大环境。任务环境是直接与营销互动、相互影响的小环境。而大环境是间接影响营销的外部环境。严格区分任务环境和大环境意义不大，因为各种影响因素其实是相互交织的。但在营销实践中，我们确实需要了解营销的直接和间接影响因素，根据影响因素设定营销策略。

根据波特五力模型，营销的任务环境主要涉及产业链上游供应商、同行竞争企业、下游渠道商和终端用户等，当然也涉及有潜在竞争关系的友商，以及有潜在替代品的企业。我们可以简单认为这就是企业的微观营销环境。

大环境则可以简单认为是 PEST，即政治（Politics）、经济（Economics）、社会（Society）和技术（Technology）。虽然很多人认为，人口（Demographic）、法律（Law）、文化（Culture）和伦理道德（Ethics）都属于"社会"范畴，但因跨境电商领域对此特别重视，故本书将其独立出来。另外，跨境电商涉及不同地域，故地理（Geography）因素也需独立考虑。近年来，人与自然（Nature）或者说人与环保的关系也越来越被重视。本书将这些因素合称为宏观营销环境十因素。

营销总是在上述微观环境和宏观环境下运行，故将以上两种环境统称营销环境。无论是宏观因素还是微观因素，都会影响营销，营销也会影响其环境。即营销本身与营销环境构成竞合关系，有竞争也有合作。例如，如果营销活动破坏了自然，与自然构成对立竞争关系，那么营销活动便会受到抵制。环保主义者对人员聚集地散发的宣传单页持反对态度，蚂蚁金服的"蚂蚁森林"活动则得到广泛赞赏。

营销主体在营销环境中构成既竞争又合作的复杂关系，简称竞合关系，这部分在第二章中详细讨论。

3. 价值和满意

价值（value）是营销领域非常重要的概念，营销其实是对价值的识别、创造、传播和传递。不同于马克思对价值的定义，营销中所说的价值是顾客对有形利益和无形利益及成本的认知。即营销中的价值不是"凝结在商品中无差别的人类劳动"，而是包含了人们的主观感受，甚至更加强调这种主观感受。

满意（satisfaction）反映了一个人对产品的认知性能或效果与预期的对比之后得出的判断。互联网行业经常用"尖叫"一词表示顾客满意的最高层级，电商则常用五星评分描述顾客满意的层级。近年来，消费者对五星评分、店铺等级慢慢产生了"免疫"，评论成为了解顾客满意的重要依据。

在跨境电商领域，商家传递价值到买家，买家反馈满意给商家，形成了主观感受的互动，完成了商业闭环。

三、什么是营销策划

策划，顾名思义，即策略计划。营销策划即关于营销的策略计划。本书采纳百度百科的定义：营销策划是指为了达到一定的目的，在充分进行市场调查的基础上，遵循一定的方法或规则，对未来即将发生的事情进行系统、科学的预测，并制订可行的方案。

该定义提示我们：

（1）营销策划需有明确的目标，这来源于营销理念和对市场现状的判断。

（2）营销策划应在市场调查的基础上进行，闭门造车谈不上策划，策划在竞争环境中产生。

（3）营销策划必须遵循科学的方法。

（4）营销策划需要遵守一些规则，即商业通用规则和行业约定俗成的规则。

（5）营销策划面向未来，是对未来的一种预测或设计。

（6）营销策划最终要交付策划方案，且策划方案要求系统、科学、可行。

该定义未提示我们，但在实践中：

（1）营销策划特别重视创新、创意，尤其是具体的营销活动。不得不说，创新建立在扎实的基本功和丰富的行业经验上，本书重点说明这些基本功和少量跨境电商行业经验，没有深入探讨如何创新，但读者应特别关注对创新方法的学习和训练。

（2）营销策划的目标是提升企业核心竞争力，最终交付的不能停留在策划方案上，而是要实现无形的品牌形象提升和（或）务实的销售量的增长，这两项指标是营销策划的质量判断依据。

第三节　数字时代的跨境电商营销策划

数字营销应用于跨境电商领域，这是本书探讨的主题。如何应用得更好，这需要策略计划，即跨境电商营销策划。

我们在《跨境电商概论》一书中详细定义了"跨境电商"，这里需要重申，跨境电商绝不仅仅是在跨境平台上开店，跨境电商营销策划也不仅仅是店铺营销策划，店铺营销策划只是其中很小的一部分，在本书中，只有一章探讨店铺营销。同样，在跨境平台上开店交易了，是否就可以称得上是在做跨境电商了呢？可以说是，但从严格意义上说，没有互联网思维，没有做好数字化营销，或许只能说徒有其名。那么，怎么才算做好数字营销，称得上真正在"玩"跨境电商呢？笔者认为有两个重要的标准：

（1）构建了一套跨境电商营销框架体系，即开始用全局视野来审视营销，用系统性框架取代随机性，减少盲目性，增强目标性。

（2）对于框架中的各个具体任务，选定了一个或多个诊断指标，能对该方面的营销工作进行评估，并能根据评估结果优化营销策略，直至优化整个营销框架体系。

一、跨境电商营销策划框架

几乎所有的互联网企业都在"小步快跑"，因为时代进步的速度太快了。技术、模式的创新此起彼伏，用户喜好变化多端，个性化、离散性越来越普遍。所以，笔者尝试构建一套跨境电商营销框架体系时，电商界朋友常常一笑而过，有说没用的，有说不符合产业实际情况，有说违背"快速迭代"原则的，有说阻碍创新的。所以必须指出，框架不是为了桎梏创新，更不希望与产业脱节沦为无用的"学问"，而是为了提倡快速迭代，为了强调与时俱进，笔者用跨境电商营销创新囊括其他全部活动。

1. 典型的跨境电商营销策划框架体系——13N1 模型

笔者总结的典型的跨境电商营销策划框架体系（13N1 模型）如图 1-2 所示。

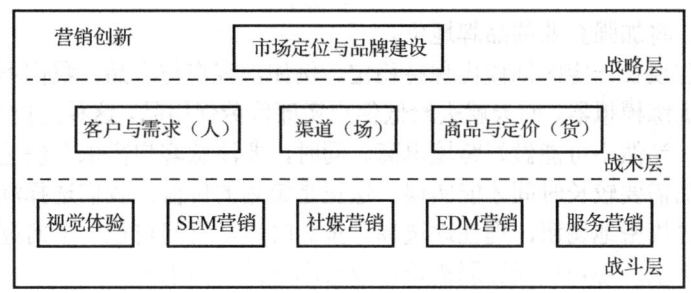

图 1-2 典型的跨境电商营销策划框架体系（13N1 模型）

该营销框架体系分为三层九项，其中战略层的主要任务只有一项：市场定位与品牌建设（13N1 模型中的第一个"1"）。市场定位与品牌建设即通过宏观环境和微观环境分析完成 SWOT 矩阵，对市场进行细分，进而确定自己的目标市场，并最终确定本企业的品牌定位。这个过程需要综合考虑战术层、战斗层的所有相关因素，是企业高管（如首席营销官）或"老板"的职责。

战术层的主要任务有三项：客户与需求（人）、渠道（场）、商品及其定价（货）（13N1 模型中的第二个数字"3"）。在该层次，我们必须深刻分析所面向的客户群体，即商业模式中的"人"是谁，我们的产品或服务解决这个群体什么需求，即我们提供的"货"是什么，以及我们通过什么渠道在什么地方满足这个群体的具体需求，即业务发生的"场"在哪儿。简单地讲，就是跨境电商的"人—货—场"战术模型。例如，A 公司在阿里巴巴国际站销售高尔夫球训练模拟器套件，则 A 公司的战术可以描述为：通过阿里巴巴国际站官方旗舰店（场）辅助其他网络营销模式，为高端商务人士（人）提供在办公室可以使用的（需求）、定价不超过两次高尔夫球场地费用的（定价）高尔夫球训练模拟器套件（产品）。战术层的任务是承上启下，是企业中层干部（如营销主管）的职责。

战斗层的主要任务给出了五项：视觉体验、SEM 营销、社媒营销（即社会化媒体营销）、EDM 营销和服务营销。实践中，战斗层的任务很多，这里并没有穷尽（故在 13N1 模型中简写为 N）。只要是有助于战略目标达成的，且一般需要专人应用专业技术实现的活动均可以定义为战斗任务。例如，近年兴起的直播营销等。战斗层随技术与时代的进步而快速变化，是当前产业界关注的重点。在跨境电商企业中，战斗任务由一线人员执行。

另外，创新是对三层九项任务的统一要求，从这个层面上看，营销创新应该属于战略层任务。同时，营销创新也有具体任务及内涵，如本书讨论的整合营销，可以认为是战斗任务，而创新环境建设又属于战略层任务。故笔者将营销创新作为独立任务给出，不将之归入三层九项中（13N1 模型中最后一个数字"1"）。

2. 13N1 模型分析

笔者认为，构建跨境电商营销策划框架体系是企业真正开启跨境电商事业的必要条件之一，因为只有构建了相对稳定的、系统的框架体系，才标志着企业主动掌控了自己的命运，知道自己在干什么，从而不容易随波逐流，人云亦云，迷失方向。

在瞬息万变的市场中，把握一些不变的东西至关重要。三层框架自下而上稳定性依次提高，即企业市场战略具有最高的稳定性。当我们确定了市场定位与品牌，在相当长的时间内应保持不变。它是我们制定战术的依据，更是在日常战斗任务中不可偏离的方向。而战术与战斗任务的执行,将加强企业的品牌地位。

战术层任务也要在一定时间段内保持稳定。例如,客户与产品,我们不可能今天对高端客户提供高尔夫训练模拟器,明天就去给低保户卖廉价劳保用品。这种定位变化将导致团队、客户均无可适从,当然不可能做好跨境电商。同时,要注意客户需求在快速变化,而围绕某个需求点提供产品需要较长时间才能实现。这正是策划的价值,我们选择满足什么客户的什么需求,需要经过周密地调研,理性地选择。策划时应常常问自己一个问题:这个需求是刚需吗?算不算强需求,还是只能算弱需求,或根本就是伪需求?

战斗层任务的稳定性最低,是创新高发层,要鼓励一线人员依据市场反馈快速变化。例如,在社媒营销中,近年 TikTok 在海外异军突起,成为短视频和直播营销的重要平台,那么负责社媒营销的专员应该快速在 TikTok 上"落户"进行营销,往往早期用户的营销成本较低。目前,在阿里巴巴国际站做直播营销,成本和效果都不错。

跨境电商营销策划框架特别重视系统性,各任务间有内在逻辑关系,无论我们是否意识到,它们都是不可分割、相互影响的。例如,A 公司通过阿里巴巴国际站官方旗舰店辅助其他网络营销模式,为高端商务人士提供在办公室可以使用的、定价不超过两次高尔夫球场地费用的高尔夫球训练模拟器套件。这是对 A 公司跨境电商事业的简化描述,其中,人—货—场是紧密关联的,任意要素发生变化,将会产生新的业务模型,在管理上要独立核算或配置专门的团队。如果电商平台改为亚马逊,业务模式修改为 B2C,平台规则完全不同,实践中,必然成立相对独立的团队负责。如果客户对象修改为高尔夫球职业运动员,那么模拟器这种产品需求很可能弱化成伪需求。我们将由人—货—场组成的一组战术任务定义为一个战略业务单元(SBU),则有

SBU=客户×渠道×商品

跨境电商营销策划框架并不是无中生有的,在其构建中参考了科特勒的营销管理框架和戴维的战略管理框架。该框架没有沿用 4P、4C 或 4R 等模型,但并不否认这些简化模型的意义。该框架更追求系统性,正是因为框架的系统性,使得框架的构建并不容易,往往需要消耗很多时间,成为许多企业望而生畏的工作,也是朋友质疑笔者的关键点。那么,如何有效构建和应用跨境电商营销策划框架呢?

3. 框架构建与应用的注意事项

实践中,跨境电商营销策划框架总是在影响我们的工作,或显性的或隐性的,问题的关键不是是否构建框架,而是如何发现和应用它。建议读者关注以下要点。

(1)适合本企业。框架并没有绝对的最优解,只有最适合。这是最有趣的地方,对 A 企业合适的框架,不一定适合 B 企业。这和企业所处的宏观环境和微观环境、企业的初心,以及企业所处的发展阶段等有关。

(2)简化。为了适应快速变化的市场,应尽量简化模型。如战术层,我们简化为人—货—场三项任务,该层面的责任人不必考虑战斗层任务的具体细节,而要真正深挖客户需求,选用最便捷渠道,将最合适的产品提供给客户且满足其需求。另外,部分章节尝试给出量化数学模型对营销效果进行评估,事实上这些模型非常难构建,总是有漏洞,必须要简化才有可操作性,故后面的量化模型在科学性上很容易被质疑,有待进一步优化。

(3)突出重点。在未形成系统打法时,不求全,一个一个点去突破。例如,有的店铺营销还未展开,就开始使用搜索引擎营销往店铺引流。这样做可能给店铺带来一定的流量,但

也可能为平台引流了，即平台利用产品关联将用户引导致更优质的店铺去了。所以，在某个特定阶段，企业应关注框架中的某个重点，强调系统性绝不是眉毛胡子一把抓，在基础框架构建完成后，要做逐步改善。

（4）应用中优化。框架必须在不断应用中试错与优化，策划往往落地在纸面上（策划方案），但要特别留意，策划工作停留在纸上谈兵将变得毫无价值。

综上，构建框架时，既不能完美主义，追求最优方案，也不能一成不变，在企业发展的不同阶段使用同一套框架，应寻找最合适企业当前阶段的框架。在构建框架时，要努力追求简化模型，不要使问题复杂化，即使不严谨，也要保障可操作性。突出重点是简化方法之一，某个阶段只关注某一项任务，弱化甚至忽略其他任务是可行和必要的。我们只要坚持在应用中持续优化，相信一定能构建出合适的营销策划框架，指导我们做好营销工作。

二、跨境电商营销策划实践

在跨境电商营销策划框架中，每一项关键任务都有其内涵，做好数字营销的标准之一就是了解各项营销任务的主要策略，能选定评估指标对该项任务进行诊断评估，从而指导策略优化。优秀的数字营销人员正在不断追求营销策划落地实践及循环迭代的速度。

1. 跨境电商营销策划实施方法

跨境电商营销策划的实施方法完全可以采用管理学中的戴明环（PDCA），即"制定策略—执行策略—诊断评估—优化策略"，但考虑到互联网时代尤其强调速度，本书将更短时间周期内的 PDCA 循环修订为"实战—诊断—优化—实战"（简写为 DCA 循环）。如图 1-3 所示。

DCA 循环压缩了 PDCA 循环中的计划环节（P），这符合跨境电商产业实践，特别是战斗层的任务，常常没有时间制订详细的书面计划，想到即做。因为没有充分计划，所以出错的概率很大。但互联网人认为，这是追求创新与速度必须付出的代价，还创造出"试错"这个词。并发展出互联网快速试错，在纠错中迭代的理论，即所谓的"给飞奔的汽车换轮胎"。但在做的过程中，跨境电商较传统产业更重视诊断。这也是数字营销的优势，有足够多的数据作为诊断依据。跨境电商产业也非常重视优化环节，优秀的互联网企业都会持续优化迭代，以拉动下一轮 DCA 循环。

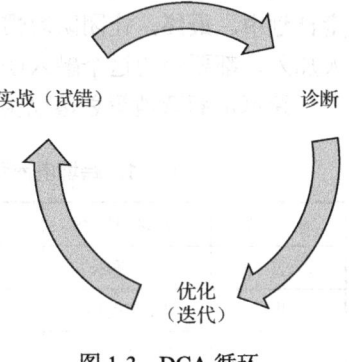

图 1-3　DCA 循环

实践中，还可能将 DCA 循环进一步简化，即"执行—复盘"（Do-Review 循环，简称 DR 循环），这是将 PDCA 循环进一步压缩整合的结果，即将 CA 整合为 R。

总之，跨境电商营销策划在实践中完全适用 PDCA 循环，根据执行任务的复杂程度不同，跨境电商企业可将实施方法修订为 DCA 循环，甚至 DR 循环。本书采纳 DCA 循环，在每章内容安排上也尝试应用 DCA 循环，即第一节概述，用于界定基本概念和在跨境电商领域的作用，第二节介绍执行方法或策略（Do），第三节尝试诊断评估（Check），一般有定性和定量两类诊断方法的介绍，第四节将营销策划落地（Act），这里撰写营销策划案被认为是优化迭代环节。

2. 提高循环速度

当前，跨境电商产业快速迭代，也要求我们快速响应。当我们构建了 13N1 模型，就要在推动模型应用上跑三种循环，直至团队磨合成熟。是否成熟的标志可以用下列方法检查：

（1）在月、周、日三个周期内，团队能自觉执行 PDCA、DCA 和 DR 循环。

（2）团队认同三种循环的评价方法，使用一套指标体系和计算方法客观评价效果。

（3）团队围绕月度目标，依据周评价效果，相互配合实施改进策略，并保持开放、创新的心态，迎接不确定的变化。

上述三条看似简单，其实做起来相当难。许多跨境电商企业老板在与笔者的交流中均谈到团队执行力的问题，对现状不够满意，因为大部分企业往往第一条就做不到。对此，我只能说不能停留在认知层面，马上行动吧。指定的责任人做不到，老板就亲自上。老板也做不到，就花钱找能做到的人。

当然，也可以分步实现。例如，第一步先"打呆仗"，从每日 DR 循环做起，复盘时，要求员工做笔记，列表式地写下要点。第二步要求汇总一周记录的要点，逐步学会总结归纳，把一个一个散点归纳成独立的任务。第三步要求根据归纳的任务预测下周进展。第四步正式推行周目标管理制度，每周末复盘本周成果，并提出下周目标。第五步尝试汇总月度成果，如果有连续性任务，要求归纳成一个月度成果，并预测下月进展。第六步正式推行月计划制度，要求提出月度关键目标，并分解到周，对于不能提出关键成果的细节工作，不要列入月度计划中。最终，让团队习惯三层循环体系。这个过程是漫长的，随着优胜劣汰，只要有新人加入，都要经历这个融入团队的过程，由专人追踪辅导。

跨境电商营销策划落地实施周期、方法、形式、工具和主体对照表如表 1-1 所示。

表 1-1　跨境电商营销策划落地实施周期、方法、形式、工具和主体对照表

周　期	循环种类	落地形式	落地工具	实施主体
日	DR 循环	日复盘	日工作要点清单	一线员工
周	DCA 循环	周例会	周行动目标	主管
月	PDCA 循环	月度工作会	月度计划目标	经理

对于第二点，确定一套评价体系，评估周营销任务的成效，可以将定性评价与量化指标相结合。难点是让团队成员接受，并按实施方法表行动。每类营销任务的评价方法在后续各章中讨论，此不赘述。

对于第三点，强调的是持续改进，改进的方向是加速 DCA 循环。

构建适合本企业的跨境电商营销策划框架体系，如 13N1 模型，采用 PDCA—DCA—DR 嵌套循环推动框架的落地实施，并不断提升循环速度，是提高营销效率的秘籍。

第四节　CMO 及其团队

因为跨境电商企业的核心价值就是营销，往往是全员营销，所以在跨境电商企业，反而经常没有专门的"营销部"。无论是否有"营销部"，笔者都建议应有专门的团队负责营销管理职能。

一、CMO 及其职责

许多大型企业设置 CMO（Chief Marketing Officer，首席营销官）统筹营销工作。近年来，设置 CMO 岗位的大型企业越来越多。但是，CMO 还远不如 CEO（首席执行官）、COO（首席运营官）、CFO（首席财务官）、CTO（首席技术官）等岗位普及。《增长黑客》的出版，使得 CGO（首席增长官）大有取代 CMO 之势。《流量池》出版之后，又有人提出"首席流量官"的概念。有的公司还有"首席品牌官""首席体验官""首席商务官"等各种 CXO。其实，无论叫什么名称，都是要对企业的营销工作负责，实现企业的营销使命。

考虑到 CMO 的职责与 CEO、COO 有许多重叠之处，如果独立设置 CMO，其权限反而容易被局限于企业宣传推广方面的工作，并不利于 13N1 模型的实践。而且，13N1 模型本身就倡导所有 CXO 均应具备营销职能，营销是其管理工作的一部分。所以笔者并不主张跨境电商企业设置独立的 CMO 岗位，建议由 CEO 监管营销。但为了区分职责，本书统一使用 CMO 表示营销工作的最高决策者。

CMO 的主要职责如下：
（1）明确营销理念，并通过内部营销，使企业全员达至理念一致。
（2）创立并持续强化品牌。
（3）制定营销战略，评估营销效果，推动持续改善。
（4）感知营销环境，关注科技进步的影响，发掘客户潜在需求，推动创新与变革，赢得竞争优势。

优秀 CMO 的特质包括：
（1）深刻认同企业使命愿景价值观，是企业文化的典范。
（2）视野开阔，能敏锐洞察营销环境，与时俱进，善于捕捉市场机遇，推动变革。
（3）深刻理解消费心理，善于挖掘客户需求，特别是潜在需求。
（4）熟悉各种营销渠道，特别是数字化营销渠道，善于数据分析，能从数据中发现机会或风险。
（5）执着于创新。
（6）善于沟通和处理关系，具有众人信服的领导力，能与 CEO 配合良好。
（7）有多年一线营销和管理经验。

二、营销团队

没有完美的 CMO，故营销职能的科学化、专业化要求我们组建优秀的营销团队。典型的职能型组织架构如图 1-4 所示。

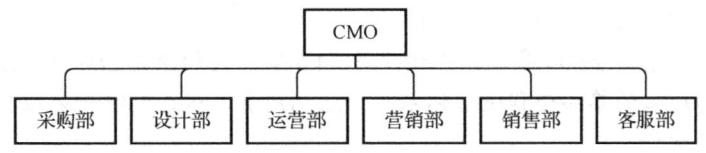

图 1-4 典型的职能型组织架构

这种组织架构按业务流程涉及的职能划分组织，CMO 之下，销售部、营销部和采购部主管构成战术小组，各团队成员执行战斗任务，支持三层管理逻辑。需要注意的是：

（1）CMO 不是只管营销部，而是监管图 1-4 中所列的全部部门，这就和 COO 的定位很像，此时 CMO 可以由 CEO 或者 COO 兼任。事实上，图 1-4 中没有列出的部门，也需要间接监管，如财务部、人事部等。

（2）职能型组织架构最大的缺点是经营导向不明确，员工很容易关注"干什么"，而忽略"为什么干"，不利于培养员工的经营意识，不利于快速响应市场变化。其优点是有利于职能专业化，员工技能提升速度快，流程控制简单，责任明确，逻辑清晰。

（3）这种组织架构适用于初具规模的小型跨境电商企业，通过职能专业化改善各职能的"质量"，实现整体服务品质的提升。

（4）职能型组织架构是其他各类组织架构的基础，跨境电商企业必须在清晰的业务流程下设计合适的组织架构，任何流程不顺都将导致组织效率低下。

鉴于职能型组织架构是基础，其他各类组织架构都是在此基础上的变形。本书除这种组织架构外，不再介绍地域型、产品型、事业部型、矩阵型等组织架构。但考虑到跨境电商企业的发展现状，这里给出一种笔者推荐的创业型组织架构，如图 1-5 所示。

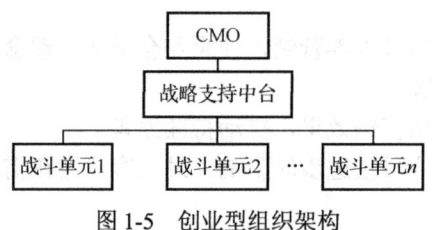

图 1-5　创业型组织架构

案例 1-2

韩都衣舍：互联网上的"阿米巴模式"

2018 年 2 月初，韩都衣舍公布的业绩预告显示，韩都电商预计全年归属挂牌公司股东净利润在 6 000 万元到 7 500 万元之间，比上年同期的 3 385 万元增长一倍左右。

韩都衣舍的创始人兼 CEO 赵迎光总结韩都集团的商业模式：通过构建基于互联网品牌的二级生态，打通从供给侧到消费侧的全链条数据化运营通路，实现从消费互联网向产业互联网的进化。

截至目前，韩都运营的品牌数量有 100 多个，其中自有品牌（含合资品牌）达到 22 个，云孵化品牌（代运营品牌）超过 60 个。赵迎光在 2017 年公开表示，韩都衣舍在未来 10 年将达成"121 齐步走目标"，即服务 1 000 个品牌，达到 2 000 亿元市值，创造 1 000 个千万富翁。

1. 小组制，让员工上厕所时都想着工作

韩都衣舍员工总计 2 600 多人，平均年龄 24.5 岁，大约分为 280 个小组，三人一组，实施以小组制为核心的单品全程运营体系。小组制用责、权、利统一来维持运作。

（1）小组的责任

公司会根据当年的销售任务，跟每个小组谈。小组长会根据去年的完成情况以及今年的人员变动等特殊情况，在公司可接受的幅度内制订一个完成计划。同时，公司会根据销售计划配给小组相应的资源。责任中除了销售额之外，还会对毛利率、库存周转率等进行考核，如果这些条件都达到了公司要求，小组才可以拿到奖金。

（2）小组的权力

小组的权力基本相当于一个独立网店老板的权力，要开发什么款式自己说了算，包括每个款式几个尺码，每个尺码多少件，几种颜色，库存深度，销售价格等。在销售的过程中，是否参加各种各样的促销活动也是小组自己决定，比如在"双十一"之前，每个小组要上报自己要参与的商品和打折力度。公司会根据小组的上报情况盘点库存，然后统一规划营销计划。当然对于非常离谱的打折促销，公司会提醒小组，但最终的决定权还是在小组手里。

（3）小组的利益

业绩提成=（销售额-费用）×毛利率×提成系数×库存周转系数（销售额完成率）。提成系数是按照销售额来分段的，随着销售额的提高，对应的提成系数会低一些，这个是分档的。

2. 二级生态是韩都的长期战略

所谓二级生态，是基于阿里巴巴、京东、唯品会等平台构建的一级生态的基础上，依托数字化商业智能系统打造的系统，为国内传统品牌、国际大牌、网红品牌、初创品牌等提供线上生态运营。

打造二级生态系统，意味着韩都衣舍从最初的品牌商角色转变为兼具品牌商和服务商的双重角色，也就是开启"品牌商+服务商"双轮驱动模式。

韩都有多年做品牌的经验及丰富的品牌战略知识。第二种是系统集成的资源，第三种是后续的供应链、客服等基础运营资源。系统集成的资源是外部的IT、网红，基础运营资源是客服、仓储、供应链也可以用。

正是小组制和二级生态系统支持韩都衣舍实现了跨越发展。

案例1-2所阐述的正是本书推荐的创业型组织架构。从创业初期到像韩都衣舍这样几千人规模，均可以采用这种组织架构。而二级生态系统就是战略支持中台，也是这种组织架构组建的难点。实践中，中台组建的模式多种多样，但离不开职能型组织架构中涉及的各种职能，可以将各种职能中的优秀者通过长期激励策略升级为中台核心成员。

每个小组都是一个独立的SBU，韩都衣舍采用三人一组，常常让设计出身的人作为组长，这可能与其所处的行业有关。笔者认为，组长人选或许不用太多考虑其技能，更重要的可能是领导力。根据SBU的简化公式，建议三人小组技能特点分别是：①擅长商品与供应链管理；②擅长洞察客户心理的销售技能；③擅长营销引流的战术管理人才。如果是这种组合，组长人选大概率是擅长营销引流的战术管理人才。小组不具备的技能，由中台提供支持。

考虑到工作职能的开拓性，应特别注意营销团队的激励，有兴趣的读者可以阅读人力资源管理方面的图书。

三、内部营销

前面已提及内部营销在战略循环中的作用，实际上，内部营销存在于全流程活动。很多优秀企业的价值观里会明确"员工第一"，这本身就是一种内部营销。如稻盛和夫的京瓷、KDDI（日本电信运营商），美国西南航空公司、中国海尔等。秉持员工第一的企业还会更多，这和经济社会发展水平密切相关，是人本主义广为接受的必然。

很多企业认为内部营销的目标是全民皆兵，让所有员工都成为销售员，扛业绩指标。这种做法或许有特殊原因，但这种做法不但是对的误解，而且潜藏危机。简单地讲，内部营销的目标是统一理念，具体而言，是鼓励员工关注企业核心竞争力，通过每个人的行动，构建和保持核心竞争力。对于跨境电商企业而言，本书认为核心竞争力是营销，故内部营销的目标是全员认同并积极参与 13N1 模型的构建和升级。

有不少企业认为，内部营销的实施以宣讲为主，主要宣讲营销战略、战术规划和每次的营销战斗。然而，这是另一种误解。内部营销固然要反复宣讲，但这只是冰山一角，实施内部营销更重要的基础工作其实是科学管理。没有科学管理基础，内部营销将是昙花一现，效果短促得无法想象，甚至沦为廉价的"忽悠"。内部营销的基础工作主要包括：

（1）真正建立起以企业使命为行动纲领的企业文化。必须明确企业使命愿景价值观，并用企业理念指导经营决策和具体行动，达到全员认同的程度。

（2）以 13N1 思想构建企业组织架构，完善各种管理制度，将理念落实到制度框架中。有些企业不重视现代企业经营制度建设，推行"人治"，或者鼓吹被曲解的"无为而治"，这是相当危险的。如果长期忽略理念和制度框架，"人治"对"夫妻店"都会失效，甚至导致夫妻反目。即"人治"必须以科学管理为基础。

（3）明确岗位职责，以"员工第一"的心态做好人才的招、育、用、留。特别将这一点独立出来，没有和上一条合并，是希望引起读者的充分重视。再好的文化、战略、组织架构，都需要每一个员工参与。很多跨境电商企业处于创业初期，因为人手不够，变动频繁，故不重视岗位职责的提炼，这就是通常说的"用战斗的瞎忙掩盖战略的懒惰"。越是混乱的创业期，越应该重视岗位职责的明确，将每一个"人"的事放在首位，做事先做人，坚持以人为本。当然，在员工认可文化与制度的情况下，岗位职责可以粗线条一些，灵活一些，避免限制员工的主观能动性。

（4）提炼合适的营销理念。营销理念不仅是阶段性战略陈述，还是指导思想、价值取向和策略风格。例如，北京 LL 电子商务有限公司原来是由运营部通过店铺数据运营获取客户主动询盘商机，运用 13N1 模型后，则要求全员通过多种渠道，主动寻找和联络客户获取商机。这就是营销理念的策略风格属性。营销理念是内部营销的前提。

在上述工作的基础上，实施内部营销需注意以下要点：

（1）尊重员工。尊重员工的基本权利、工作成果和言论自由，鼓励员工学习提升。布鲁克斯在《共情营销》一书中特别强调这一点，与员工共情是达至与客户共情的唯一途径，而尊重是共情的基础。当然，共情的目标不是一团和气，尊重员工也要坚持法、理、情的顺序。

（2）信息透明、及时。信息透明、及时包括宣讲和顺畅沟通等，目标是将所有营销相关信息及时同步给全员，并通过沟通了解全员对营销工作的反馈。内部宣讲和沟通是长期、细致的工作，不是要给员工短期打鸡血，而是追求激发员工的长期内驱力。具体策略包括按时召开年会、季会、月会、周会，甚至每日早会，或者在下午茶时间进行交流，也包括一对一谈话，甚至非工作时间的共同活动。

（3）尊重事实，用数据说话。内部营销体现在一件件具体的事务中，此时，要尊重客观事实，尽量用数据说话。跨境电商天然有较好的数据支持，日常运营应以数据报表及分析为主，营销策划和总结也应以数据为基础，充分重视量化评估。对于数据显示的问题，则应勇敢正视。

本 章 小 结

本章是全书的基础。首先通过回顾网络营销简史,让读者快速了解网络营销阶段划分的标准,展示网络营销如何随时代发展而不断变化。之后提出了营销的定义,简单介绍了几个密切相关的概念,如需要、欲望和需求,营销环境与竞合关系,价值和满意等。

13N1 模型是一套包含战略、战术和战斗三层循环的、自洽的框架体系。从市场定位与品牌开始,解析客户、商品、渠道(电商平台)营销战术,视觉营销、搜索引擎营销、社会化媒体营销、EDM 直复营销、服务营销和创新营销等一系列营销战斗实践。这一框架需要较强的执行力使之落地,本章介绍的三种周期的循环(PDCA、DCA 和 DR)是有效策略之一,能真正帮助跨境电商企业系统推进营销管理。

要执行好 13N1 模型,必须由优秀的首席营销官(CMO)带领专业的营销团队实现。要搭建适合企业发展的组织架构,如 CMO—战略支持中台—各战斗单元的快速响应组织。还要重视组织制度建设,推行现代企业科学管理,并通过内部营销,实现全员参与营销。本书的使命即为未来的 CMO 打下坚实的知识与技能基础。

本 章 习 题

一、选择题

1. 本章讨论的营销是（　　）。
   A. 一种组织职能　　　　　　　　　B. 为顾客创造价值
   C. 追求获得利益　　　　　　　　　D. 一种管理过程
2. 下列关于需要、欲望和需求的描述,正确的是（　　）。
   A. 需要是客观存在的人类基本要求
   B. 当需要具象化为一种物品或服务时,即成为欲望
   C. 当人们有财力购买其想要的某种物品或服务时,欲望转化为需求
   D. 需求有真与伪、显现与潜藏、刚性与弹性等多种状态
3. 营销总在一定的环境下发生,即营销环境。营销环境包括（　　）。
   A. 政治环境　　　B. 社会文化环境　　　C. 商业竞争环境　　　D. 道德环境
4. SBU=（　　）。
   A. 客户×渠道×商品　　　　　　　　B. 客户×营销×商品
   C. 客户×渠道×营销　　　　　　　　D. 营销×渠道×商品

二、问答题

企业应如何开展有效的内部营销?

三、实操题

请将营销策划的三层循环绘制在一张纸上,要求关联成一张图,并用一句话说明 13N1 模型的每个关键任务。

第二章　市场与品牌战略

营销的起点是市场调查，终极目标是打造品牌。

案例 2-1

墙里开花墙外香——SHEIN

新冠肺炎疫情暴发使 Zara 2—4 月收入几近减半，关店 1 200 家。而在同一年，SHEIN 公司在 6 月的内部会议上宣布，2020 年的销售额目前已经超过 400 亿元，全年有望冲击千亿元。SHEIN 似乎是一夜爆红，其实是墙里开花墙外香，在美国几乎人人知晓，而在中国，却是不被太多人知晓的品牌。跨境 B2C 品牌 SHEIN 2012—2019 年的销售额如图 2-1 所示。

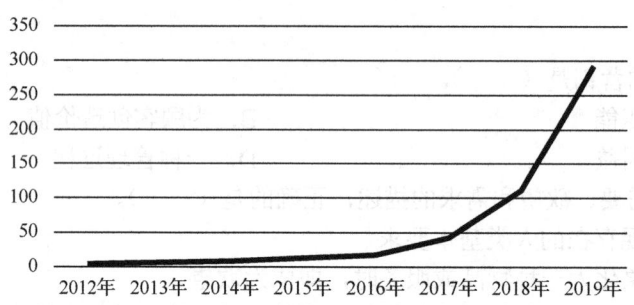

图 2-1　跨境 B2C 品牌 SHEIN 2012—2019 年的销售额（单位：亿元）

SHEIN 是一家成立于 2008 年的跨境 B2C 互联网企业，主要在女性快时尚领域，为全球消费者提供高性价比的时尚产品。公司总部设在南京，并在中国广州、深圳、佛山地区，以及美国、比利时、迪拜等多地开设分支机构，目前已经进入了北美、欧洲、俄罗斯、中东、印度等市场。2014 年，公司创建主体品牌 SHEIN，现在拥有 2 个自营国际站点，10 个小语种站点，适用于 iOS 移动端、Andriod 移动端；除了全面打造其专属网站，还涉足多个国际主流电子商务平台，如 Amazon、AliExpress 等。SHEIN 依托自有的强大 IT 技术实力，自主研发各业务后台的 IT 支持系统，运用 IT 技术提升业务效率，结合跨境电商的特点，不断优化业务流程，使得各个业务环节无缝链接。目前，在全球建立了 5 个客户服务管理中心，成立了超过 200 人的客服团队，以便能够快速解决客户在购买过程中与售后过程中的问题。

SHEIN 的发展历程如表 2-1 所示。

表 2-1 SHEIN 的发展历程

时间	事 件
2020 年	7 月,位列"2020 年 BrandZ 中国全球化品牌 50 强"第 13 名。销售额 100 亿美元折合人民币约 653 亿元。完成 E 轮融资,估值超 150 亿美元
2019 年	销售额 160 亿元。完成 D 轮融资,投资超 5 亿美元,估值超 50 亿美元
2018 年	成为下载量最高的十大中国跨境出海电商 App 之一,销售额 80 亿元。完成 C 轮融资,估值 25 亿美元
2017 年	业务覆盖全球 224 个国家和地区,销售额 30 亿元
2016 年	销售额突破 10 亿元
2015 年	完成 B 轮融资。6 月,更名为 SHEIN,同时推出阿拉伯站点。完成 B 轮融资,3 亿元人民币,估值 15 亿元人民币
2014 年	总单量突破 500 万个。11 月,意大利站点上线
2013 年	2 月,俄罗斯站点上线。5 月,德国站点上线。完成 A 轮融资,500 万美元
2012 年	5 月,法国站点上线
2010 年	3 月,西班牙站点上线
2008 年	公司创立,官网正式上线

SHEIN 覆盖全球 200 多个国家和地区,会员数量不断增长,活跃用户 2 000 多万个,App 下载量 1 亿多次,连续 8 年营收增长超过 100%,日销售达到 80 万件;2019 年,GMV(Gross Mer-chandise Volume,商品交易总额)超 200 亿元;新冠肺炎疫情期间,官网流量和销售额同比翻番、营销 ROI(Return On Investment,投资回报率)超过 1∶100。目前,这一势头仍保持较高速增长。SHEIN 拥有良好的市场发展潜力,根据 SimilarWeb 的数据(2020 年 7 月),SHEIN 官网月均页面浏览量在 6 000 万次,其中 UV(Unique Visitor,独立访客)至少有 4 000 万人,意味着每天至少有 100 万人 UV 访问网站。目前,SHEIN 全球排名为第 358 名(在 Alexa 上的排名为第 544 名),时装分类排名第 7 名,排在优衣库和 GAP 的前面,网站跳出率不到 40%,其中网站停留时间平均 10 分钟左右,每个访客平均浏览页面 9 个,间接说明了其网站内容的吸引度和丰富度。由于 SHEIN 有快速上新的优势,海量的 SKU(Stock keeping Unit,存货量单位)让用户就像在逛街一样,可以寻找时尚趋势和灵感。

案例思考:品牌的创建绝非一朝一夕,SHEIN 给了你什么启示?为什么它能快速崛起?

第一节 市场调查

市场调查是营销的起点。对于跨境电商来说,涉及的环境要素多,情况复杂,做好市场调查可以让企业事半功倍。

市场调查的目的在于为市场预测和经营决策提供科学依据,即为企业了解市场现状、发展趋势及为企业的决策者制定政策、进行市场预测、做出经营决策、制订计划,提供客观、正确的依据。通常来说,市场调查分为宏观市场调查和微观市场调查。

一、宏观市场调查

宏观市场调查指对企业营销活动造成市场机会和环境威胁的主要社会力量进行分析，发现新的市场机会。宏观市场调查的目的在于把握市场发展趋势，更好地认识环境，通过企业营销努力适应社会环境及其变化，达成企业的营销目标。在营销活动中，趋势是一个巨大的势能。顺应趋势好比顺风扬帆，背逆趋势好比逆水行舟，研究趋势并把握趋势才能顺利展开营销活动。

在战略管理中，宏观市场调查可简单归纳为 PEST 调查，即从政治（Politics）、经济（Economics）、社会（Society）和技术（Technology）4 个方面研究市场所处的大环境。第一章已说明，本书抽取了 6 种对跨境电商影响较大的因素：人口（Demographic）、法律（Law）、文化（Culture）、伦理道德（Ethics）、地理（Geography）和自然（Nature），与 PEST 合称"宏观营销环境十因素"。下面做简要说明。

（一）政治法律法规环境

1. 政治局势的变化

2018 年 3 月 22 日，美国时任总统特朗普签署总统备忘录，依据"301 调查"结果，将对从中国进口的商品大规模征收关税，并限制中国企业对美国企业进行投资并购。2018 年 7 月 10 日，特朗普政府再次发布了一份关于对价值 2 000 亿美元的中国商品征收 10%的进口关税清单。长期以来，美国都是中国最大的国际贸易伙伴，而东盟在 2019 年替代美国成为中国最大的国际贸易伙伴。极端情况下，政治冲突表现为战争，如两次世界大战都对国际贸易构成巨大威胁。因此，跨境电商企业必须关注国际政治环境。

2. 法律的重要性

2003 年，思科对华为的"世纪诉讼"，作为中国企业走向世界的标志性事件，对于我国成长中的企业，尤其是准备出征全球市场的中国企业家，具有非凡的启迪意义。这场思科对华为的诉讼，思科是发起方，有备而来。而当年的华为刚刚开拓海外市场，如果输了这场官司，不仅前面投入的大量资金打水漂，后续再想进入国际市场也十分困难，所以，甚至"让华为倾家荡产"也是极有可能的。华为聘请了在处理跨国知识产权官司方面享有极高威望的美国美富律师事务所，将涉及争议部分的全部源代码送去美国进行第三方检验，同时与思科的对手 3Com 公司成立合资公司。最终，华为与思科达成庭外和解。这次诉讼不仅让华为在国际舞台上展示了自己的技术优势，更成为了善用美国政治法律的"教科书式"的案例。

3. 其他合规要求

新冠肺炎疫情期间，比亚迪转产口罩。由于比亚迪生产的 N95 口罩未能在 2020 年 4 月 30 日前获得美国联邦认证，因此比亚迪需向加利福尼亚州退还一半的定金，即 2.475 亿美元（约合 17.5 亿元人民币）。比亚迪退还预付款的举动，在国内外掀起了轩然大波。因为比亚迪短期内多项工作一起进行，全力以赴改造车间和生产线，忽略了 Paper Work（文书工作），使比亚迪 N95 的 NIOSH 认证比原定的时间推迟了。最终，比亚迪妥善地解决了这个问题。这件事提醒我们，不仅要认识到政治法律环境的重要性，还要注意遵守不同国家的市场规则。

跨境电商企业必须关注商业、知识产权等方面的法律法规。此外，跨境电商平台通常会制定复杂的规则，这也是跨境电商企业必须遵守的。例如，在阿里巴巴国际站开设店铺，需要参考禁限售规则及其他规则，以避免违规违法。

（二）经济环境

市场营销必须分析经济趋势、目标市场的经济状况、顾客的购买能力是否与自己的企业定位和产品定位相匹配。

1. 收入

各个国家的收入水平和可分配收入的差异是很大的，收入不但影响购买力，而且会形成消费风格，故分析收入水平对跨境电商企业来说非常重要。但收入数据往往涉及个人隐私，不能直接调查，因此通常用人均国民生产总值（GDP）来初步判断某个国家的国民个人财富情况，可以在网上查询相关数据。例如，巴西基本数据如图2-2所示。其中，基尼系数也是应该重点关注的，图中显示，巴西基尼系数达到0.521，即个人收入差距悬殊。可以推测，巴西的国民财富主要集中在少数人手中，人均购买力并不乐观。

中文名	巴西联邦共和国[1]	人口数量	2.1亿（2019年）[1]
外文名	葡萄牙语：República Federativa do Brasil；英语：The Federative Republic of Brazil, Brazil[1]	人口密度	24.7人/平方公里（2019年）[1]
		主要民族	白人、穆拉托人、黑人、印第安人[1]
简称	巴西	主要宗教	天主教[1]
所属洲	南美洲	国土面积	8514900 km²[1]
首都	巴西利亚[1]	水域率	0.65%
主要城市	圣保罗，里约热内卢，萨尔瓦多，累西腓，贝洛奥里藏特等[1]	GDP总计	1.869万亿美元（2018年，国际汇率）[8]
		人均GDP	8921美元（2018年，国际汇率）[8]
国庆日	1822年9月7日	国际电话区号	55
国歌	《听，伊匹兰加的呼声》	国际域名缩写	.br
国家代码	BRA	道路通行	靠右驾驶
官方语言	葡萄牙语[1]	国花	毛蟹爪莲
货币	雷亚尔[4]	国家结构形式	联邦制
时区	UTC-3	人类发展指数	0.738
政治体制	总统制共和制	基尼系数	0.521
国家领袖	雅伊尔·梅西亚斯·博索纳罗（总统）[5]	最大城市	圣保罗

图2-2 巴西基本数据

2. 汇率

对国际贸易和跨境电商企业来说，汇率是不容忽视的影响因素。因为一个国家生产的商品都是按本国货币来计算成本的，要拿到国际市场上交易时，其商品成本一定会与汇率相关。汇率的高低直接影响该商品在国际市场上的成本和价格，直接影响商品的国际竞争力。以我国为例，1980年人民币兑美元是1.534；1994年实行汇率并轨，人民币兑美元的参考汇率确定在8.68；2005年汇改，人民币开始升值；2014年人民币兑美元是6.04；2021年1月人民币兑美元是6.5，之后也在不断波动。汇率的波动给很多出口企业带来巨大压力，有时甚至订单接下来就已经亏本。汇率是计算报价必须用到的数据，因为目前国际支付货币以美元为主，所以应主要关注人民币兑美元的汇率。权威汇率数据可参考中国人民银行货币政策司每日发布的人民币汇率中间价公告。对于跨境 B2B 企业，还应关注汇率变化趋势，可以查阅中国人民银行货币政策司发布的人民币汇率中间价图表。中国外汇交易中心的中国货币网提供了更灵活的查询方式。

3. 信贷环境

消费者支出受储蓄、债务及信贷可用性影响。中国在世界上一直是居民银行高储蓄额的国家，除了传统的量入为出、勤俭节约的思想，还与个人投资驱动欠缺、社会保障机制不健全等因素有关。而很多西方国家则恰恰相反，国民的负债率高，习惯超前消费。企业在展开跨境电商时，必须考虑目标市场的信贷环境，从而采取相应的市场政策。例如，印度尼西亚市场，由于信贷不发达，消费者倾向于货到付款的方式。

4. 对外资或外商的友好程度

跨境电商可能会涉及建海外仓，所以有必要了解当地的优惠政策、是否欢迎外资进入及给予外资什么样的条件。另外，还需要对于进口货物是否有限制或是否加征关税。例如，印度尼西亚规定 75 美元以上的物品要缴 7.5%的关税、10%的增值税和 10%的所得税，而且增值税和所得税是在关税的基础上征收的，导致税率达到 29%，而新加坡就只需缴 7%的消费税。

（三）社会文化环境

1. 人口变迁

人口变迁包括人口的增长、年龄组合、地理迁移、教育水平、家庭类型、种族及信仰等。以我国为例，改革开放取得了举世瞩目的成就，除了一系列的政策红利，人口红利所起到的作用也不容忽视。但现在，我国的老龄化趋势在加速，意味着我国未来的养老、医疗产业市场巨大。中国的城市化进程推动着人口的地理迁移，发达地区和重点城市的虹吸效应日益加剧，导致市场竞争更加聚焦及激烈。而家庭规模的缩小，丁克族、不婚族的增加，让商家敏锐地意识到个体消费经济时代的来临，很多地方出现了"一人食"餐厅。人口变化趋势也是跨境电商企业必须考虑的因素，韩国 2020 年度总和生育率再次全球垫底，平均一对夫妻仅生育 0.84 个孩子，年度新生人口低于死亡人口，人口总量净增为负值，这对跨境 B2B 企业来说是一个很明显的提示。

2. 核心价值观的重要性

生活在特定社会中的人所持有的核心信仰与价值观可能会保持稳定。例如，在信仰伊斯兰教的国家，跨境电商企业要特别留意需要避讳的因素，如童装品牌"小猪**"曾经"出海"，在伊斯兰国家需要撤掉带有小猪 LOGO 的服饰；而出口猪肉食品到伊斯兰国家时，也必须了解相关规定。

3. 注意亚文化

每个社会都包含亚文化，它是由于特定的生活经验或环境而出现的具有共同价值观念的群体。其成员有共同的信仰、爱好和行为。

(四) 科技环境

第二次世界大战之后,美国经济发展迅猛,这与其宽松的科技环境是分不开的。企业开展跨境电商时,必须考虑当地的科技环境,因为科技环境也是制约市场的一个重要因素。例如,传音手机在非洲打败诺基亚、三星等大品牌,成为"手机一哥"。这是因为传音了解非洲的科技状况落后,很多地方连最基本的电力供应都不能保证,所以传音开发出不需要用线充电,只用 5 号电池即可续航的手机。

1. 技术变革的加速度

我们必须注意技术变革的速度是几何级的,从 BB 机到模拟机,到数字手机,再到智能手机,不过是短短 20 年的时间。我国在互联网时代基本属于跟随状态,而在移动互联网时代却有很多方面走在世界前列,如移动支付,让国人体验到前所未有的便利。对于跨境电商企业来说,特别是要了解当地的网络水准、3G/4G/5G 的普及情况、智能手机的覆盖率及消费者的联机时间等。这些年东南亚市场的崛起跟科技的进步与普及有关。

2. 重视研发、原创和知识产权

对于要"出海"的中国企业,必须重视研发、重视原创、重视知识产权,才能赢得未来的"战争"。

(五) 自然环境

自然环境的恶化是一个全球性问题,绿色营销期待公司和营销人员能够想出既可保持经济繁荣又可保护环境的解决方案。对于跨境电商来说,也许并不需要关注原料的短缺、能源成本的增加,但是鉴于各国反对污染的压力,企业也需要考虑自身出口的产品是否符合该国的环保要求。各国政府对促进环境清洁的关注和努力是不同的,相对来说,发达国家力度比较大,而落后国家则相对管控较弱。

(六) 其他重大事件

席卷全球的新冠肺炎疫情让人们猝不及防,夺取了成千上万人的生命。很多行业、企业停摆,国际海运积压了大量货物,全球经济损失巨大。在为之扼腕叹息的同时,我们也看到,不少企业逆势而上,取得了亮丽的成绩,如做医护设备和用品相关的行业。因此,跨境电商企业要密切关注国际性的重大事件,及时调整自己的营销策略。

宏观市场调查对我们确定目标市场有重要的参考价值,但因考量的因素众多,我们往往在短期内不能做到足够细致。实践中,可以比较粗放地基于互联网进行资料调查,先排除明显的负面宏观因素,之后在营销过程中持续、深入地了解目标市场。

二、微观市场调查

微观营销环境是指与企业紧密相连、直接影响企业营销能力和效率的各种力量和因素的总和,主要包括供应商、营销中介、消费者、竞争者、社会公众、企业内部环境等。相比宏观环境,微观环境能够给企业提供更有用的信息,同时也更容易被企业所识别。

通常，我们采用五力模型来进行微观分析，如图 2-3 所示。五力模型是迈克尔·波特（Michael Porter）于 20 世纪 80 年代提出的。他认为行业中存在着决定竞争规模和竞争程度的 5 种力量，这 5 种力量综合起来影响着产业的吸引力及现有企业的竞争战略决策。5 种力量分别为供应商的讨价还价能力、购买者的议价能力、同行业内现有竞争者的竞争能力、潜在竞争者的进入能力及替代品的替代能力。

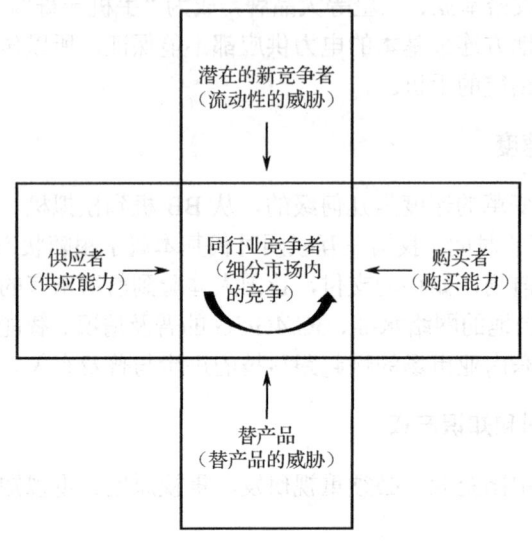

图 2-3　五力模型

1．供应商的讨价还价能力

供应商是指针对企业进行生产所需而提供特定的原材料、辅助材料、设备、能源、劳务、资金等资源的供货单位。这些资源的变化直接影响企业产品的产量、质量及利润，尽而影响企业营销计划和营销目标的完成。供应商的能力主要在以下几个方面影响营销的效果：

（1）供应的及时性和稳定性；

（2）供应货物的价格变化；

（3）供应的质量保证。

一般来说，对贸易型企业而言，商品成本占总成本的比重很大，供应商的选择尤为重要。而对于工贸一体型企业而言，供应商的生产资料也占据着商品成本的主体。大单买主还会关注生产企业的供应商体系。相对而言，贸易型企业更依赖供应商。跨境 B2B 业内有句俗话——没有可靠的工厂，不做跨境 B2B。因此，工厂对于贸易型 B2B 企业来说，其潜在的讨价还价的力量很大。例如，新冠肺炎疫情期间的熔喷布，短期内价格飙升且货源紧张，不要说跨境电商，即便是国内市场也不能满足需求，此时，很多商家因无货可卖而停摆，供应链显得尤为重要。

随着阿里巴巴国际站的发展，平台商户企业无论从贸易型起家还是从工厂起家，最终都向工贸一体发展，这一趋势已非常明显。B2B 业务最直接的竞争就是供应能力，阿里巴巴国际站也非常重视供应商能力的展示，如图 2-4 所示。

第二章 市场与品牌战略

图2-4 阿里巴巴国际站供应商能力的展示

从图中可以看出，阿里巴巴国际站在详情页提供了公司简介栏目，可以从公司概况、生产能力、研发能力和贸易能力等方面展示公司实力。图中的参展图片佐证了其贸易能力。

在做微观市场调查时，我们要特别重视供应商的能力，从多个角度调查供应商，特别是其在同行竞争中的地位，并确保供应商与本企业休戚与共，这是开启跨境电商B2B事业的基础。

2．购买者的议价能力

购买者主要通过其压价与要求提供较高的产品或服务质量的能力，来影响行业中现有企业的盈利能力。例如，拼多多就是通过拼团，从而让购买者产生较大的议价能力。通常，以下情况会使得购买者的议价能力变大：

（1）购买者基数大且具有同质化的需求；
（2）供应过剩，可供选择的供应商多；
（3）卖方由相对大量规模的较小的企业组成，如早期的淘宝。

目前，阿里巴巴国际站的入驻商户还是以中小企业为主，且同质竞争情况较为普遍，使得海外买手的议价能力较强，这是对商家不利的因素。在这种情况下，卖家更要自强不息，狠抓产品质量，投入资源支持创新研发，以提升商家的整体实力。对于新进商家，应深入分析阿里巴巴国际站的买家特点，推陈出新，精准切入，真正在客户需求上下功夫，正面迎接来自买家的"竞争"。所谓"好产品自己会说话"，满足购买者需求就是好产品，也是企业的终极使命。因此，与买家的竞争在任何一个领域、任何一个市场、任何一个阶段都是终极竞争。商家在买家侧的竞争力是最重要的竞争力。

可以在阿里巴巴国际站后台的访客详情中粗略了解到买家情况，客户通也可以帮助商家分析买家情况，但建议商家购买专用的CRM（Customer Relationship Management，客户关系管理）软件，细致分析买家画像，构建自己的客户管理体系。

3．同行业内现有竞争者的竞争能力

同行竞争常常表现在价格、广告、产品介绍、售后服务等方面，其竞争强度与许多因素有关。一般来说，出现以下情况是竞争加剧的表现：

（1）竞争参与者范围广泛；
（2）市场趋于成熟，产品需求增长缓慢；
（3）竞争者企图采用降价等手段促销；
（4）竞争者提供几乎相同的产品或服务，用户转换成本很低；
（5）退出壁垒较高，即退出竞争要比继续参与竞争代价更高。

对跨境电商来说，因信息透明，竞争环境很容易恶化，国内的淘宝、拼多多已发展成熟，同行竞争已不能用激烈来形容，而是达到了惨烈的程度。阿里巴巴国际站 2020 年商户数突破 20 万个，基数不大，但品类比较集中，同行竞争也比较激烈。对同行竞争的调查就显得格外重要，对于要进入的市场，至少要分析竞争对手的产品策略、市场策略、流量策略、关键词策略、外链策略、广告策略等。阿里巴巴国际站的后台数据管家会给出同行 TOP10 等竞争数据，但因同行竞争烈度对市场进入成本影响很大，建议跨境电商 B2B 商家还要通过其他渠道，多方面深入调查。

4. 潜在竞争者的进入能力

潜在竞争者在给行业带来新产能的同时，有可能会与现有企业发生原材料与市场份额的竞争，最终导致行业中现有企业盈利水平降低，严重的话还有可能危及这些企业的生存。潜在竞争者能否进入取决于：
（1）资金实力；
（2）进入新领域的障碍大小；
（3）现有企业的反应情况。

例如，神州租车做瑞幸咖啡，比亚迪生产口罩，对于原行业来说，它们都是潜在竞争者。在消费电子领域，小米公司已构成对生活小家电厂商的潜在竞争，在这里问创业者一句：如果小米进入你的创业领域，你怎么办？

潜在竞争者调查是比较难的，需要对某个领域有深度了解，一般不是初期关注的重点。一旦进入某个细分市场，就要关注潜在竞争者，因为要进入某个行业大家都会很慎重。

目前，阿里巴巴国际站还没有描述潜在竞争者的数据，其他电商平台也一样，所以叫"潜在"，看不见的敌人当然没有数据可查。

5. 替代品的替代能力

两个处于不同行业中的企业，可能会由于所生产的产品是互为替代品，从而在它们之间产生相互竞争行为，这种源自于替代品的竞争会以各种形式影响行业中现有企业的竞争战略。例如，有人笑谈"外卖干掉方便面""手机支付干掉小偷"等，创造了很多"我消灭你但与你无关"的故事。

替代品也是比较难调查的，有的甚至已经发生了却还未察觉。但在市场研究中，也应加以关注。

综上，做微观市场调查时，不应局限在同行竞争调查，还要重点分析上游供应商的情况，更要重视分析客户情况，对于比较隐蔽的潜在竞争者和替代品虽然在初期可以简化处理，但经营中也要小心谨慎。

案例 2-2

广州××服饰公司进军东南亚前进行市场调查

广州××服饰公司是在改革开放初期成立的一家代工公司，主要为世界各服装品牌提供服饰加工。随着服装供应链向东南亚等劳动成本更低的国家和地区转移，该公司的订单越来越少，基于服装生产和出口的经验，公司于2018年决心向跨境电商转型。于是该公司启动了对东南亚的市场调查，调查结果如表2-2所示。

表2-2 服饰公司进军东南亚的市场调查表

概况	印度尼西亚	菲律宾	越南	马来西亚	泰国	新加坡
基本信息	人口2.6亿人，仅次于中、印、美，是世界第四大人口国。通用语为印尼语。80%的公民集中在爪哇岛，主要民族有爪哇族47%、巽他族14%、马都拉族7%。主要宗教有伊斯兰教、基督教、天主教。国土面积190万平方公里，相当于1/4个中国	人口约1.05亿人，通用语言为英语。马来族占85%以上，还有他加禄人、伊洛戈人等，另有少数华人、印度尼西亚人、土著人，约84%信天主教，9%信伊斯兰教，少数人信基督新教，土著人多信原始宗教，华人多信佛教和天主教。国土面积约30万平方公里	人口9 700万人。京族占总人口的89%以上。通用语为越南语。国土面积约33万平方公里。越南是多宗教国家，主要是佛教，其他宗教有佛教、印度教和基督教等	人口接近3 300万人，其中马来人约占总人口的56%，华人约占23%，印度人约占7.3%，其他种族约占0.7%。马来语为国语，通用英语，华语使用也较广泛。伊斯兰教为国教，其他宗教有佛教、印度教和基督教等。国土面积32.9万平方公里	人口约6 920万人。信仰佛教。通用语言为泰语。国土面积51.3万平方公里	人口约570万人，华人占比74.2%，马来族占比13.3%，印度裔占9.1%和欧业裔/混血占比3.4%。通用语言为英语。国土面积0.068万平方公里
经济状况	人均GDP3 500美元。过去10年，经济增速平均达到6%	人均GDP3 100美元。过去10年，经济增速平均达到6%	人均CDP2 500美元。过去10年，经济增速平均达到7%	人均CDP11 500美元。过去10年，经济增速平均达到5%	人均CDP7 250美元。过去10年，经济增速平均达3.5%	人均CDP6.4万美元。过去10年，经济增速平均达4.8%
互联网状况	互联网用户从2015年的9 200万人增长到2019年的1.52亿人。电商规模从2015年17亿美元激增至2019年210亿美元，预计到2025年可以达到820亿美元。排名前4位的购物平台是Shopee、Tokopedia、Bukalapak和Lazada。互联网及智能手机普及率高，由于印度尼西亚是千岛之国，物流派送难度大，加上电子支付不方便，因此56%的消费者选择货到付款。网上主要购买服饰、电子产品。据Ldvert统计，67.8%是女性消费者，喜欢宽松透气的服装，偏爱本土品牌	互联网人口从2015年的5 500万人增长到2019年的6 800万人。电商市场方面，规模从2015年的5亿美元增至2019年的30亿美元，预计到2025年可以达到120亿美元。92%的用户通过手机登录，平均每天花费3个半小时在手机上，通过手机上网、聊天、购物、查阅信息等。根据Ninja Van调研发现，高达72%的卖家选择脸书，46%的卖家选择Instagram进行销售，仅有20%的卖家只选择一个销售渠道，拥有2~3销售渠道的卖家最多。而在20%的单一渠道卖家的渠道选择中，独立站占据了41%。进军菲律宾，不仅在Lazada和Shopee销售，还要注意社交媒体和独立站	互联网人口从2015年的4 400万人增长到2019年的6 100万人。电商规模从2015年的4亿美元到2019年50亿美元，年复合增长率高达81%，预计2052年电商市场GMV（Gross Merchandise Volume，商品交易总额）将超过230亿美元。越南本土电商平台实力不俗，Sendo、Tiki均在排名前十的电商平台之列	互联网人口从2015年的2 100万人增长到2019年的2 600万人，电商规模从2015年10亿美元增长到2019年的30亿美元，年复合增长率为35%，预计2025年可以达到110亿美元	互联网人口从2015年3 800万人增至2019年的4 700万人。电商规模从2015年的9亿美元猛增到2019年的50亿美元，复合年均增长率高达54%，预计2025年GMV可达到180亿美元。允许中国人以自己的身份信息注册本土店铺	互联网用户占比突破80%，一直在东南亚位居榜首。电商市场方面，规模从2015年的10亿美元增长至2019年的20亿美元，预计2025年可以达到70亿美元

依据国际市场的调查，该公司认定印度尼西亚在电商的发展潜力最大，消费者网购习惯成熟，平台选择多，因此最终选择了印度尼西亚作为"出海"的第一站。

第二节 目标市场

市场调查的重要目的是确定目标市场，确定目标市场从界定细分市场开始。

一、市场细分

市场细分是通过市场调研，根据消费者的需求和欲望、购买行为和购买习惯方面的差异，把某一产品的市场整体划分为若干消费者群的市场分类过程。每个消费者群都是一个细分市场，每个细分市场都是由具有类似需求倾向的消费者构成的群体。

需要注意的是，市场细分虽然要考虑地域，但并不是简单的地域概念，如人们常说的东南亚市场只能说是区域市场，细分市场主要考虑的是客户群体的趋同需求。

（一）市场细分的依据

整体市场很大，往往单一企业无法满足所有群体的需求。原因主要有以下两方面。

（1）消费者异质化需求的存在。例如，同样是手机，老年人需要按键大或者屏幕字体大的手机，女性消费者可能需要颜色更柔美的手机。这样就可以根据功能需要细分出老人消费者、女性消费者等。

（2）企业在不同方面具备自身优势。例如，三星手机在手机外观设计方面是强项，于是重点服务对外观有追求的消费者。

因此，市场细分是有内在动因的。

（二）市场细分的意义

细分市场不是根据产品品种、产品系列来划分的，而是从消费者（指最终消费者和工业生产者）的角度——消费者的需求、动机、购买行为的多元性和差异性来划分的。通过市场细分，企业可以更精准地生产和营销，从而更好地服务顾客。

1. 市场细分有利于选择目标市场和制定市场营销策略

市场细分后的子市场比较具体，顾客画像清晰，企业可以根据自己的经营思想、方针及生产技术和营销力量，确定自己的服务对象，即目标市场。针对较小的目标市场，便于制定特殊的营销策略。同时，在细分的市场上，信息容易了解和反馈，一旦消费者的需求发生变化，企业可迅速改变营销策略，制定相应的对策，以适应市场需求的变化，提高企业的应变能力和竞争力。例如，宝洁公司进入中国的经典案例，洗发水有飘柔、海飞丝、潘婷、沙宣，潘婷主打对头发的营养呵护，飘柔在于使头发光滑柔顺，而海飞丝则主打去屑，沙宣在于使头发黑亮顺滑；同时，在价位上，飘柔主攻低消费人群，沙宣针对高消费人群，潘婷和海飞丝则针对中等消费人群。

2. 市场细分有利于发掘市场机会，开拓新的市场

通过市场细分，企业可以对每一个细分市场的购买潜力、满足程度、竞争情况等进行分析、对比，探索出有利于本企业的市场机会，使企业及时做出投产、异地销售决策，或者根据本企业的生产技术条件编制新产品开拓计划，进行必要的产品技术储备，掌握产品更新换代的主动权，开拓新市场，从而更好地适应市场的需要。例如，全棉时代原本定位于做医用纱布，销售受阻后转战卫生用纸市场，在市场竞争非常激烈的情况下，通过再次细分市场迎来了转机，可谓"柳暗花明又一村"。

3．市场细分有利于集中人力、物力投入目标市场

任何一个企业的资源都是有限的。企业通过细分市场选择适合自己的目标市场，可以集中人力、物力、财力，去争取细分市场上的优势。例如，日本的"白色恋人"饼干，曾经想冲出北海道，但是后来发现，还是专注于北海道市场对公司更有利。

4．有利于增强企业竞争力，提升顾客忠诚度

通过市场细分，企业可以掌握精准的顾客画像，从而更好地满足顾客需求，提升顾客忠诚度，使得自己不那么容易被竞争对手取代，增强了企业的竞争力。

此外，企业通过市场细分后，生产出适销对路的产品，可以加速商品流转，加大生产批量，降低企业的生产销售成本，提高生产工人的劳动熟练程度，提高产品质量，最终提高企业的经济效益。

（三）市场细分的方式

1．消费品市场的细分标准（B2C 市场）

消费品市场的细分标准可以概括为地理因素、人口统计因素、心理素和行为因素 4 个方面，每个方面又包括系列的细分变量。4 种细分标准的细分变量如表 2-3 所示。

表 2-3　4 种细分标准的细分变量

细 分 标 准	细 分 变 量
地理因素	地理位置、城镇大小、地形地貌、气候、交通状况、人口密集度等
人口统计因素	年龄、性别、职业、收入、民族、宗教、受教育程度、家庭生命周期等
心理因素	生活方式、性格、购买动机、态度等
行为因素	购买时间、购买数量、购买频率、购买习惯、品牌忠诚度、对服务、价格、渠道、广告的敏感程度等

2．生产资料市场的细分标准（B2B 市场）

生产资料市场的细分标准可以分为以下几种。
（1）按客户的要求细分，通常分为定制品和规格品。
（2）按客户经营规模细分。客户经营规模决定其购买能力的大小，通常可分为大客户、中客户、小客户。大客户虽然数量少，但其生产规模、购买数量大，注重质量、交期等；小客户数量多，较分散，购买数量有限，注重信贷条件等。与一个大客户的交易量相当于与许多小客户的交易量之和，失去一个大客户，往往会给企业造成严重的损失。因此，跨境电商企业一定要注意大客户营销。
（3）按客户的地理位置细分。企业按客户的地理位置细分市场时，应选择客户较为集中

的地区作为目标,这样有利于节省人工成本,合理规划运输路线,也更能充分地利用销售力量,降低销售成本。

(四)市场细分的方法

企业可以根据市场调查结果和自身的资源条件采用以下方法细分市场。

(1)主导因素排列法:用一个因素对市场进行细分。例如,按性别细分化妆品市场,按年龄细分服装市场等。这种方法简便易行,但难以反映复杂多变的顾客需求。

(2)综合因素细分法:用影响消费需求的两种或两种以上的因素进行综合细分。例如,用生活方式、收入水平、年龄3个因素可将女性服装市场划分为不同的细分市场。

(3)系列因素细分法:当细分市场所涉及的因素是多项的,并且各因素按一定的顺序逐步进行时,可由粗到细、由浅入深,逐步进行细分。

二、确定目标市场

确定目标市场就是在市场细分的基础上,企业根据自身优势,从细分市场中选择一个或若干个子市场作为自己的目标市场,并针对目标市场的特点展开营销活动,以期在满足顾客需求的同时,实现企业经营目标。

1. 确定目标市场的原则

在确定目标市场时,应该遵循以下3个原则。

(1)所确定的目标市场必须足够大,或者正在扩大,以保证企业获得足够的经济效益。这是因为消费者的数量是企业利润的来源之一。

(2)所选择的目标市场是竞争对手尚未满足的,因而有可能是属于自己的市场。

(3)所确定的目标消费者最可能对本品牌提供的价值做出肯定反应。但是,如果企业所选择的目标市场很大,该市场的消费者对企业的品牌不感兴趣,仍然不能获得利润。

2. 确定目标市场的步骤

(1)选定市场范围。企业应明确自己在某行业中的市场范围,并以此作为制定市场开拓战略的依据。对于工贸一体型企业,其优势产品即划定了这个市场范围。对于贸易型企业,则可根据企业对某个行业(类目)的经验沉淀,确定市场范围。

(2)了解并分析潜在顾客的需求。可从地理、人口、心理等方面列出影响市场需求和顾客购买行为的各项变量。然后对不同的潜在顾客进行抽样调查,并对所列出的需求变量进行评价,以了解顾客的共同需求。

(3)划分细分市场,为细分市场命名。依据顾客共同需求,切分细分市场。细分市场一定要界定到看得见、摸得着、感觉得到的地步,从而形成清晰的顾客画像。为细分市场命名就是使细分市场更加具象化,以方便识别。

(4)筛选。摒弃掉那些与企业定位不匹配的细分市场,初步确定要进入的某个细分市场,即目标市场。

(5)分析目标市场。分析规模、竞争和消费者反应等,最终确定目标市场。如果该步骤得出的结论不理想,应重复上述步骤,直到满足目标市场选择三原则。

例如,第一章提到:A公司通过阿里巴巴国际站官方旗舰店辅助其他网络营销模式,为高端商务人士提供在办公室可以使用的、定价不超过两次高尔夫球场地使用费用的高尔夫球训练模拟器套件。A 公司在阿里巴巴国际站上的细分市场如图 2-5 所示。

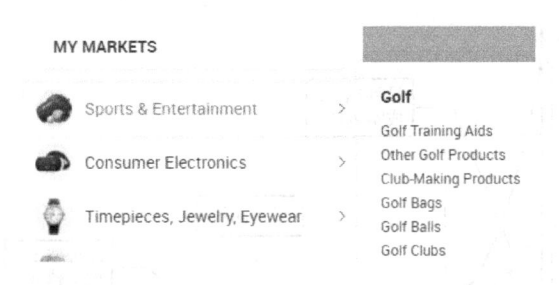

图 2-5　A 公司在阿里巴巴国际站上的细分市场

其中，A 公司选定的市场范围是：高尔夫球运动产品，故一级类目（一级细分市场）选择 Sports & Entertainment，二级类目选择 Golf（二级细分市场），产品是高尔夫球训练模拟器，故三级类目（三级细分市场）选择 Golf Training Aids。在这一层细分市场，还可以分为高尔夫训练场用训练模拟器设备和便携式训练模拟器设备，A 公司产品定位于便携式训练模拟器，区别于训练场用的大型设备。而便携式模拟器又可以分为家庭用和办公室用，定价会有显著差异，办公室用的设备会远高于家庭用的设备。但在定价较高的办公室用的便携式高尔夫球训练模拟器中，A 公司又限定了产品价格不超过两次高尔夫球场地使用费用，即价位属中高端定位。满足高端商务人士（注意：并不是老板）办公室练习高尔夫球的需求，这是 A 公司的细分市场。显然，A 公司放弃了高端定位，也放弃了家用低端定位，选择了以性价比参与中高端市场竞争，加上主要的营销场景选择了阿里巴巴国际站，如果进一步细分区域为西欧中心城市，那么其目标市场定位就已经相当精确了。这为市场营销奠定了非常好的基础。

第三节　定　　位

企业确定目标市场后，就要进行市场定位。市场定位是确定企业及产品在目标市场上所处的位置。市场定位由美国营销学家艾·里斯和杰克·特劳特在 1972 年提出，是指企业根据竞争者现有产品在市场上所处的位置，针对顾客对该类产品某些特征或属性的重视程度，为自己的产品塑造与众不同的、令人印象鲜明的形象，并将这种形象生动地传递给顾客，从而为该产品在市场上确定适当的位置。

当企业确定了目标市场，结合自身的优势，企业及其产品在目标市场的定位就已呼之欲出。定位对企业来说如此重要，但许多商家在定位上表现摇摆，甚至怀疑前面所做的市场调查和市场细分。笔者对一些跨境电商企业进行调研，发现这些企业把上述过程归入"经验主义"范畴，认为市场调查不准确、目标市场靠想象，没有理论支撑，故对定位结论不坚定。原本可以将本节直接取名为品牌定位，但笔者选择把定位和品牌拆分成两节，并且在本节补充说明定位的 3 个重要理论：长尾理论、差异化战略和心智模式。

一、长尾理论

工业社会与信息社会的区别可以用长尾理论来描述。长尾理论示意图如图 2-6 所示。在工业社会，传统的二八定律（或称 20/80 法则）关注图中深色的部分（头部），认为 20% 的品种带来了 80% 的销量，所以企业应生产这部分产品，舍弃其余的产品。长尾理论则关注右侧浅色的部分（长尾巴），认为这部分积少成多，可以积累成足够大，甚至超过左侧深色部分的市场规模。

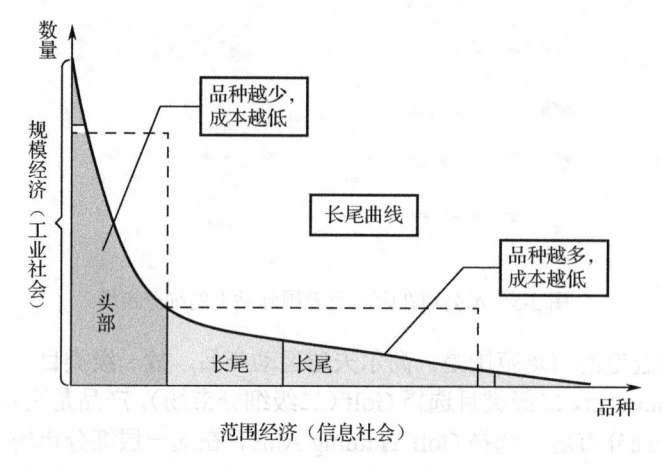

图 2-6　长尾理论示意图

这是因为工业社会主要考虑生产成本，销量大的商品适合规模生产，成本降低明显。但销量大的商品往往通过多层分销模式最终到达客户，故销售成本比较高。当商品极为丰富、同质化严重时，销售成本更高。而在信息社会，柔性生产已大幅降低了小批量生产的单位成本，因此主要考虑销售费用。电商是虚拟展示商品，成本极低，具有天然的品类优势，故在电商平台产生了品类网络效应，从而激发了消费者网络效应；同时，支持厂家直销，缩短了商品从工厂到销售者的距离，故销售成本大大降低了。

这就是长尾理论，电商得以快速发展的支撑理论之一。例如，女鞋的常规码段通常集中在 35~39 码，而大于 39 码的长尾市场通过过去的营销方式，没有办法低成本触达。而在网络时代，专攻大码女鞋的品牌则很容易崭露头角，这是因为企业可以快、好、省地满足需要大码女鞋的顾客的需求。

长尾（The Long Tail）的概念是由《连线》杂志主编 Chris Anderson 在 2004 年 10 月提出的。他认为，只要存储足够多、流通的渠道足够广，需求不旺或销量不佳的产品共同占据的市场份额，就可以和那些数量不多的热卖品所占据的市场份额相匹敌，甚至更大。

长尾理论已经成为一种新型的经济模式，并成功应用于网络经济领域。淘宝、亚马逊的商品包罗万象，其中不是只有那些可以创造高利润的少数商品。结果证明，这种模式是成功的。事实上，不管是客户长尾，还是产品长尾，抑或是场景长尾，长尾理论已经变成了网络时代的一种思维习惯。

长尾理论对网络营销的提示是，要真正关注客户需求，只要准确满足客户需求，企业就有生存空间。正是在长尾理论的支持下，传统广告向互联网迁移的过程中，产生了生命力极强的精准营销，或称按效果付费广告（如 CPC 按点击付费）。

按效果付费广告进一步推动了市场细分，支持企业在更广泛的品类创新产品，满足工业时代不可想象的个性化需求。因此，长尾理论大幅拓展了差异化战略的适用范围。

二、差异化战略

差异化战略，又称别具一格战略，是指为使企业产品、服务、企业形象等与竞争对手有明显的区别，以获得竞争优势而采取的战略。这种战略的重点是创造被全行业和顾客都认为是"独特"的产品和服务。

波特五力模型实际只引出两种市场战略，即成本领先和差异化。成本领先无疑是工业社会的成功经验，而在数字经济时代，前文已说明，企业必须实施差异化战略。长尾理论和精准营销也支持企业实施似乎永无止境的差异化战略。

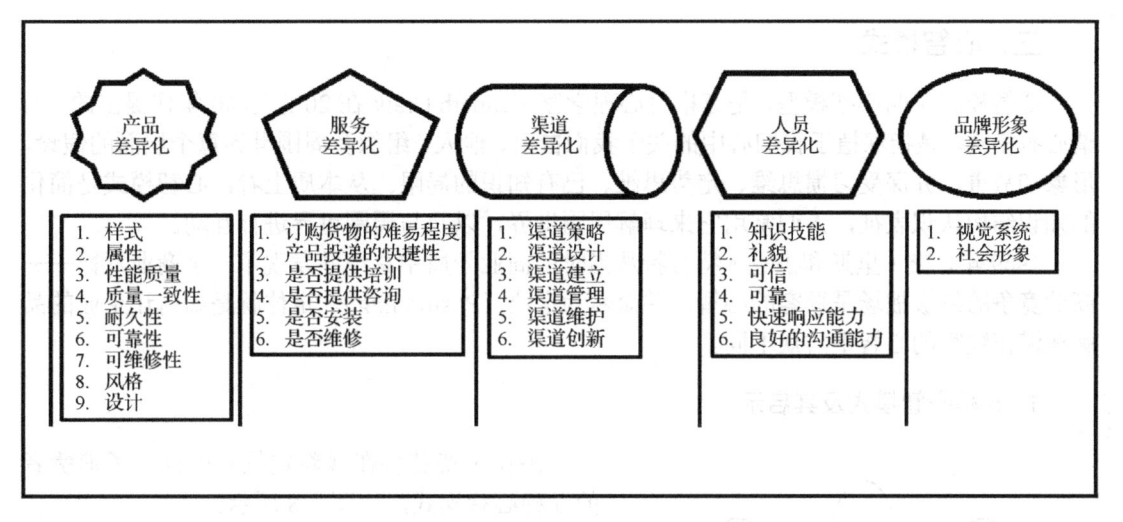

1. **实施差异化战略的方法**

实施差异化战略的方法如图 2-7 所示。

图 2-7 实施差异化战略的方法

（1）产品差异化：主要包括样式、属性、性能质量、质量一致性、耐久性、可靠性、可维修性、风格、设计等方面的差异。例如，手机颜色的变化等。

（2）服务差异化：主要包括订购货物的难易程度、产品投递的快捷性、是否提供培训、是否提供咨询、是否安装、是否维修等方面的差异。例如，提供上门安装对大型家具的销售量影响很大。

（3）渠道差异化：主要包括渠道策略、渠道设计、渠道建立、渠道管理、渠道维护、渠道创新等方向的差异。例如，采用多平台开店、全网引流等。

（4）人员差异化：即通过训练有素的员工来获取竞争优势。训练有素的员工应具备：知识技能、礼貌、可信、可靠、快速响应能力、良好的沟通能力等。这在跨境 B2B 领域尤为重要。

（5）品牌形象差异化：主要包括视觉系统、社会形象等方面的差异。差异化的品牌形象能够体现产品的特点和价值主张，并且能够以显著的方式传达这种特点及传递情感力量，从而树立企业有效的形象。

2. **实施差异化战略的意义**

实施差异化战略有利于以下几个方面。
（1）建立起顾客对企业的忠诚度。
（2）形成强有力的产业进入障碍。

(3）增强企业对供应商讨价还价的能力（这主要是由于差异化战略提高了企业的边际收益）。

（4）削弱买家讨价还价的能力。企业通过差异化战略，降低了顾客对价格的敏感度。另外，差异化也会提高转换成本，使顾客更依赖企业。

（5）替代品难以进入。由于差异化战略使企业建立起较高的顾客忠诚度，使得替代品无法在性能上与之竞争。

因此，差异化战略是使企业获得高于同行平均利润的一种有效策略。找到了竞争对手短期无法超越的差异化，就构成了打造品牌的基础。

三、心智模式

心智模式又叫心智模型，是苏格兰心理学家 Kenneth Craik 在 20 世纪 40 年代提出的，所谓心智模式，是指深植于我们心中的关于我们自己、他人、组织及周围世界每个层面的假设、形象和故事，并深受习惯思维、定势思维、已有知识的局限。从本质上看，心智模式是简化的知识结构认识表征，人们常用它来理解周围世界，以及与周围世界进行互动。

1969 年，艾·里斯和杰克·特劳特从当时的商业矛盾中总结并发现了一个商业规律——商业竞争的终极战场是顾客的心智，并命名为定位（Positioning）。定位就是如何让企业的品牌在潜在顾客的心智中与众不同。

1. 5 种心智模式及其启示

杰克·特劳特在《新定位》中列出了消费者的 5 种心智模式，如图 2-8 所示。

这 5 种心智模式对跨境电商企业有重要的启示：

（1）心智容量有限：消费者只能接收有限的信息。也就是说，在同一品类里，消费者只能记着数一数二的品牌。那么，我们在电商平台应争取在所属类目中排名前 3 名（并不能停留在目前阿里巴巴国际站默认统计的 TOP10），如果同类目已有稳定的前 3 名，应尝试选择其他类目，或者进一步细分类目（这会受电商平台的制约）。

图 2-8 消费者的 5 种心智模式

（2）心智厌恶混乱：消费者喜欢简单，讨厌复杂。在做品牌广告时，广告语越简单越好。而对于店铺选品，则应注意控制单店产品细分种类，特别是 B2B 店铺。笔者曾经尝试在一个店铺同时销售蓝牙耳机和厨房电子秤，蓝牙耳机首先进行了一个月的 P4P 推广，之后停止蓝牙耳机付费营销，转而对电子秤进行营销，但效果非常差。仅仅两个类目就会有这样严重的问题，因此，虽然阿里巴巴国际站允许一个店铺选择多个类目，但还是应慎重选择。

（3）心智缺乏安全感。对于新产品，消费者往往缺乏信任。此时，在推出新产品时，需要适当的营销，鼓励消费者试用。新品推荐和关联推荐都是比较好的策略。安全感是构建会员体系的保障。在一些特定品类中，利用安全感或许有较好的提升忠诚度的效果。

（4）心智难以改变。消费者对品牌的印象不会轻易改变，新品在初次定价时特别留意这一点。合适的品牌溢价策略对品牌有利，不连续的品牌溢价策略将有损品牌形象。

（5）心智失去焦点。许多 B2B 商家认为，产量与销量基本匹配，客户也相当稳定是最佳状态。当达到这种最佳状态后,商家会停止一切广告投入。这种做法不可取。笔者建议,在达到最佳状态后,可以适当降低效果类广告投入,但不应降低营销总预算,省下的效果类广告费用应投入品牌类广告。也可以适当调整广告投入的节奏,在节日或旺季追加广告,而在淡季减少投入,以维持最佳状态的动态平衡。这需要高超的平衡技巧,因此 CMO(Chief Mark-etirg Officer 首席营销官)应坚持分析数据,不断总结规律。

2. 定位步骤

定位的本质就是寻找并强化差异化,一般可以通过以下 4 步完成定位。

(1)定位准备。通过前述市场调查,分解细分市场,确立目标市场,并在目标市场限定范畴内,依据长尾理论进一步细致分析,列出竞争对手及其卖点。该步骤是基础工作,只要知道方法并且投入足够的时间、精力,就能做好。

(2)寻找差异化。避开竞争对手的强势卖点,或是利用其强势中蕴含的弱点,确立自己的差异化。如果找不到,就做进一步细分,直到能明确找到一个概念描述,使自己与竞争者区别开来为止。这个步骤应缜密思考,有时需要突破局限,跨界思维有利于实现突破。例如,凉茶是广东传统饮料,大部分品牌均突出历史传承,在品牌形象上大做历史悠久的文章,而在品牌诠释上,则强调复杂的保健养生功能。笔者在广州街头尝试过多种凉茶,门店基本上都装修得古朴,茶具也考究,如用大铜壶,但口感往往很"排外",如果不是广东人则难以接受。如果凉茶都是这样,估计走不出广东。但王老吉找到了差异化,在全国范围取得了成功。笔者认为在口感和包装上的改良是基础,而在营销卖点上的突破才是关键。

(3)将概念描述转化为卖点。将差异化的概念描述转化为卖点是打造品牌的关键步骤,需要天马行空的创造力,后面还会有阐述。提炼卖点应立足差异化,面向第四步的传播。一般地,可以从以下几个方面提炼卖点。

- 根据具体的产品特点,如"蟑螂死光光"。
- 根据特定的使用场合及用途,如"钻石恒久远,一颗永流传"。
- 根据顾客得到的利益,如"怕上火喝王老吉",如图 2-9 所示。
- 根据使用者的类型,如"海澜之家,男人的衣柜"。

图 2-9 王老吉广告

显然,王老吉优化了广东凉茶普遍宣传的复杂养生功能,仅仅聚焦在"怕上火"上。导致"上火"的情况非常多,大幅拓展了饮用范围和场景,并且非常有利于传播。但问题也出现了,笔者设想,王老吉如果要拓展海外市场,恐怕在卖点上得再费些思量了。

(4)持续传播,植入心智。定位首先要整合进企业内部运营的方方面面,即打造品牌,并且最终要转化为消费者的心智模式才算成功,这就需要传播,就是将卖点的力量集中到消费者头脑中那个差异化的定位上。传播通常要持续、精准、饱和,这会消耗大量资源,同时,需要不断优化,才能将定位植入顾客的心智。王老吉在传播上的投入也值得借鉴,2003年年初,广告预算1000万元,集中投放在深圳、东莞和浙南,因为区域集中,各广告渠道基本都做到了精准和饱和。广告效果得到验证后,迅速追加预算,到当年年底,总投入达到4000万元,实现年销售额6亿元,ROI(Return on Investment,投资回报率)达到15%,在C端市场,算是相当成功的投资。经过这一年,"怕上火喝王老吉"已经在部分区域深入人心。

对于跨境电商企业来说,通过市场细分,找到目标市场,做好自己的定位是成功的关键。

案例2-3

广州××包装公司的定位

广州××包装公司一直在为快消品(烟、酒、化妆品等)生产包装盒,2015年想转型做跨境电商。但对于选择什么市场、什么产品、用什么方式去做,却是一头雾水。

在辗转看了不少电商网站之后,董事长还是不得要领。于是他想,不如到世界各地走走,或许能找到一些灵感。于是,他开始了环球之旅。

每到一个地方,他都去住当地的五星级酒店,为的是感受顶级酒店的设计风格及入住体验。由于职业的原因,他会不自觉地关注各种包装盒在酒店中的应用。每当看见非常精致漂亮的包装盒,如红酒、香槟酒、香烟、雪茄,即使是火柴盒,他都拍照,然后细细揣摩。

有一次他在迪拜的酒店里看到一种装雪茄的盒子非常漂亮,质地、做工都很精良,于是不由得灵机一动,这会不会是一个商机呢?于是,他认真研究了国际知名的雪茄品牌,发现区域市场跨度很大,各自有自己的合作伙伴。然后他上网查找了中国雪茄盒的相关生产者和贸易商,对排名靠前的品牌(茄龙CIGARLONG、奇居良品/CREATE FOR LIFE、新朝SICAO、御茄堂、富客、人头马/RemyMartin、美晶RACHING、OMTZZ等)一一进行了分析,他发现这不是一个全新的市场,已经有很多竞争者在做雪茄盒了,而且高、中、低档都有。唯有进一步细分市场,找到代替点,才有可能成功。

通过细分市场,他发现虽然每个品牌都有客户画像,有针对客户的专门研究,但是并没有针对场景的。想起自己在五星级酒店的经历,很多人都是雪茄爱好者,一个恰到好处的雪茄盒,能很好地提升客人的体验。于是他给公司的定位是"做五星级酒店的雪茄盒"。

如今他已经是世界知名的五星级酒店雪茄盒的指定供应商。

第四节 品 牌

"品牌"这个词来源于古斯堪的那维亚语Brandr,意思是"燃烧",即生产者燃烧印章烙印到产品上。科特勒在《市场营销学》中对品牌的定义是:销售者向购买者长期提供的一组特定的特点、利益和服务。

广义的"品牌"是具有经济价值的无形资产,是用抽象化的、特有的、能识别的心智概念来表现其差异性,从而在人们的意识当中占据一定位置的综合反映。

狭义的"品牌"是通过对理念、行为、视觉、听觉四方面进行标准化、规则化,使之具有特有性、价值性、长期性、认知性的一种识别系统的总称。这套系统我们也称之为BIS(品牌识别系统,Brand Identity System)。

市场营销最终是要打造良好的品牌形象,并牢牢占据消费者心智。

一、识别品牌

狭义的"品牌"定义主要聚焦于品牌识别上。一个强势的品牌必然有丰满、鲜明的BIS。科学、完整地规划BIS后,品牌的核心价值才能落地,并与日常的营销活动有效对接,企业的营销活动就有了标准与方向。品牌识别系统包括理念、行为、视觉和听觉四方面,但最常见的是视觉识别系统(Visual Identity System,VIS)。电商应用场景也特别适合在视觉上做文章。

(一)品牌视觉识别

视觉识别系统是以企业标识、标准字体、标准色彩为核心展开的完整、系统的品牌视觉体系,它将企业理念、文化、服务和规范等抽象概念转化为具体的视觉符号,进而塑造出差异化且标准的品牌形象。

视觉识别系统主要分为基本要素系统和应用要素系统两部分。基本要素系统主要包括以下几个。企业/品牌名称、企业/品牌标识、标准字、标准色、口号、徽章、旗帜、吉祥物/形象等要素。基本要素系统中品牌标识的不同版本如图2-10所示。应用要素系统种类繁多,常见的有装修装饰、办公用品、制服妆容、产品包装等。应用要素系统部分设计案例如图2-11所示。基本要素系统为应用要素系统提供各种标准化的视觉元素,应用要素系统是基本要素系统在不同场景中的整合表达。

品牌的视觉识别主要是通过应用要素系统实现的。在跨境电商企业中,产品、企业官网、官方旗舰店、展会等多个场景均可传达出品牌视觉;特别地,还可以在一些细节上露出品牌,如使用带品牌Logo的宽胶带,在包装纸箱或集装箱上使用品牌标识等。

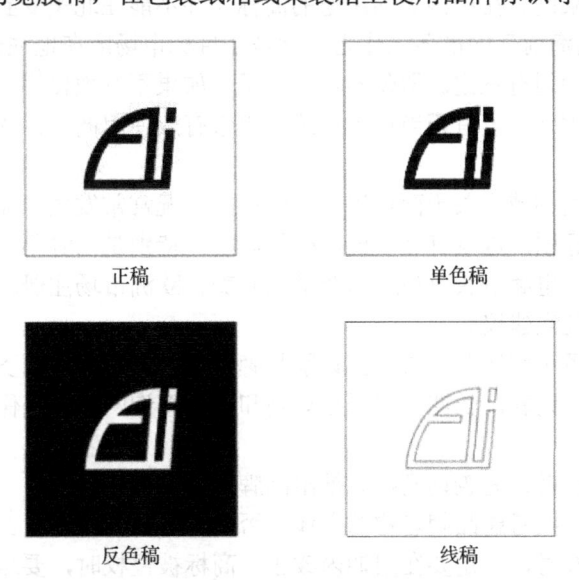

图2-10 基本要素系统中品牌标识的不同版本

图 2-11　应用要素系统部分设计案例

（二）品牌法律识别

品牌注册后获得商标，商标受法律保护，商标注册人享有专用权。商标是从法律层面识别品牌的依据。商标的要素包括文字、图形、字母、数字、声音、三维标志或其组合的颜色。

在阿里巴巴国际站中，针对商标保护设置了相应的规则（请参考《阿里巴巴国际站知识产权规则》），商标严重违规累计 3 次，将被关店。从处罚方式可以看出，此类违规在阿里巴巴国际站众多违规中是非常受重视的。

实践中，很少有人故意使用侵权商标图片，而品牌词侵权却防不胜防。主要原因如下：

（1）商标必须注册才能生效，不注册将不受保护。如果不重视知识产权，先定义品牌名，后注册商标，则可能出现品牌名称已被注册或被抢注的情况，特别是抢注，它的影响比较大，甚至可能给企业造成损失。

（2）商标有地域限制。在中国大陆注册的商标，并不能在北美受到保护。近几年是品牌出海的黄金时期，"出海前"的准备工作之一就是在目标市场所在地注册商标。

（3）商标的有效使用有规定。即使商标注册了，如果不有效使用，也可能被他人申请撤销，我国《商标法》规定，没有正当理由连续三年未有效使用商标，该注册商标即可被申请撤销。

因此，在跨境电商领域，关于商标违规、侵权的情况常常发生。如发布产品时，我们通常会使用关键词组合标题，这就有品牌词侵权的风险；特别是当时不侵权、几天后侵权的情况着实令人沮丧。另一电商巨头亚马逊已要求在北美、欧洲市场注册新店铺时，必须提交品牌商标。笔者有以下几点建议。

（1）分离外贸业务员和运营人员，把识别品牌、规避品牌侵权的责任赋予运营人员。运营人员应系统维护关键词表，长期关注平台规则和商标查询网站，确保所用的图形和文字无侵权。

（2）确定品牌名称前，先查询商标。推出品牌前，先注册商标。

（3）注册商标时，要考虑品牌名称的变体，否则也容易导致侵权。

（4）出现商标侵权时，一定要在限期内改正。商标被侵权时，要尽早维权。

二、打造品牌

品牌是企业长期努力经营的结果，是企业的无形资产。品牌建设具有长期性、系统性和一致性等特点。跨境电商企业选定目标市场后，必须确定本企业的产品在目标市场中的定位，然后通过一系列行动来打造品牌。笔者将打造品牌的过程简单归结为四步。

（一）确定品牌定位

根据本章所述的过程，进行宏观或微观的市场调查，在此基础上进行STP目标市场定位，并结合自身情况，确定品牌定位。这一步属于战略决策，通常需要企业具有全局经营观念和数据作为支撑，读者能理解基本过程即可，此处不再赘述。

（二）品牌内化与内部营销

打造品牌的关键在企业内部，品牌内化涉及技术研发、生产工艺、产品组合、管理制度、沟通行动等多方面。练好"内功"是企业杀敌制胜，甚至不战而屈人之兵的关键。从跨境电商角度讲，主要需要注意以下几方面：

1. 产品组合与测评

根据品牌定位，选择好产品组合。所谓"好产品自己会说话"就是指在产品层面传递品牌价值。以产品为本，为客户提供真正的好产品是企业存在的价值。好产品通过测评报告、认证、获奖等形式呈现，这种专业方式本身就是对品牌的加持。在后续章节中，将会详细介绍选品、定价的有关知识。

2. 内部营销

优秀的跨境电商企业通常发展迅速，营收高，因此会掩盖内部问题。笔者遇到或亲历多个这种企业，当处于风口时，业务一飞冲天；当危机来临时，则万丈高楼轰然倒塌。因此时刻保持危机意识，明白真正的危机来自于内部，不断加强内部的沟通交流，建设与业务发展相匹配的强大组织，就显得至关重要了。特别是跨境电商企业，许多业务出身的老板不擅长内部建设，伴随着业务焦虑，就打造起所谓的"狼性"文化，靠口号"奋斗"，缺乏战略定力和耐力，使企业处于极高的风险中。只有通过扎实的组织建设，充分的内部营销，使品牌内化，让每个员工的言行都具有"品牌"特性，才能消除这一风险。

3. 优质客户服务

每个企业老板都希望看到关于品牌的正面评论，希望客户在店铺内留下好评，对企业的服务均满意。业界会有所谓的"惯常"做法——刷好评。或者通过设置专门的客服岗位，试图提供专业的客户服务。笔者强调，优质客服其实来自以人为本的团队文化，你如何对待员工，最终决定着员工如何对待客户。

总之，品牌内化是打造品牌的真正战场，你若盛开，蝴蝶自来，品牌内化的意义远大于外在的品牌识别系统的意义。

（三）品牌外在可视化与传播

一旦确定了要实现品牌内化，就可以压倒性地投入资源，获取消费者的认知优势，抢占消费者的心智，从而打造品牌，赢得竞争优势。所以主要应做好的是品牌的价值可视化和高效传播。

对于跨境电商来说，可以采用的策略包括以下几个。

（1）视觉营销。此内容在识别品牌部分已经阐述，即构建品牌识别系统，后面还有专门一章会介绍。

（2）店铺营销。笔者将电商平台店铺营销、社会化媒体营销和搜索引擎营销合称为跨境电商营销的"三板斧"。店铺是基础，虽然社交媒体和搜索引擎均有商品库，但电商平台的店铺依然是最方便的产品和品牌管理工具，依然是跨境电商企业品牌"出海"的首选。

（3）社交媒体营销。跨境电商常用的社交媒体包括：Facebook、Twitter、YouTube、Pinterest、Instagram 等，通过这些社交媒体吸引粉丝并最终转化为产值或品牌价值。

（4）搜索引擎营销。虽然 Google 等搜索引擎的广告份额在被社交媒体蚕食，但到目前为止，还是跨境电商最重要的站外引流方法。考虑到搜索引擎营销技能要求高，建议企业在良好的店铺、社交媒体主页基础上再开启搜索引擎营销，这样也可以有更高的性价比。

（5）直播营销。很多人认为直播营销属于公众营销范畴，但实际上直播运营的是"私域"流量。直播营销是跨境电商营销"三板斧"之外的一种新形态，也将是电商领域的常态。特别是近几年，结合网红的直播营销发展极快。当前的直播营销主要定位于变现，当其成为新常态后，或许将更多聚焦于品牌传播上。

（6）EDM（Email Direct Marketing，电子邮件营销）。电子邮件营销是跨境电商领域最古老且最广泛的营销方式，因电子邮件可以低成本传输富文本，比较适合传递品牌价值。但要特别留意的是，这是一种许可营销，只有得到用户许可时才能执行，否则会有损品牌形象。

（7）展会营销。展会营销是传统外贸的主要营销手段，当流量枯竭、引流成本高时，线下展会依然具有价值，特别是对于打造品牌。一些著名的展会如广交会（全称为中国进出口商品交易会），本身也是一种品牌背书。阿里巴巴国际站还有专门的区域供商家展示参展信息。

无论采用哪种策略或策略组合，都是要将品牌价值传递出去，植入人们的心智。

（四）品牌价值的持续管理

打造品牌不会一蹴而就，而心智又有容易失焦的特点，故打造品牌需要持续传递品牌价值。好在品牌的生命周期可以远远超过产品，甚至具有历久弥新、"越陈越香"的特点，"中华老字号"、百年老店都可以对品牌构成正向加持。在跨境电商领域，品牌价值的持续管理要点包括以下几个。

（1）销售是起点而非终点。跨境电商领域要特别强调"以终为始"，因为客户的使用体验可能是最好的品牌宣传。B2B 行业更是如此，往往在大订单前都有样品单或小批量试单，要有扶持大客户、与客户共同成长的心态，品牌价值才能持续传递下去。

（2）在占据用户心智前，持续传递品牌价值。样品单、小批量试单、首单都只是"在路上"，复购、持续提升客单价也只是占据用户心智的前兆。对单个客户，我们的目标应设定为"忠诚会员"。在主营类目下，品牌深入人心的标志是销量第一、满意度第一、复购率第一。

（3）成功占据用户心智的下一步是持续创新营销，防止心智失焦。

持续管理品牌价值要特别留意以下陷阱。

（1）过度创新。主要是指破坏品牌价值主张一致性的颠覆式创新，相比颠覆，宁可创造新品牌。

（2）频繁、大幅度折扣。本质上是属于破坏价格一致性的行为。

（3）墨守成规。并不是所有的品牌都具有抵抗时间的力量，能沉淀成"老字号"。特别是特定的产品，要保持创新，至少要确保产品仍然有生命力。在手机智能化的大趋势下，保持功能定位不改变是不适当的。

在品牌出海的大势下，"中国制造"面临着历史机遇，新国货品牌在跨境电商领域下大有可为，读者将是这段历史的亲历者和推动者，你会如何行动呢？

案例2-4

SHEIN是如何打造品牌价值的？

在案例2-1中，我们了解了SHEIN的基本情况，那么SHEIN是如何打造品牌价值的呢？下面笔者试着简单分析一下。

1. 确定品牌定位

SHEIN对标ZARA，在以下几方面寻找品牌的差异化定位。

（1）"快"。ZARA是世界著名的快时尚品牌，它的创始人也因此成为了西班牙首富。ZARA聚焦在"快"上，为了能够快速满足顾客需求，每年有几百个设计师在世界各地飞行，快速抄款、快速打板、快速生产。在ZARA的西班牙公司，超过200公里的传输带将这些卫星工厂连接起来，54%的产品由西班牙生产，然后快速通过物流运送到世界各地的店铺。而SHEIN比ZARA更快，ZARA从打板到上柜最快是15天，而SHEIN只需7天。

（2）"多"。品类多一直是电商的优势，是长尾理论支持的必然结果。SHEIN全年上新15万款，平均每月上新一万余款，仅一到两月就赶上了ZARA全年的上新量，消费者的选择更多。

（3）"省"。对于同质产品，SHEIN平均只要ZARA一半的价格。

故SHEIN的品牌定位是典型的"多快好省"（曾经是京东商城某个时期的理念，不知道是否是受到了京东商城的启发）。

2. 传递品牌价值

SHEIN通过内外部营销，不断向目标客户传递品牌价值。

（1）要求苛刻的视觉素材。SHEIN对图片要求非常严格，每一场拍摄都需要五轮搭配，每款产品选五张图，这些在线商店里的照片也可被用于社交媒体。因此SHEIN对摄影师要求非常高，面试通过率几乎为100%，SHEIN希望摄影师能拍出欧美简约风格，实现"漂亮的图片、无尽的选择"的目的。

（2）用数字化预测来指导产品开发。SHEIN借助 Google Trends Finder（搜索趋势发现器）来研究不同国家的热词搜索量及上升趋势，如什么颜色、面料、款式会火。2018年它准确预测出了夏季美国流行蕾丝，印度流行全棉材质等。这让它在服务客户方面更精准。

（3）快速小批量测品测款。同样生产3 000件衣服测试市场，ZARA只能测试1~6个款式，而SHEIN由于没有线下门店的限制，可以充分发挥线上精准营销的优势，能测试30个款式，即每款可以只做100件。

（4）网红分享与社交媒体营销结合，打造"病毒"式的营销效果。SHEIN非常重视对海外广告的投放。SHEIN曾经是Yeahmobi的顶级电商客户。Yeahmobi的员工说，SHEIN有非常大的投放体量，用户定位不需要非常精准，只需符合"年龄""购物和时尚"这两个标签，他们就开始投放。当时，SHEIN有一层楼都是广告优化师。除了付费广告，SHEIN还委托蔷薇工作室等专业的营销机构运营Facebook主页。他们的主要工作是看"Lookbook"上的内容，根据热点进行原创搭配，发布社交网络更新。SHEIN抓住了网红商业化之前的营销机会。2010年与SHEIN合作的一位网红只需30美元，到了2016年则要价5万美元。如今，SHEIN的Facebook主账号已有1 500万个粉丝、Instagram有1 100万个粉丝。此外，SHEIN还抓住了图片社交网络Pinterest的崛起。2013—2014年，Pinterest是SHEIN的第一流量来源。从这个角度讲，SHEIN崛起的重要原因是完美与Web2.0时期的社交媒体崛起实现了同频共振。

（5）起步即用自建独立站经营，完美吻合SHEIN差异化定位。很多品牌都会依附于速卖通、eBay、亚马逊等第三方平台，第三方跨境电商平台起步代价低，但后期容易陷入同质化恶性竞争的瓶颈。自建站的前期投入高，如果不能结合低成本的社交媒体推广模式，自建站/独立App很容易早期夭折，但在其私域流量范围内，可以有效规避恶性同质化竞争。Similar Web数据显示，SHEIN独立站的直接流量占37.12%，搜索流量（40.13%）也有近一半是自然流量。而这些，都是免费的、可重复使用的流量。

正是以上的品牌内化策略，使SHEIN的爆款率高达50%，而滞销率则控制在10%左右。继而通过全方位的数字化媒体传播其优异的独立站推广技术，不断传递和强化"多快好省"的品牌价值。

3. 品牌价值的持续管理

（1）SHEIN借助小语种App积极开拓海外市场。同行称，SHEIN是罕见的，可以做到同时重点开拓好几个海外市场，它在中东、印度、东南亚基本都是持续大力投入的。

（2）SHEIN还是"疯狂"的投资者，利用金融手段快速开拓"移动支付、供应链金融、用户账户与广告体系、收购移动端流量产品"等新业务。

（3）同时，SHEIN决定落地线下门店，从某种程度来说，SHEIN已经进入了ZARA的核心地盘。

目前，SHEIN的业务已经遍及全球。它拥有南京、深圳、广州、杭州4个研发中心，据称，在深圳有一个几百人规模的数字智能中心，主要职责之一就是研发SHEIN的个性化推荐算法。SHEIN在佛山、南沙、比利时、美东、美西、印度建立了6个物流中心，在洛杉矶、列日、马尼拉、迪拜、孟买、义乌及南京有7个客管中心。这家快时尚企业的最新估值已超过650亿美元，而且她还在一路狂奔。

第五节　市场战略策划

用本章介绍的知识，企业可以按流程进行市场战略策划，在此之前，需要明确两个概念。

1. 市场

本章所述的"市场"与前面所说的战略业务单元（Strategic Business Unit，SBU）涉及的核心要素一致，即客户、商品（含定价）和渠道的组合（4P 组合），即：

$$"市场" = 客户 \times 渠道 \times 商品$$

2. 市场生命周期

市场生命周期是从市场出现到消亡的全过程，一般可以分为 4 个不同的阶段：兴起、成长、成熟、衰退。因为市场的核心要素包括客户、渠道和商品，所以客户、渠道和商品也存在"生命周期"（后面各章会说明）。

市场战略策划的目标是找到进入目标市场的最优市场战略（关于市场战略，请参考相关文献，本书不再赘述）。

一、最优市场战略函数

企业在不同的市场生命阶段进入，采取的市场策略应是不同的。笔者尝试用以下函数表示最优市场战略：

最优市场战略函数 $=f$[（客户×渠道×商品），该目标市场所在的生命阶段]

该函数目前仅有定性意义，即在特定市场，总有最优进入策略，这一最优市场战略由目标客户、进入渠道、商品所组成的市场特性，以及这个市场所处的生命周期决定。也就是说，最优市场战略需要考虑 4 个变量。笔者定义这个函数，不是要把问题搞复杂，而是想给跨境电商企业 CMO 一个简单的思考方式。该函数有以下现实意义。

（1）最优市场战略可以从两个维度思考：市场生命周期维度和市场核心要素维度。企业可以首先从 3 个核心要素出发定义"市场"，然后通过本章市场调研的方法，考察该市场所处的生命周期。

（2）市场三要素是一个整体（乘积关系），缺失一个（三要素中有一个为 0），则市场的等式便不成立。所以该函数认为"把梳子卖给和尚"不是什么优秀的市场战略，反而是违反"商道"的奇技淫巧，不值得研究学习。若函数中有一个要素发生变化，则会变为另一个市场。例如，某跨境电商企业通过日本亚马逊销售商品 A 给目标客户，如果改用阿里全球速卖通向相同的目标客户销售相同的商品 A，那么我们认为这是完全不同的"市场"。在日亚积累的成功经验，不能照搬到阿里全球速卖通上，而是要深入分析阿里全球速卖通的有关规则和特点，提出有针对性的策略。

（3）实践中，4 个变量总有制约，使得函数简化。策划就是先把变量依次确定下来，然后再在对应的市场战略中进行选择并不断细化的过程。例如，阿里巴巴国际站上的工贸一体企业尝试品牌出海时，商品基本是确定的，渠道也已经选定了阿里巴巴国际站，接下来，就可以通过阿里巴巴国际站提供的市场参谋、产品参谋等工具，分析阿里巴巴国际站上的竞品及竞争对手的情况，将这个市场所处的生命周期确定下来，之后再分析目标买家的特点，通过细分买家特性确定最优的市场战略。

可见，所谓的最优市场战略函数，就是构成市场的核心要素：产品、客户和渠道要相互匹配，且市场核心要素还要与市场生命周期相匹配，完美匹配即最优。但该函数并不能求出一个确定的解，还是需要跨境电商企业高层做定性决策。

二、市场战略策划流程

本章从市场调查开始，但跨境电商企业做市场战略策划时，笔者并不建议从无目标的市场调查起步。因为 B 端卖家多数有自己熟悉的领域和客户,这方面构成的制约比较强,所以建议从盘点自己的资源开始。沿用 13N1 模型的思维方式,市场战略策划是一个多层循环,由粗到精,由模糊到清晰的过程。

下面以 Jack 的高尔夫球训练模拟器创业项目为例,简单说明一下市场战略策划的一般流程。

(1)自我评估——发现优势或下决心打造差异化。例如,Jack 从事外贸采购工作 10 年了,主要负责的采购品种是高尔夫球及周边,自己也喜欢打高尔夫球,于是决定创业时,自然围绕高尔夫球及周边领域思考,经评估,Jack 决定选择高尔夫球训练模拟器。

(2)确定对标——快速从对标企业的情况了解市场。Jack 了解到,美国××高尔夫球训练模拟器在亚马逊网站销量非常好,年销量大约在 4 万件,市场占有率非常高,预测能达到 20%左右,近 3 年年增长率保持在 30%左右。据此判断,带雷达监测设备的训练器细分市场大致处于快速发展后期(不需要进行消费者教育)。Jack 分别从产品、客户、渠道、定价和品牌等几方面进行了分析。结合自己在该行业的经验,Jack 对市场有了一些想法。

(3)预设市场——从客户需求、产品差异化、品牌定位、渠道/区域预设等方面粗略描述市场。因高尔夫球模拟器市场规模小,对标企业的 2C 市场占有率高,处于垄断地位,所以 Jack 决定从阿里巴巴国际站起步,面向中小线下零售商,直接冲击对标企业占据的北美市场。

此步骤之后,再按本章介绍的顺序执行策划,之后的每个步骤其实都是对前面 3 个步骤的验证或矫正。

(4)市场调查——在预设的市场范围有目的地进行市场调查,得出 SWOT 矩阵。Jack 面临的机遇主要是后新冠肺炎疫情时代,加上芯片大战、对标企业的成本高企(近半年对标企业 3 次提价),美国知情朋友也证实了这个推测。Jack 的竞争优势主要是产品及其供应链,供应商大股东是中学同学,已投入研发费用 3 000 万元,主要是韩国技术升级。供应链稳定,且未开启跨境电商,非常希望能和 Jack 合作,让 Jack 全权负责跨境电商渠道,含价格制定体系。主打产品的成本约是对标企业同档次产品零售价的 20%,且模拟器可以用 PAD 和手机终端直观呈现运动轨迹,视觉体验上优于竞品。

(5)细分与目标市场——尝试用某种(些)标准将市场细分,争取找到目标市场。Jack 曾在美国高尔夫球俱乐部担任采购经理,熟悉各种层次的美国高尔夫球俱乐部。Jack 通过触达客户的渠道对进行市场细分,选定高尔夫球训练场和俱乐部作为目标市场,终端客户为企业的中高管初学者。

(6)品牌定位——在目标市场寻找品牌的差异化心智模式。因 Jack 的同学希望切入高尔夫球训练服务领域,同品牌的产品中有专供高尔夫球训练场使用的大型监测设备,Jack 答应协助同学在美国硅谷湾区开启设备租赁服务模式的创业,设备对训练场免费,仅抽取少量训练位租赁费,设备为练习客户提供了精确的量化数据,包括出球角度、飞行曲线、落点距离等,故该品牌有望给初学者留下专业的形象。Jack 决定将主营产品定位于专业的高性价比便携训练辅助产品,并通过价格强化这一定位,使零售价格水平与对标企业相比时产品相当,单独购买时较对标产品高 20 美元,但可通过赠送训练位或教练服务给客户提供更大的附加价值,同时将产品销售与训练场销售员及教练捆绑,设置较高的销售提成奖励。

以上是简单的市场战略策划流程,以确定品牌定位为终点。这之后是在战术层面进一步明确客户、产品(含价格)和渠道,将在接下来的章节分别介绍。

三、市场战略策划画布

我们借鉴商业画布的模式，定义一个市场战略策划画布，作为市场与品牌战略策划的落地工具。市场战略策划画布示意图如图 2-12 所示。

核心卖点	产品	渠道模式	客户	核心需求
	对标产品		对标供应商	
	成本结构		收入来源	
		品牌定位/独特价值主张		

图 2-12 市场战略策划画布示意图

在市场战略策划画布中，共包含 10 个单元，具体说明见表 2-4。

表 2-4 市场战略策划画布的 10 个单元

序号	单元	说明	举例
1	客户	（1）通过细分客户，完成客户画像；（2）预测目标市场的客户规模	终端客户定位在中小企业高管、高尔夫球的初学者，有独立办公室或庭院，约 20 万元/年；B 端客户定位在高尔夫球场及训练场，北美约 300 家
2	核心需求	（1）是否刚需；（2）主要痛点；（3）商业机会	利用碎片时间自主练习高尔夫球时，能得到相对准确的数值反馈
3	对标供应商	（1）罗列对标供应商；（2）市场占有率；（3）核心优势	美国××公司，4 万元/套；约 20%市场份额，取得 B2C 垄断地位；有品牌效益
4	产品	（1）主营产品/服务名称；（2）产品的主要功能和属性；（3）定价	高尔夫球训练模拟器；精确反馈飞行曲线、落点、距离、倾角等；零售价与对标产品相当，略高，渠道价格约 2 000 元/套
5	核心卖点	（1）与竞品比较的优势；（2）与核心需求对应的特质	多终端 App，游戏画面；反馈数值精准，较竞品高 20%以上
6	对标产品	（1）罗列对标产品；（2）典型渠道的销量和价格；（3）核心优势	美国××公司 YY 产品；北美亚马逊 4 万套/年，4 000 元/套；数据沉淀，知名度高，性能稳定，备件全且易得
7	渠道模式	（1）渠道描述/销售场景描述；（2）销售模式闭环；（3）销售的主要驱动力量；（4）目标年销量	线上线下相结合的模式；阿里巴巴国际站全球引流 B2B 销售；在北美高尔夫训练场建立体验店（含海外仓）；主要由训练场业务员和教练驱动零售；3 000 套/年
8	成本结构	（1）固定费（人员、场租、设备）；（2）变动费（采购、物流、平台、营销）	初期 6 人团队，首年预算 300 万元
9	收入来源	（1）收入来源描述；（2）预测毛利、年销售额等	主营训练模拟器，毛利 100%，年销售额约 600 万元
10	品牌定位	（1）独特的价值主张/口号；（2）VIS；（3）盈亏平衡点	有趣呈现精确的参数；高效提升球技；首年盈亏平衡

注意：（1）序号不表示逻辑顺序，13N1 营销策划框架认为目标市场由客户、渠道和产品共同决定，没有先后顺序问题，客户、渠道和产品三者同时存在或消亡。跨境电商产业是典型的拉动型平台，即渠道模式处于中间地位。而跨境电商 B2B 企业往往是先有产品，再去

对应客户需求。B2C 企业则是从客户出发，整合对应的产品来满足客户需求。

（2）填写画布切忌只有定性描述，尽量定量描述。但要力求简洁，因为画布的作用是让决策者一目了然，而复杂的说明会破坏这种价值。

综上，跨境电商企业应在知己知彼的情况下界定市场和品牌战略，坚持通过分析对标企业和产品，快速寻找差异化，确定目标市场及其在该市场中的品牌定位，利用好电商平台，快速测试市场，争取在进入目标市场时大致方向是正确的。

案例 2-5

××网络公司的跨境之旅

2020 年的新冠肺炎疫情对跨境电商行业来说是一次大洗牌，很多企业倒下了，但也有一些企业逆势上扬，越挫越勇，其中就包括××网络公司。2010 年，该公司成立，刚开始是网络服务商，但由于涉及到硬件，一个偶然的机会使它开始转型做设备出口，主要是交换机和路由器，后来又开始服务终端客户。为什么这家企业能够在新冠肺炎疫情中崛起，其实这跟它的市场战略策划是分不开的。

该公司本来是做 TOB 生意的，早已在美国和欧洲建立起自己的销售公司。后来他们注意到市场有向小 B 和 C 端发展的趋势，于是开始了一系列的市场战略策划。

产品方面：过去是针对 B 端客户的交换机和路由器，于是为了适应市场变化，贴近 C 端顾客的需求，增加了打印机、会议设备、耳机、摄像头等设备，这些设备既可以用于小型公司又可以用于家庭和个人。这让××公司在新冠肺炎疫情期间限制人员流动的情况下业绩暴增，成为跨境电商的一匹黑马。

定价方面：要解决电商平台货比 N 家的问题，电商必须去区域化。由于这些产品并非高频购买的物资，所以消费者更重视口碑和服务，价格敏感度不是太高，于是××公司采取了跟随定价的策略，整体价格带处于同类产品的中上水平。公司强调要做出自己的价值，并认为懂得客户和市场、打出自己的品牌、做好自己的服务才是最重要的。例如新冠肺炎疫情期间，亚马逊封仓，导致很多企业瘫痪，而××公司因为跟 UPS 有合作，仍然可以保证客户能及时收到货，大大提升了客户的体验感，所以客户也愿意为溢价部分买单。

渠道方面：如何才能贴近 C 端客户呢？在研究了美国大大小小的电商平台后，最终在 2015 年选择了将亚马逊作为试水跨境电商的第一站。而刚好亚马逊也注意到市场的变化，大力支持有 B 端向 C 端转化的企业入驻。××公司在亚马逊取得了不错的成绩，然后又扩展到 Ebay 和沃尔玛，表现依然不错。由于美国的电商平台众多且非常细分，××公司在这些大电商平台上竖起品牌后，开始跟各地更细分、更精准的小电商平台合作，例如 Newegg，形成多渠道多元化的布局。

市场推广方面：以前做 B 端常用 EDM 营销推广，转为 C 端之后，××公司调整了推广策略，主要是采取搜索引擎推广，其次是社交媒体营销推广。与 SHEIN 不同，××基本不用网红 KOL 推广，而是背靠大站（亚马逊）或用脸书等网站做引流，然后埋头做好服务。

假如没有这场新冠肺炎疫情，××公司或许没有那么快被推到前台，还是会默默地沿着自己既定的策略去发展。这个案例让我想起一句话：机会喜欢有准备的人。

本章小结

对于跨境电商企业来说，其市场和品牌战略的底层逻辑与传统商业没有什么不同。同样需要经过内外部环境分析、SWOT 分析和 STP 战略分析，确定适合自己的目标市场及定位。由于电商的扁平结构，传统的正态分布市场已经消失，取而代之的是长尾市场，我们总能在足够细分的市场找到差异化，这为随时随地切入市场提供了可能性。但我国是电商发达的国家，同时也是制造大国，同质化竞争原本就很严重，特别是在电商环境下，精确数字化的商品信息，为快速仿制和跟卖提供了土壤，只有持续创新才能保持差异化。在这种环境下，打造品牌的代价比较大，广阔的国际市场似乎更适合打造品牌。未来 10 年，或许是新国货品牌出海的黄金时期。本章简单介绍了品牌识别和打造的流程，但离品牌建设所需的知识体系还差很远，介绍品牌是希望在读者心中种下创建品牌的种子。在最后一节介绍了最优市场战略函数、市场战略策划流程和画布，希望读者能凭借这节所介绍的工具，较容易地将市场战略可视化，为后面四章战略到战术的分解奠定基础。

本章练习

一、选择题

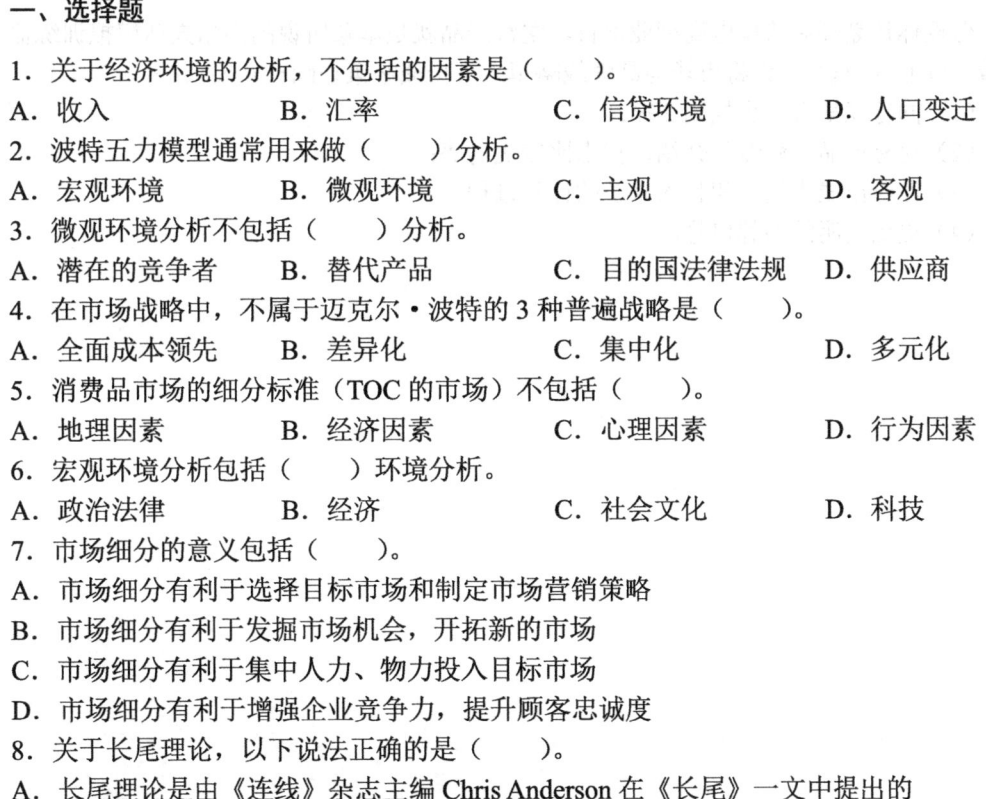

1. 关于经济环境的分析，不包括的因素是（　　）。
   A．收入　　　　　　B．汇率　　　　　　C．信贷环境　　　　D．人口变迁
2. 波特五力模型通常用来做（　　）分析。
   A．宏观环境　　　　B．微观环境　　　　C．主观　　　　　　D．客观
3. 微观环境分析不包括（　　）分析。
   A．潜在的竞争者　　B．替代产品　　　　C．目的国法律法规　D．供应商
4. 在市场战略中，不属于迈克尔·波特的 3 种普遍战略是（　　）。
   A．全面成本领先　　B．差异化　　　　　C．集中化　　　　　D．多元化
5. 消费品市场的细分标准（TOC 的市场）不包括（　　）。
   A．地理因素　　　　B．经济因素　　　　C．心理因素　　　　D．行为因素
6. 宏观环境分析包括（　　）环境分析。
   A．政治法律　　　　B．经济　　　　　　C．社会文化　　　　D．科技
7. 市场细分的意义包括（　　）。
   A．市场细分有利于选择目标市场和制定市场营销策略
   B．市场细分有利于发掘市场机会，开拓新的市场
   C．市场细分有利于集中人力、物力投入目标市场
   D．市场细分有利于增强企业竞争力，提升顾客忠诚度
8. 关于长尾理论，以下说法正确的是（　　）。
   A．长尾理论是由《连线》杂志主编 Chris Anderson 在《长尾》一文中提出的
   B．亚马逊、奈飞的商业模式符合长尾理论
   C．长尾理论支持在更广泛的细分市场里寻找差异化定位

D. 网络时代是关注长尾、发挥长尾效益的时代

9. 特劳特在《新定位》里面列出了 5 个心智模式，以下场景中，符合这 5 个心智模式的是（   ）。

A. 消费者在一个细分领域往往只能记住很少的品牌

B. 营销人员通常需要将多个产品特征进行比较，着力传播其中一个以打造品牌

C. 人们往往不愿意接受一个新品牌，特别是在已有品牌的领域，新品牌打造代价更大

D. 小张建议用高性价比产品定价策略打造品牌形象，完成定价后，不支持价格快速调整，反对大量折扣促销活动

二、判断题

1. 传统的定位理论，源自工业时代，定位的主要关注点在顾客和产品身上，通过细分市场，精准满足顾客需求，从而创造顾客价值。而互联网时代，营销竞争的终极战场不是工厂也不是市场，而是心智。因此，通过研究消费者的心智模式来进行定位更适合当下的信息时代。（   ）

2. 对于跨境电商来说，商品数量大、客户分散、市场竞争激烈，采取成本领先的战略比较有利，能够通过低成本快速占领市场，把握市场先机。（   ）

三、实操题

假设你计划开启跨境电商创业项目，主营产品就是本章所说的高尔夫球模拟训练器（产品情况可上网搜索），请将市场与品牌战略填入市场战略策划画布，要求：

（1）同行竞争者至少找到 2 家；

（2）对标产品需做专门介绍，找出比较优劣势；

（3）需给出成本结构和收入来源的计算过程；

（4）提出简明的品牌口号。

第三章 客户策划

企业面对的最大挑战不再是竞争对手，而是客户。

案例 3-1

OLAY 以客户为中心的运营

OLAY 菁醇青春系列上市于 2018 年上半年，以香槟黄金酵母为核心成分，主打年轻肌肤抗初老。该系列涵盖从爽肤水到面霜的完整护肤步骤。其中，明星产品——气泡霜，自上市起便备受年轻消费者青睐。2019 年年初，OLAY 通过数字营销分析，对气泡霜消费者形成以下共识。

（1）超过 70% 的消费者来自于一二线城市，具有中等或偏高消费力的年轻职场女性是主力消费人群。

（2）在功效需求上，提拉紧致、提亮肤色、修护是消费者的主要护肤诉求。

（3）在社交网络上，消费者关于气泡霜的讨论通常与熬夜相关。

熬夜带来的肌肤问题是气泡霜主力消费人群的重要痛点。基于对消费者的敏锐洞察，OLAY 迅速调整策略，于 2019 年年初将气泡霜的昵称变更为"熬夜霜"，并在全网的内容传播和电商页面中统一使用。此外，OLAY 还将两款同系列新品面膜命名为"熬夜黄金面膜"和"熬夜小布丁"。两款熬夜面膜与熬夜霜组成 OLAY 的"熬夜家族"，为"熬夜党"提供全方位的护肤解决方案。

针对此次"熬夜家族"的产品推广，OLAY 发起了名为"拯救熬夜少女恋爱计划"的营销活动。活动针对加班、考试、追剧等六大熬夜细分场景，通过"真人实测""盘点清单"等多个话题维度，在"双微"、淘内、小红书等多个内容平台对消费者进行全方位的产品种草。

在营销节奏上，本轮"熬夜家族"紧密贴合天猫活动节点进行"种草"，在情人节前一个月即开始在"双微"、小红书等社交平台"种草蓄水"，主要活动在情人节档期再集中二次爆发。在淘内（淘宝网内）内容平台，"蓄水期"主要选择有好货、哇哦视频、微淘等渠道进行产品"种草"，在爆发阶段通过大 V 直播等渠道强力"收割"，后续继续通过买家秀精选话题等口碑营销方式帮助产品"保温"。整体站内外营销节奏步调一致，与产品运营节奏紧密配合，帮助"熬夜家族"收获口碑、销量"双赢"。

在营销资源上，OLAY 邀请某明星代言人精心拍摄了全新的产品宣传片《熬夜少女恋爱图鉴》，配合热门话题"×××约会狂抹熬夜霜"在情人节上线，话题赢得 1.4 亿次阅读量，引发广泛讨论，满满的恋爱氛围直击情人节约会场景。OLAY 还与知名电子竞技战队 QGHappy 合作，触达游戏爱好者这一重点熬夜人群。同时，OLAY 还联合艾瑞数据与海报网，制作发布了长图文《熬夜少女启示录》，以多维的熬夜数据赢得熬夜族群的深深共鸣。整个营销活动期间，百余位 KOL（Key Opinion Leader，关键意见领袖）加入了"熬夜家族"的"安利"中，其中不乏深夜发嗲，MK 凉凉和李佳琦等大咖发声。活动期间，创近 4 000 万次淘内内容浏览量，全网亿级曝光量。

通过本次营销活动，OLAY "熬夜家族"在天猫旗舰店销售显著增长，共计销售过万单。熬夜霜一跃成为店铺 TOP3 单品。自此，OLAY 在既有的广大美白功效人群外，又成功拓展了熬夜修护功效人群，丰富了品牌人群的多样性，为品牌的后续发展提供了更多的机会和可能。

第一节　客户洞察

了解客户是客户管理的首要问题，我们可以通过客户画像来认识客户，通过分析客户的购买行为来判断客户的成交可能性，从而形成客户洞察。

一、客户画像

1. 客户画像的概念

以客户为中心，已经成为跨境电商精细化运营的共识，而精准地理解客户是精细化运营的首要任务。在大数据技术的赋能下，商家可以使用客户画像技术来深度认识客户。

客户画像是商家利用搜索引擎、电商平台、社交网络及其他应用程序得到的客户数据，把客户信息标签化，并用标签集合从多个维度对客户群体特征进行描述，统计、挖掘潜在价值信息，从而抽象出的客户信息全貌。客户画像是真实客户的虚拟代表，是建立在一系列真实数据之上的客户模型。例如，阿里巴巴国际站设立了 300 多个标签，用来定义客户的特征，覆盖客户基本属性、购买能力、行为特征、社交特征、心理特征、兴趣偏好等多个方面。相对于传统的客户画像，与电商交易相关的浏览、订单、客服、配送和物流等有关数据都可以引入客户画像的建模过程，从而更加精确地描绘客户的全方位特征。图 3-1 是客户画像示例。

图 3-1　客户画像示例

客户画像是定向广告投放与个性化推荐的前置条件，为数据驱动运营奠定了基础。客户画像使得搜索、推荐、广告等营销系统能更加智能地服务客户。例如，利用客户画像，可以在客户搜索时，推断客户购物意图，针对客户的属性特征、性格特点或行为习惯，推荐符合该客户偏好的商品。这种推荐方式称为"千人千面"。

（二）客户画像的方法

对客户进行画像分为3个步骤：获取客户基础数据、进行客户研究、分析洞察后形成客户画像。

商家可以利用跨境电商平台、自有数据库等方式收集客户信息，不同的行业有不同的客户画像信息维度。客户画像按照交易模式可以分为面向跨境电商B2C交易的个人客户画像和面向跨境电商B2B交易的企业客户画像。

跨境电商B2C个人客户画像一般包括客户基本信息、网站行为信息、内容偏好信息、交易信息、评价反馈信息、社交分享信息6个维度，如表3-1所示。

表3-1 跨境电商B2C个人客户画像的信息维度

信息维度	信息内容
客户基本信息	性别，年龄，国家，城市，地址，联系方式等
网站行为信息	页面浏览量，商品浏览量，页面停留时长，加购数，加收藏数，页面访问路径等
内容偏好信息	浏览商品，搜索关键词，搜索次数，产品偏好，类目偏好等
交易信息	交易金额，客单价，退换货率，优惠券使用额等
评价反馈信息	客户售前、售中、售后服务反馈与评价等
社交分享信息	客户邀请行为，客户分享行为等

跨境电商B2B客户画像的信息维度有：企业基本信息、企业联系人信息、交易信息、网站行为信息、内容偏好信息，如表3-2所示。

表3-2 跨境电商B2B企业客户画像的信息维度

信息维度		信息内容
企业基本信息		企业名称、地址、联系方式，创立时间，组织方式，资产，商业类型等
企业联系人信息		姓名，性别，联系方式，职位等
交易信息	全站交易	全站交易数量，全站交易金额，交易供应商数量，采购规模等
	本店交易	交易金额，交易次数，交易时间，付款方式等
网站行为信息		产品浏览次数，发起询盘数量等
内容偏好信息		搜索关键词，浏览商品，询盘商品，采购品类偏好等

客户基本信息、网站行为信息、内容偏好信息是B2C交易和B2B交易都具有的维度。相对于B2C交易关注客户评价与社交反馈，B2B交易会更看重客户的采购潜力。

获得客户信息后，要基于统计数据，对数据进行分析和挖掘。结合客户访谈，归纳消费场景及客户的利益诉求、痛点，分析客户利益诉求及需求层次。结合客户实际的数据与感性描述，产生客户洞察，最终形成画像。客户画像会根据商家对客户了解程度的加深，使得数据标签不断加厚，而从模糊变得清晰。

在阿里巴巴国际站后台，客户信息的主要来源有数据管家模块、客户管理模块、商机沟通模块，具体包括数据管家模块的客户画像与客户详情、客户管理模块的客户列表与客户分析、商机沟通模块的客户信息。图 3-2 为阿里巴巴国际站某店铺客户画像示例。

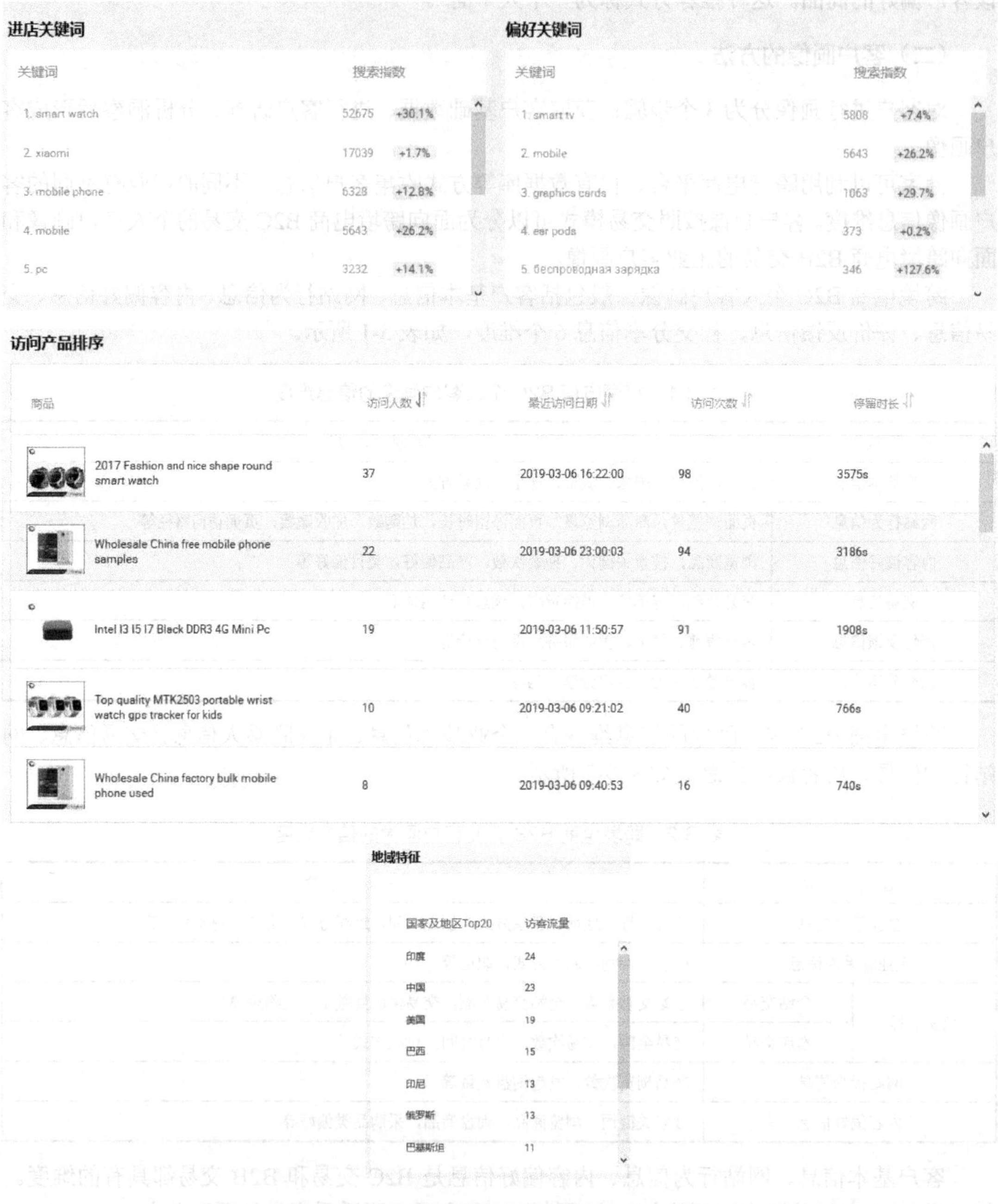

图 3-2 阿里巴巴国际站某店铺客户画像示例

（三）客户画像的典型应用

商家可以通过客户画像对客户进行全面的理解，优化客户定位、产品设计、营销策划、服务营销等相关策略。

1. 科学的客户定位

传统的客户定位往往是描述性的和模糊的，应用客户画像可以让客户定位更加精准。例如，某商家的初始化客户定位是20～30岁的俄罗斯、巴西女性，但是根据店铺后台数据显示，实际购买人群是25～35岁的北美和欧洲女性。于是，该商家根据实际消费群体的喜好，从产品、视觉等各方面对店铺进行了系统调整。调整之后，客户满意度获得了大幅提升。

2. 精准推广

当客户规模达到一定程度时，店铺的客户画像也随着样本的增多而更加全面、精准。客户画像可以进一步指导店铺的推广、引流工作，使其更加具有针对性。例如，在做站内推广时，可以设置自定义受众，通过提高溢价将商品展现给更加精准的受众。又如，某商家通过客户画像初步了解到，店铺的客户群体有95%为女性，其中89%处于18～35岁年龄段，来自新兴国家市场，在推广时就可以定向选择此类客户群体。客户精准营销示意图如图3-3所示。

图3-3 客户精准营销示意图

二、客户购买决策

（一）个人客户购买行为影响因素

客户的购买行为处在一个特定的环境之中，众多因素都会影响客户的购买行为。

（1）个人因素：影响消费者行为的个人因素主要是指年龄、职业、个人经济状况及生活方式等几个方面。由于这些方面的差异，人们有了不同的需要，这些需要自然而然地会引出不同的消费行为。

（2）生命周期：客户购买行为同样受到生命周期的影响。可以把人的一生中几个有明显区别的阶段划分出来，分别对待，以确定客户在各个阶段购买行为的不同。

（3）社会阶层：社会阶层（Social Stratum）是由具有相同或类似社会地位的社会成员组成的相对持久的群体。社会阶层是一种普遍存在的社会现象。同一社会阶层成员在态度、行为模式和价值观等方面具有相似性。社会阶层显著影响了消费行为。

（4）文化：文化是不同地理区域和民族传承下来的精神活动及其产物的集合体。例如，中国文化、伊斯兰文化等。文化影响、改变着消费者对商品的认知，影响着消费行为。

结合上文介绍的客户画像，可以分析客户的主要购买决策因素。

（二）企业客户购买行为影响因素

影响企业客户购买行为的因素包括环境因素、组织因素、人际因素、个人因素。

（1）环境因素：环境因素是指商家无法控制的外部影响因素，一般包括宏观经济环境、市场需求水平、技术发展、竞争态势、政治法律等方面。

（2）组织因素：组织因素包括经营目标和战略、政策、程序、组织结构、制度等方面。

（3）人际因素：人际因素是指采购商内部参与采购过程的各种角色之间的关系。

（4）个人因素：个人因素是指参与购买过程的有关人员的年龄、教育、个性、偏好、风险意识等。

商家应当高度重视以上因素，结合客户画像分析影响企业客户购买行为的主要影响因素。

第二节 客户运营

因为客户的需求不同，在消费行为上有显著的差距，所以商家的一套运营策略难以同时奏效。也正是因为如此，才出现了精细化客户运营的需求。

精细化客户运营一般从以下3个方面去考虑。

（1）客户分层视角。以客户的购物行为为基础，如询盘、首次交易、复购等，分为认知客户、兴趣客户、购买客户、忠诚客户。找出需要重点运营的客户群体，引导客户从兴趣客户转化为忠诚客户。

（2）客户生命周期视角。界定客户从接触店铺到离开店铺的典型周期，定义关键时间节点和关键行为，做好客户行为的预警和干预。

（3）客户激励。通过客户贡献价值对客户进行等级划分，通过身份、权益等方式对客户的采购行为进行激励。

这3个方面可以独立使用，也可以交叉使用。一般来说，商家会用到其中的多种视角，进行复合、叠加，以实现客户精细化运营。

一、客户冰山模型

1. 客户冰山模型的概念

商家的客户群体，就像浮在水中的冰山。其中，浮在水面上的部分是日常运营可见的，支撑店铺业绩的忠诚客户群体；冰山以下不可见的部分包括大量潜在客户、兴趣客户、成交客户，如图3-4所示。

客户冰山模型的4个层次如下。

潜在客户：潜在客户又分为高潜客户和低潜客户，低潜客户通过各种渠道被动接触店铺商品。高潜客户虽未与商家有过直接的沟通，但会主动进入店铺浏览。潜在客户群体与商家的推广力度有关。

兴趣客户：兴趣客户是指发生加购、加收藏、询盘等行为的客户。

成交客户：成交客户是指在店铺下过样单，但并未形成复购的客户。

忠诚客户：忠诚客户是指在店铺稳定复购的客户。

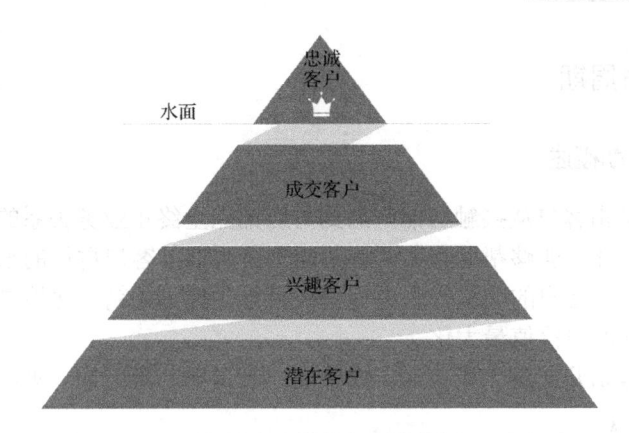

图 3-4 客户冰山模型

冰山模型指导下的客户运营是一个积极主动地把潜在客户转变为忠诚客户的过程。

2．冰山模型的应用

冰山模型的重要应用是客户分层。它可以让商家找出重点客户，促进客户转化。如表 3-3 所示，把客户分层和交易阶段进行结合，进一步确定其购买意向，根据购买意向确定客户跟进策略。例如，对于忠诚客户的售后问题，需要一对一精准跟进，高效即时响应。

表 3-3 客户分层与客户跟进策略

客户层次		交易阶段	采购意向	客户跟进策略
潜在客户		—	—	每日盘点、访客营销
兴趣客户		未成交	0	EDM 营销[①]、站内批量营销
		洽谈中—确认产品细节及价格	1	一对一精准跟进，高效、即时响应
		洽谈中—确认订单细节	2	
		待付款	3	
成交客户	样单客户	寄样后失联及未成交客户	0	EDM 营销、站内批量营销
		洽谈中—确认产品细节及价格	1	一对一精准跟进，高效即时响应
		洽谈中—确认订单细节	2	
		待付款	3	
	首单客户	成交后失联客户	0	EDM 营销、站内批量营销
		成交后售后有问题	1	一对一精准跟进，高效即时响应，每日跟进
		洽谈中—确认产品细节及价格	1	
		洽谈中—确认订单细节	2	
		待付款	3	
忠诚客户		失联客户	0	每月跟进，批量营销
		售后问题	1	一对一精准跟进，高效即时响应，每日跟进
		洽谈中—确认产品细节及价格	2	
		洽谈中—确认订单细节	2	
		待付款	3	

---

① EDM 营销：Email Direct Marketing

二、客户生命周期

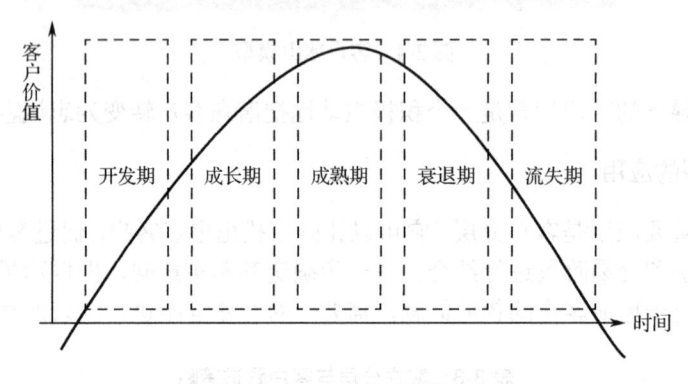

1. 客户生命周期概述

客户生命周期是指客户从接触店铺产品到与店铺完全终止业务关系的过程。按照客户生命周期来区分客户群体，能够帮助商家了解不同生命周期的客户群体的独特需求，以便采取有针对性的营销策略对客户的购买行为进行积极引导，能更加精细化地进行店铺运营，延长客户生命周期，实现客户价值最大化。

客户生命周期包括开发期、成长期、成熟期、衰退期、流失期（见图3-5）。

图3-5　客户生命周期

（1）开发期：开发期是从客户被动接触店铺产品到在店铺完成首次购买的阶段。

（2）成长期：成长期是从客户发生重复购买，但没有到达稳定复购状态之前的阶段。在成长期，客户购买的金额逐渐增加，购买的时间间隔逐渐变小，整体趋势是越买越多。

（3）成熟期：成熟期是客户在店铺稳定复购的阶段。

（4）衰退期：衰退期是客户持续购买，但购买的金额在减少，同时时间间隔在增加，趋势是越买越少的阶段。

（5）流失期：流失期是客户在一定时间段没有下单行为的阶段。

在使用客户生命周期时，需要注意如下两个问题。

一是，并非每个客户都会经历完整的生命周期过程，特定客户的生命周期也不是完全的线性发展，有可能在生命周期的不同阶段跳动。

二是，不同商家适用于不同的客户生命周期判断方法，商家要根据实际情况来建立适用于自身店铺的生命周期模型。通常，判断客户生命周期要根据购买时间、购买频率、购买金额三个维度。图3-6是某店铺应用客户生命周期模型对店铺客户进行的盘点。

2. 客户生命周期运营策略

根据客户在客户生命周期的关键动作，商家需要采取对应的策略，才能积极有效地促进客户状态的转化，如图3-7所示。

（1）开发期的获客拉新：要通过合适的渠道获取有价值的新客户，完成首次交易。

（2）成长期的高价值客户培养：通过可以刺激需求的产品/服务来促进客户复购，把完成首次交易的客户培养成高价值客户。

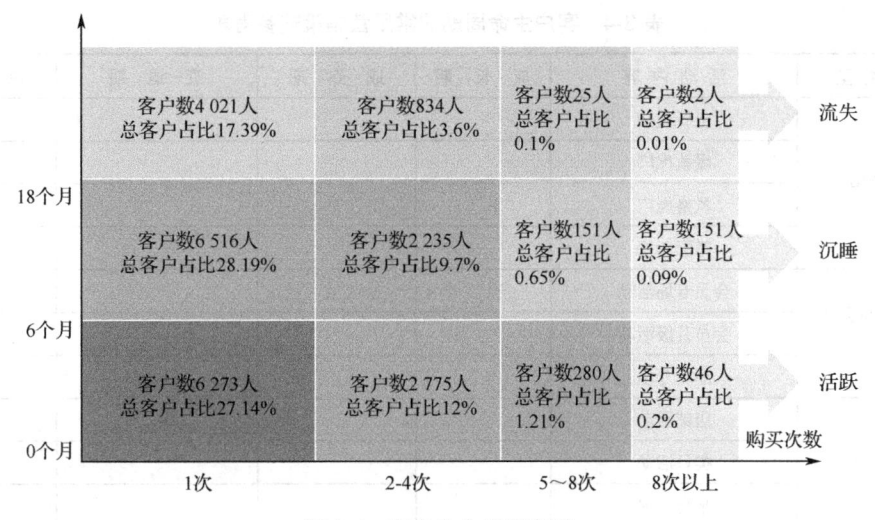

图 3-6 客户生命周期案例

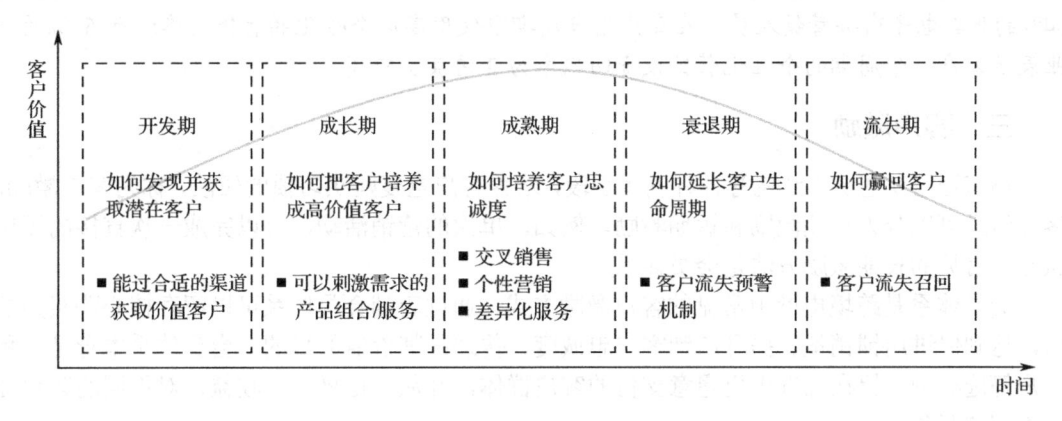

图 3-7 客户生命周期运营策略

（3）成熟期的客户忠诚度培养：通过关联营销、个性营销等提升客户购买频率，进一步培养客户忠诚度。

（4）衰退期的客户生命周期延长：如果发现客户在一定时间内没有购买行为，则需要提前预警，分析客户流失原因，优化产品或者具有策略性地使用营销工具，从而延长客户生命周期。

（5）流失期的客户召回：对于流失客户，要分析客户的去向且策划召回活动，通过与客户重新建立互动关系，从而赢回客户。

阿里巴巴客户通提供客户生命周期管理工具，如客户的高潜复购、流失预警，帮助商家进行客户生命周期管理。

根据客户生命周期的客户运营策略，商家需要进一步结合平台活动落实活动策划。表 3-4 为某店铺客户生命周期的常用营销策略参考表。

表 3-4 客户生命周期的常用营销策略参考表

活动类型	活动内容	成长期	成熟期	衰退期	流失期
商品营销	上新通知	■			
	爆款推广	■			
	风格推广		■		
	搭配套餐		■		
品牌宣传与会员活动类	会员专场活动		■		
	会员升级活动		■		
	品牌专场			■	
促销活动	店铺活动				■
	类目活动				■
	平台大促				■

【数据】KIBO 研究报告 *THE RISE OF PERSONALIZED COMMERCE STUDYP* 披露，有 34%的北美电子商务营销人员，在客户生命周期中使用高度个性化的营销策略；有 51%的企业表示客户生命周期的个性化营销投资回报率为 3 倍甚至更高。

三、客户激励

商家通过优惠券、红包等各种刺激手段，培养客户重复购买习惯的做法，称为客户激励。客户激励可以分为长期激励和短期激励。例如，单次的营销活动，可以完成一次直接的短期激励。常见的长期激励方法是会员体系。

会员体系是跨境电商中常见的客户激励方式，通过店铺会员体系可以留存核心购买力群体，达到促进店铺销量、提升店铺客户忠诚度、传递品牌价值的目的。会员体系本身是一种客户筛选机制，旨在筛选出更愿意支付的客户群体，并从中挖掘更多收益，对不同的客户提供不同的服务。

会员等级和会员权益是搭建会员体系的两个必备要素。

1. 会员等级

会员等级一般根据一定统计周期内的交易额和交易订单数量来划分。在阿里巴巴国际站，店铺会员默认分为 3 个级别：普通会员、高级会员、VIP 会员。

（1）普通会员是与商家名片交换成功的客户，普通会员是潜力消费群体，通过交换名片的零门槛入会方式，与潜在客户加强联系，便于主动触达，实现进一步的营销转化。

（2）高级会员是和商家已经有成交的客户，但交易额在一定范围内。高级会员处于忠诚过渡阶段，需要进一步激励，提升忠诚度。

（3）VIP 会员是年交易额大于某个额度的客户，具体额度根据商家的具体情况确定。VIP 会员是商家的忠诚客户群体。

2. 会员权益

会员权益的差异化是激励会员采购的有效方式，难以被对手复制的权益是对客户最大的吸引力，黏性的本质是用户切换成本。常见的会员权益类型包括商品优惠权益、物流权益、服务权益。会员专供私密品、预付款比例、免费拿样是阿里巴巴国际站有效激励会员的 3 种常见方式。

会员专供私密品是指仅向指定会员展示的商品。可将企业的最新款式、测试款、超低折扣价、高定价款商品的升级款商品设置为会员专享商品，让会员体验到尊享、专属的感觉。

针对不同的客户设置预付款比例，可以体现会员权益差异。预付款比例要根据客户等级和企业商品特征综合设置，定制款商品预付款比例比常规款相对要高一些。

针对不同的客户设置预付款比例，可以体现会员权益差异。预付款比例要根据客户等级和企业商品特征综合设置，定制款商品预付款比例比常规款相对要高一些。

【数据】阿里巴巴国际站假发行业定制款商品的预付款比例一般是 75% 左右，但是针对 VIP 会员采购的常规款，一些商家可以接受预付款比例低至 30%。

免费拿样可以作为会员特殊权益送达客户，促进会员采购。例如，VIP 客户可以免费拿样不限次，普通会员可以免费拿样 3 次。除此之外，会员权益还包括会员折扣、会员专享价、优先发货、物流升级等。表 3-5 是阿里巴巴国际站店铺会员等级与权益体系示例。

表 3-5 阿里巴巴国际站店铺会员等级与权益体系示例

会员等级	商品优惠权益	购物权益	物流权益	交易权益	服务权益
VIP 会员	免费拿样不限次 会员专享券$500/月 VIP 指定商品 9.5 折 VIP 场活动	会员专供私密品	样品包邮	预付款比例 30%	VIP 专属节日及常规礼品
高级会员	免费拿样 10 次 会员专享券$200/月 高级指定商品 9.8 折 高级会员专场活动	会员专供私密品	样品包邮	预付款比例 40%	个性化节日礼品
普通会员	免费拿样 3 次 会员专享券$50/月 普通会员专场活动			预付款比例 50%	

笔者建议：在设计会员体系中的权益体系时，要从店铺实际情况出发，从客户角度去考虑，会员体系是否对本店铺特定的会员群体有足够的吸引力，足以驱动会员的采购行为。

案例 3-2

亚马逊 Prime 会员

Prime 是亚马逊在 2005 年推出的付费会员服务，最初仅包含 2 日免运费送达服务，目的在于鼓励消费者增加购买。在 Prime 推出早期，其功能性仅强调快递服务，经过十几年的发展，亚马逊不断将新业务加入 Prime 体系，使 Prime 形成了完善的权益体系，主要包括物流权益、流媒体权益和购物权益等，共超过 30 个权益内容。

Prime 成功的会员权益设计带动了 Prime 会员数量的持续增长,且高续订、高留存。截至 2018 年 4 月,Prime 会员人数已超过 1 亿人。在 2019 年,51.3%的美国家庭是 Prime 会员。Prime 会员忠诚度及交易活跃性极高,交易占比达 50%以上。Prime 会员单用户交易金额更高,且随会员年限不断增长。

【案例分析】

(1)对会员体系的重视是流量红利到达拐点的必然结果,会员体系设计和运营的重要性在激烈的时长竞争中将持续凸显效果。

(2)Prime 会员的高留存、高黏性、高消费和高忠诚度,已经证明了会员体系可以使用户产生排他性的留存和复购,能产生极大的客户消费黏性回报。

(3)从 Prime 会员体系的发展来看,会员权益从单一功能到多重功能的扩展是必然趋势。

第三节 客户价值评价

客户运营的目的是客户终身价值最大化。因此,商家需要对客户价值进行定量评估,以判断客户运营活动的效果,测试各个渠道获取新客户的质量。

1. 客户生命周期

客户生命周期一般不是指单个客户的周期,而是指一群客户的生命周期,所以客户生命周期是群体值。

$$客户生命周期=(i_1+i_2+i_3+\cdots+i_n)/客户数量$$

式中,i 代表单个客户的生命周期。一般来说,取值的用户对象必须在一个完整生命周期内,计算他们从第一天到最后一天的消费天数,取平均值。

2. 客户生命周期利润

客户在生命周期带给商家的净利润等于客户带给商家的总利润减去商家在该客户投入的成本。

$$客户生命周期利润=总收入-总投入成本$$

总收入,是该客户贡献的销售额。成本包括获客成本、营销成本、销售成本。例如,A 客户群在生命周期内共带来 500 万元的销售额,产品销售成本为 80 万元,A 客户群获取成本为 50 万元,营销成本为 30 万元。则 A 客户群的生命周期利润=300-80-50-30=140 万元。

3. 客户获取成本

客户获取成本(Customer Acquisition Cost,CAC)是商家获取单个客户的花费。

$$CAC=总花费/新增客户数$$

例如,如果我们通过 P4P 获取到 50 个客户花费 10 000 元,那么,单个客户获取成本为 200 元。另外需要注意的是,这里的 CAC 是平均值。在做市场推广时,很多商家可能会使用多个客户获取渠道,每个渠道的 CAC 都不同,可以分开计算做优化。另外,获客的定义也有不同,后续章节会根据需要定义不同的计算方式。

4．客户生命周期价值

客户生命周期价值（Customer Lifetime Value，CLV）是客户在客户生命周期过程中，为商家所做贡献的总和，本质上是客户在客户生命周期中购买产品总利润的净现值。客户生命周期价值的计算公式如下。

$$\sum_{t=0}^{n}(1+r)^{-t}R_i$$

式中，t 为年份，r 为折现率，n 为客户的生命周期，R_i 为商家在第 t 年从客户身上获取的净利润。

【例 3-1】某商家花费 2 万元通过社会化媒体获取客户 100 个，该商家贴现率为 12%，客户保留率第 2 年为 50%，第 3 年为 50%，采购金额与次数如表 3-6 所示。求这批客户的生命周期价值。

表 3-6　客户生命周期价值计算示例

	第 1 年	第 2 年	第 3 年
客户数量/个	100		
平均每年购买次数	2	5	2
平均每次消费金额/元	30 000	42 000	18 000
产品销售成本率	70%	65%	60%
营销成本/元	20 000	5 000	2 500

解：

（1）计算客户的数量。根据客户保留率，得出第 2 年客户是 50 个，第 3 年是 25 个。

（2）计算客户生命周期利润。利润为客户销售额度减去产品销售成本、营销成本、客户获取成本。得到第 1 年利润是-32 000 元，第 2 年利润是 57 083.33 元，第 3 年利润是 11 900 元。

（3）对客户生命周期内每年的价值进行贴现。

（4）求和贴现后的客户价值即客户生命周期价值。该批客户的客户生命周期价值为 33 347.22 元，单个客户的生命周期价值为 333.47 元。

表 3-7　客户终身价值计算示例解答

	第 1 年	第 2 年	第 3 年
客户数量/个	100	50	25
客户保留率	50%	50%	0
平均每年购买次数	2	5	2
平均每次消费金额/元	30 000	42 000	18 000
总收益/元	60 000	210 000	36 000
产品销售成本率	70%	65%	60%
产品销售成本/元	42 000	136 500	21 600
平均获客成本/元	500	0	0

续表

	第1年	第2年	第3年
营销成本/元	50 000	5 000	2 500
总成本/元	92 000	141 500	24 100
毛利润/元	-32 000	57 083.33	11 900
贴现率	1	1.2	1.44
净现值/元	-32 000	57 083.33	8 263.88
累积净现值利润/元	-32 000	25 083.33	33 347.22
客户生命周期价值/元	-320	250.83	333.47

案例分析：

（1）一般来说CLV/CAC=3的时候是最健康的（小于3说明客户质量低，大于3说明在市场拓展上还太保守）。所以，这批客户的质量并不高。

（2）从顾客生命周期价值来看，跨境电商运营不仅需要关注当前订单的利润，更要考虑顾客长期价值，通过各种方式实现顾客生命周期价值最大化。

（3）在跨境电商平台运营中，顾客对商家的价值不仅仅是利润本身，交易带来的产品排名的提升及产品评价也是重要的价值。因此，评估客户价值要结合这些维度，根据店铺所处阶段综合进行。

第四节 客户运营策划

客户活动运营是客户细化运营的落地，以下是客户活动运营策划的案例。客户运营策划，一般分为4个步骤，分别是运营策略制定、运营策略执行、数据监测、复盘评估与沉淀迭代。客户运营策划的步骤如图3-8所示。

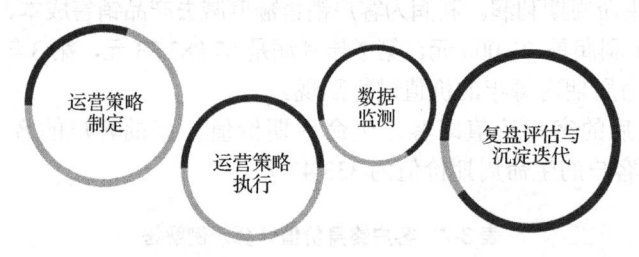

图3-8 客户运营策划的步骤

首先需要界定一个具体要解决的客户运营策划问题，如针对已成交客户的复购问题，去制定策略，界定产品运营、客户运营、活动运营的方法。其次去执行策略，对运营的结果进行数据监测。最后通过复盘沉淀来评估具体策略的有效性。

通过多次的沉淀迭代，最终我们可以形成对该问题最有效的策略。电商的运营环境是一个变化非常快且不断迭代的过程，因此运营策略需要根据实际情况动态更新。落地的客户运营策略是在具体经营环境中反复分析与复盘沉淀的结果。

案例 3-3

AYJX 服装公司的主打产品为高端鸡尾酒会礼服。该公司在阿里巴巴国际站的某店铺复购率为 22%,为了提升店铺运营效率,该公司计划启动客户精细化运营项目。策划经理嘉韵负责该项目。嘉韵根据客户生命周期模型对客户进行分类,并根据客户生命周期策划了一系列客户运营活动方案。表 3-8 是按照规定样式填写的客户运营活动策划表。

表 3-8　客户运营活动策划表

活动编号:2021-08　　　　　策划人:嘉韵　　　　　策划时间:2021-08-12

活动要素	要素说明
活动名称	常规客户促复购
活动目标	量化目标:促使目标客户群体中 30% 的客户复购(相比原来的 22% 增加了 8%)
活动商品	每个客户首次采购的关联产品
客户对象	2 个月内完成首单交易但未复购的客户
活动时间	2021 年 8 月 12 日—15 日
活动方式	1. 关联产品推送 9.5 折 2. 专属优惠券 $5
规则说明	推送产品列表需要满足 3 个要素: 1. 客户相关:根据客户购买的产品,分析客户以往购买此产品后的第二单产品系列; 2. 属性相关:首单产品的属性关联产品; 3. 场景相关:首单产品同一使用场景的关联产品
活动推广	1. 站内信推送; 2. 批量 EDM 通知; 3. P4P 定向广告触达
协助部门及任务	设计部:主图海报、详情海报等 运营部:关联产品选品、P4P 推广策略调整 销售部:大客户 EDM、重点客户一对一跟进、引导转化
项目组	组长:嘉韵,组员:设计师萌萌、运营天天、销售 Danny,
成果预测	评估量化目标达成率 90% 合格
其他说明	无
审批意见	CMO:同意,注意复盘运营策略,归纳客户未复购的原因

我们完成这个策划需要经过 3 个步骤。

(1)要明确目标,并且把目标量化。例如,确定使目标客户群体中 25% 的客户进行复购,相比原来的 22% 增加了 3%。

(2)确定重点客户群体。一般来说,两个月内完成首单交易,但是没有复购的客户,其复购的概率是比较大的。因此,确定此类客户群体作为重点客户群体。确定了客户群体之后,需要确定这类客户群体匹配的产品对象。根据当前每个客户首次采购的产品,可以为之适配首次所采购产品的一个关联产品,通过客户相关、属性相关、场景相关这 3 个维度来进行产品筛选。

（3）确定活动方式及渠道类型，根据对客户的洞察，用折扣加优惠券的方式来吸引客户，这种方式对 RTS（Ready To Ship，全球批发）客户有一定的吸引力。需要确定客户触达的渠道类型，EDM 营销、站内信推送都是常见的方式。

该策划方案是一个常规的复购策划方案，分析复购还应该注意以下几点：

（1）复购与客户获取的渠道直接相关，获取新客户的渠道直接影响复购率。

（2）产品上新不够、活动运营缺乏策略，也会导致复购率低。

（3）店铺会存在所谓的"拉新产品"，这类产品一般是店铺的入门级产品，购买过此类产品的用户，后续会有很好的复购率。

（4）如果出现复购率低的情况，首先要分析是长期问题还是短期问题。如果是短期之内比较低迷，需要去探查特定的时间点，发生了什么问题，比如获取新客户的渠道变化及产品近期上新及活动运营力度不够。如果是长期低迷，就要进行策略探查，寻找提升的抓手。例如，通过数据选品找出"拉新产品"，或者在获取新客户时使用"拉新产品"进行推广，或者升级迭代产品本身。图 3-9 是该店铺的客户复购率问题探查思路。

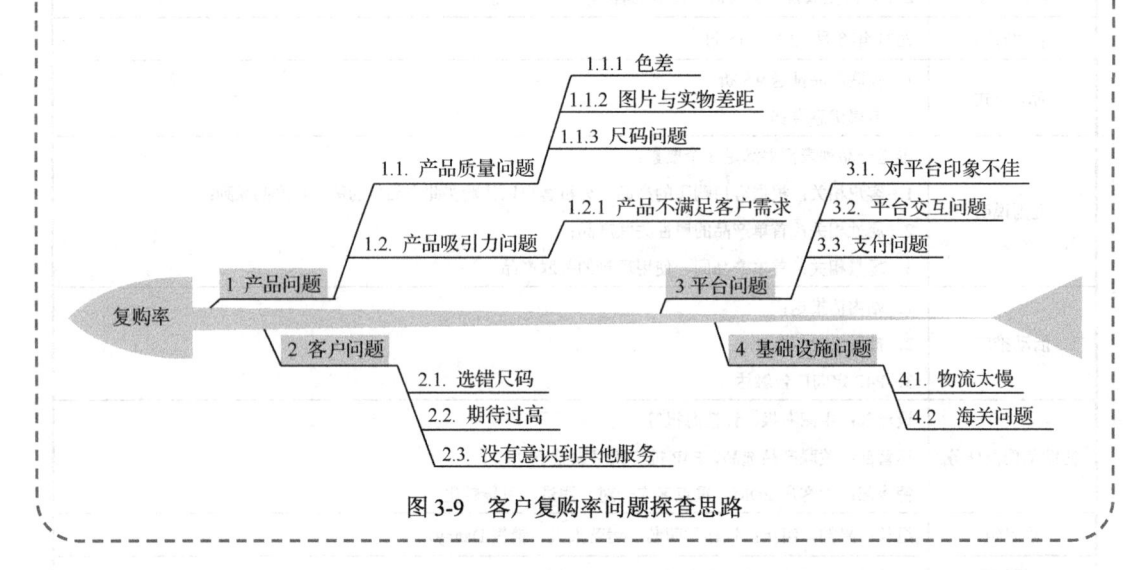

图 3-9　客户复购率问题探查思路

本 章 小 结

本章主要介绍跨境电商客户策划。首先介绍了客户画像的概念、方法与典型应用，以及个人客户和企业客户的购买决策影响因素。其次介绍了客户冰山模型在客户重点运营上的应用，客户生命周期模型在延长客户生命周期和促进转化上的应用，会员体系在客户激励上的应用。最后介绍了通过客户生命周期价值来定量评估客户运营效果。希望读者在深度认识客户、掌握客户运营方法的基础上，能策划客户运营活动，实现客户的精细化运营、个性化营销，实现客户生命周期价值最大化。

本 章 习 题

一、选择题

1. 跨境电商客户画像的信息维度包括（　　）。
   A．客户基本信息　　　　　　　　　　B．网站行为信息
   C．内容偏好信息　　　　　　　　　　D．交易信息
2. 客户冰山模型中的客户层次包括（　　）。
   A．潜在客户　　　B．成交客户　　　C．会员　　　D．忠诚客户
3. 客户在成熟期的运营重点是（　　）。
   A．培养客户为高价值客户　　　　　　B．培养客户忠诚度
   C．延长客户生命周期　　　　　　　　D．挽留客户
4. 下列选项中对会员运营的描述不正确的是（　　）。
   A．活动运营可以增加会员的活跃度
   B．周期性活动提升了会员的满意度
   C．通过内容可以与会员实现差异化沟通
   D．会员情感服务会增加客户黏性

二、问答题

客户冰山模型对客户运营的重要启发是什么？

三、实操题

应用客户生命周期价值评估方法，评估两个不同客户获取渠道的客户价值，并且评估其渠道质量的不同。

第四章　产品与供应链策划

产品创新是企业发展的动力。

案例 4-1

产品创新助力企业爆发式增长

2009 年，深圳中嘉跨境电子有限公司创立（以下简称"中嘉"），入驻阿里巴巴国际站，开启跨境电商创业。历经数年的打拼和坚守，公司从最初的两人创业变成工贸一体的服装行业龙头企业，主营产品从单一的连衣裙扩充到更多二级类目，并成功打造了数款爆品，产品销往 100 多个国家和地区。

2018 年，是中嘉发展的转折点。此前，公司一直主营连衣裙单品，缺乏热销爆品。因此，在整个业内缺乏竞争力，迟迟无法突围到第一梯队。机缘巧合下，中嘉在海外社会化媒体平台发现有相当多的客户买不到大码鸡尾酒会礼服。在综合分析阿里巴巴后台的相关数据和整合企业优势资源后，中嘉觉得"大码鸡尾酒会礼服"是一个蓝海市场！

经过进一步的数据分析和开发，中嘉推出了大码礼服系列，并且能够提供 ODM（Original Design Manufacturer，原始设计制造商）服务，产品上架后，迅速成为爆品。基于不同的买家需求，中嘉在新品开发、曝光引流及生产制造等方面都做了加码投入和创新研发，让爆品持续引爆，"以爆带爆"带动整个店铺的流量和转化。

目前，中嘉在阿里巴巴国际站上有 4 个精品店铺，从阿里巴巴国际站上收获了诸多忠实客户和合作伙伴，其中不乏年采购额逾千万美元的海外社交电商卖家，也有布局海外 C（客户）端的国内采购商等，该公司在线上的综合实力已经迈入行业 TOP5%。谈及取得的阶段性成功经验，公司分享了以下几点。

（1）C2B 驱动产品创新。中嘉的产品经理会持续收集社会化媒体、终端客户的需求与反馈，从客户端寻找选品灵感，在理性的数据选品与感性的客户需求之间寻求平衡。通过快速投产、上线的方式测试市场反馈，最终进行较大规模生产，保障了产品成功的概率。

（2）重视优化视觉效果。该公司最早采用单反相机拍摄产品，效果一般。2018 年，公司毅然决然地投入重金以完成产品图片和视频的专业拍摄，优化产品页面后大受好评。从此，每年都会进行新品拍摄，定期更新图片，更多元化地展示了产品，彰显了综合实力，也在一定程度上起到了营销推广的作用。

（3）重视产品运营。公司建立了严格的产品数据库，每个产品的数据标签都达 60 多个，以对产品进行全面的数据沉淀，在数据分析下进行科学的选品、运营决策，如表 4-1 所示。

表 4-1 中嘉部分产品的数据标签

属性类型	属性名称	CT113	CT270	DM121	DP106	DP166
	腰线	1	1	0	1	1
	裙型	0	1	0	0	0
	风格	0	0	0	0	0
	场合	0	0	0	0	0
	袖长	0	0	0	0	0
流量标签	搜索曝光量/次	316 656	146 934	98 477	29 234	19 833
	浏览量/次	4 560	1 131	1 004	398	301
	访客数/个	3 210	9 320	653	157	253
	新客户/个	1 593	6 793	573	123	153
	搜索点击率	1.44%	0.77%	1.02%	1.36%	1.52%
	加购次数	250	16	20	120	85
	加收藏次数	217	19	59	116	53
	成交转化率	1.19%	3.64%	6.15%	1.68%	2.81%
销售标签	周销量/件	38	339	40	3	7
	月销量/件	152	1 389	163	15	32
	累积销量	951	15 280	1 598	152	192
	客单价	49.2	59.8	153.2	39	56.2
	折扣率	30.00%	40.00%	30.00%	30.00%	30.00%
	毛利率	23.0%	15.0%	39.0%	8.0%	29.0%

（4）自建工厂，完善供应链。目前，中嘉在深圳市南山区有小型生产线，生产高端定制产品；在深圳市南山区另一处街道还有一个中型自建工厂，可以完成从打版到出厂质检的全生产流程；另外，在全国多地有深层次合作伙伴补充生产能力。该公司的产品定位是中高端路线，所以尤为重视品控。由于质量优于同行，以及充足的爆款备货，能够做到现货供应，因此能够从容、快速地应对平台上的小 B 订单。

2020 年，中嘉的全年销售总额接近一个亿，相比去年增加了 40%。高质量的产品是企业成功之基，公司用稳定、优秀的产品质量及改进、提高生产工艺等方式成功降低了成本，通过下调 30% 的定价获得价格优势，在线上获得了产品竞争力，从而带来了店铺综合实力，触达了优质客户，是获得成功的关键。伴随着海外消费习惯线上化的趋势，公司将迎来更多的发展契机。

第一节 理 解 产 品

理解产品是营销前期准备工作的重要环节，我们需要对产品进行全方面的理解来紧跟平台规则，选择符合市场需求的产品，总结对应产品的卖点，从而更好地进行营销推广，吸引消费者对其埋单，实现买卖双方的共赢。

一、产品的定义

产品是指提供给市场，被人们使用和消费，满足人们某种需求的任何东西，包括有形的物品、无形的服务、组织、观念及它们的组合。可以从以下几点理解产品：

（1）产品的价值是满足人们需求的。需求异质化是产品品类丰富的基础，根据需求的强度不同，客观上产品存在销售难度差异。

（2）产品只有在使用和消费时才能发挥其价值。跨境 B2B 企业认为样品单是大客户开发的一个里程碑，因为电商最大的劣势就是非接触购买，即客户在未接触产品时就要做出是否购买的决策，这是非常艰难的，而样品单能让客户接触产品、使用产品，对大客户开发起到了非常积极的作用。

（3）商家的价值集中体现在产品上，产品是价值的载体，故产品毫无疑问是店铺数据运营的核心。不同于传统外贸以发掘客户及其需求为工作起点，选品和产品运营是跨境电商工作的起点。

二、产品的相关术语

本章涉及的产品的相关术语如下。

（一）产品竞争力

产品竞争力可以理解为：当买家将我们的产品与同行产品相比较时，我们的产品是否有优势。产品竞争力对跨境电商企业而言非常重要，业界流行着一句话："七分产品，三分运营"，还有"好产品自己会说话"的说法，这都充分说明了商家对产品竞争力的追求。

产品竞争力与很多因素有关，如功能、性能、外观、技术等。如何打造产品竞争力对跨境电商营销从业者而言不是重点，重点是识别产品竞争力，并传递给客户。从某种程度上讲，跨境电商营销的重要任务就是将产品竞争力传递给客户。

在阿里巴巴国际站中，用商品成长分来量化描述产品竞争力。商品成长分是对商品的内容表达、效果转化和商品服务 3 个维度下的多项数据指标进行综合评定后的量化分值。

直接下单商品和非直接下单商品的数据指标也有所不同。如图 4-1 所示，非直接下单商品多项指标考核的是最近 180 天的数据情况，直接下单商品考核的则是 90 天的数据情况。

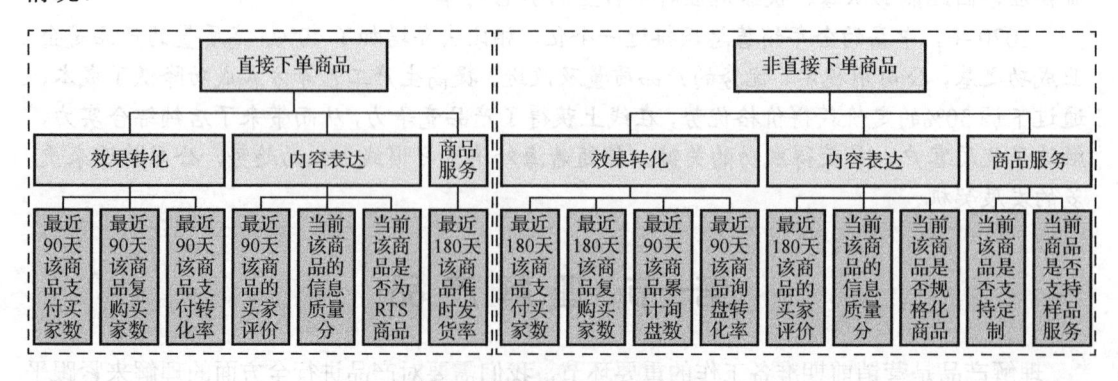

图 4-1　商品成长分的影响要素

(二)产品生命周期

产品生命周期理论是由美国哈佛大学教授雷蒙德·弗农于 1966 年在其《产品周期中的国际投资与国际贸易》中首次提出的,指的是产品的市场寿命,即产品从准备进入市场开始到被淘汰退出市场为止的全部运动过程,是由需求与技术的生产周期所决定的。在市场流通过程中,由于消费者的需求变化及影响市场的其他因素所造成的商品由盛转衰的周期,主要是由消费者的消费方式、消费水平、消费结构和消费心理的变化所决定的,所以产品生命周期一般分为导入(进入)期、成长期、成熟(饱和)期、衰退(衰落)期四个阶段,如图 4-2 所示。

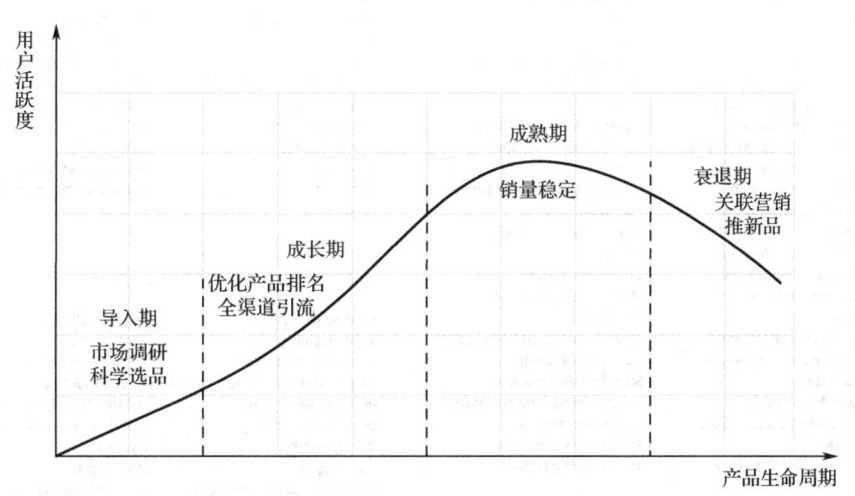

图 4-2 产品生命周期曲线图

阿里巴巴国际站对于产品生命周期有特定的规则,即系统对每个产品都进行强制限定:如果一个产品连续 180 天为零效果产品且未操作,则会被强制下架,将此视为产品生命周期的结束。零效果产品是指商品详情的访客数、收藏数、分享数、比价数、询盘、TM(Trade Manager,贸易通)咨询、批发订单、信用保障订单等全部数据都为 0 的产品。简单地说就是,如果该商品连续 180 天没有任何数据就说明该产品不受买家的欢迎,进而说明该产品需要被淘汰。

(三)产品分类

根据不同的分类标准,产品有很多种分类方式,最基础的是按类目进行分类。有的产品可以在多个类目下销售,而销售情况可能差异很大,应留意沉淀相关数据。确定产品类目后,还可以用产品分组的功能实现灵活的产品分类。

阿里巴巴国际站有 5900 多个产品类别,包括定制类产品和现货类产品。除了有形产品,该平台还提供无形的服务类产品,如货代服务、航空服务等。如图 4-3 所示为阿里巴巴国际站的产品一级分类。如图 4-4 所示为阿里巴巴国际站的热门产品类目(家居、照明与建筑)的二级细分分类。

Products by Category

Agriculture & Food	Apparel,Textiles & Accessories	Auto & Transportation	Bags, Shoes & Accessories	Electronics	Electrical Equipment, Components & Telecoms
Gifts, Sports & Toys	Health & Beauty	Home, Lights & Construction	Machinery, Industrial Parts & Tools	Metallurgy, Chemicals, Rubber & Plastics	Packaging, Advertising & Office

图 4-3　阿里巴巴国际站的产品一级分类

Home, Lights & Construction

Construction & Real Estate (32362320)

Aluminum Composite Panels　　　Balustrades & Handrails
Bathroom　　　Boards
Building Glass　　　Ceilings
Corner Guards　　　Countertops,Vanity Tops & Tab...
Curtain Walls & Accessories　　　Decorative Films
Door & Window Accessories　　　Doors & Windows
Earthwork Products　　　Elevators & Elevator Parts
Escalators & Escalator Parts　　　Faucets, Mixers & Taps
Fiberglass Wall Meshes　　　Fireplaces,Stoves
Fireproofing Materials　　　Floor Heating Systems & Parts
Flooring & Accessories　　　Formwork
Gates　　　Heat Insulation Materials
HVAC Systems & Parts　　　Kitchen
Ladders & Scaffoldings　　　Landscaping Stone
Masonry Materials　　　Metal Building Materials
Mosaics　　　Mouldings
Multifunctional Materials　　　Other Construction & Real Estate
Plastic Building Materials　　　Quarry Stone & Slabs
Real Estate　　　Soundproofing Materials
Stairs & Stair Parts　　　Stone Carvings and Sculptures
Sunrooms & Glass Houses　　　Tiles & Accessories
Timber　　　Tombstones and Monuments
Wallpapers/Wall Coating　　　Waterproofing Materials

Less ∧

Home & Garden (17874897)

Bakeware　　　Barware
Bathroom Products　　　Cooking Tools
Cookware　　　Garden Supplies
Home Decor　　　Home Storage & Organization
Household Chemicals　　　Household Cleaning Tools & A...
Household Sundries　　　Kitchen Knives & Accessories
Laundry Products　　　Pet Products
Kitchen,Dining,Bar & Tableware　　　Dinnerware
Drinkware　　　Baby Supplies & Products
Rain Gear　　　Lighters & Smoking Accessories

Lights & Lighting (17198857)

Emergency Lighting　　　Holiday Lighting
Indoor Lighting　　　LED Lighting
Lighting Accessories　　　Lighting Bulbs & Tubes
Other Lights & Lighting Products　　　Outdoor Lighting
Professional Lighting　　　LED Residential Lighting
LED Outdoor Lighting　　　Chandeliers & Pendant Lights
Ceiling Lights　　　Crystal Lights
Stage Lights　　　Street Lights
Energy Saving & Fluorescent　　　LED Landscape Lamps
LED Professional Lighting　　　LED Encapsulation Series

Furniture (6691014)

Antique Furniture　　　Baby Furniture
Bamboo Furniture　　　Children Furniture
Commercial Furniture　　　Folding Furniture
Furniture Accessories　　　Furniture Hardware
Furniture Parts　　　Glass Furniture
Home Furniture　　　Inflatable Furniture
Metal Furniture　　　Other Furniture
Outdoor Furniture　　　Plastic Furniture
Rattan / Wicker Furniture　　　Wood Furniture
Living Room Furniture　　　Bedroom Furniture

图 4-4　阿里巴巴国际站的热门产品类目（家居、照明与建筑）的二级细分分类

三、产品资料

产品资料按媒体属性可以分为图片类、视频类、文本数据类。

（一）图片类

产品图片是产品的重要表现形式。一般来说，产品图片分为产品主图、产品详情页图、产品海报图。

产品主图一般是 6 张，展示产品的卖点、不同角度、使用效果等，如图 4-5 所示。

图 4-5　产品主图

产品详情页图一般在 15 张以内，展示产品的尺寸、细节、优势、包装等，如图 4-6 所示。

图 4-6　产品详情页图

（二）视频类

视频集图、音、文等于一身，内容相对完整，信息密度大，且生产流程简单、制作门槛低、参与性强。随着客户利用碎片化时间的需求越来越强，短视频逐渐成为跨境电子商务中产品信息表达的重要形式。常见的产品视频形式主要有主图视频、详情视频、旺铺视频、产品宣传视频 4 种。

1. 主图视频

主图视频，属于产品讲解型视频，展示产品的使用方法、功能、质检等多方面的信息，以彰显企业自身和产品的专业度，体现企业实力。主图视频可以从动态特点、产品使用、外观三个角度来展示产品。动态特点展示包括使用过程、极值测评、效果效率。使用过程可以展示产品操作、产品运作状态、使用后效果等；极值评测是产品置于极端情况下的表现，如防水、防摔、承重、刮擦等；效果效率包括产品的功能优势，使用前后对比。产品使用可以展示产品开箱的过程及特殊设计、产品组装与连接过程等产品使用的准备工作。外观展示一般展示产品在旋转平台上的全貌，包括产品的外观亮点、设计亮点、品牌 Logo 等产品细节。相对于主图，主图视频可以更加动态地展示产品信息，已经成为产品信息不可或缺的部分。

2. 详情视频

详情视频，是插入产品详情页中，能够介绍产品信息等内容的视频类型。优质的详情视频包含对产品的细节展示和整体展示，以及对产品操作使用过程的流程化表现，通过镜头语言，有特写细节，有整体呈现，能够完整地将产品的特点和材质及使用操作等逐一展现。相对于主图视频有时长限制，详情视频可以更完善地展示产品信息。

3. 旺铺视频

旺铺视频，是以展示企业规模、认证资质、售后服务等和实力相关内容为主的视频形式。内容一般包括生产环境、办公环境、主营产品、企业风采，具体包括办公室及工厂外观和室内工人工作状态、专利证书、研发设计人员办公室、证书墙、体系证书、质检文件等内容。

4. 产品宣传视频

产品宣传视频，是内容营销视频，一般会通过真人出镜讲解/演示的形式展示产品或测试性能，以展现商家实力，建立客户对商家的信任感，在短时间内获取关注并激活客户的兴趣，引导客户询盘。TrueView 视频渠道是阿里巴巴国际站重要的产品宣传视频发布渠道。

（三）文本数据类

在阿里巴巴国际站的运营过程中，商家需要提前将产品的基础产品数据整理在表格中，便于提高后续的工作效率。基础产品数据主要分为产品标题与关键词信息、产品技术参数信息、产品销售信息、产品定制信息。

1. 产品标题与关键词信息

产品标题是指产品的名称。在阿里巴巴国际站用关键词搜索产品时所出现的产品标题都带有该关键词，可见产品标题是系统索引的一种方式。产品标题可以让客户快速搜索到产品，进而点击了解详情。

关键词是指产品名称的中心词，是对产品名称的校正，便于系统快速识别匹配买家搜索词，能让买家尽快找到产品。关键词是匹配买家搜索的重要因素，当买家输入关键词进行搜索时，系统会匹配标题里含有该关键词的产品，再根据商家产品的综合质量分数由高到低推送给买家。

2. 产品技术参数信息

产品技术参数信息主要包括产品材质、产品颜色、产品类型、产品认证信息等与产品专业度有关的一切信息。产品技术参数在前台的展示示例如图 4-7 所示。

第四章　产品与供应链策划

```
OVERVIEW    CUSTOMER REVIEWS (181)   SPECIFICATIONS                              Report Item
Brand Name: feitong                          Material: Polyester
Silhouette: Loose                            Model Number: Women Dress
Season: Summer                               Neckline: O-Neck
Sleeve Length(cm): Sleeveless                Sleeve Style: REGULAR
Gender: Women                                Decoration: NONE
Style: Bohemian                              Waistline: empire
Pattern Type: Dot                            Dresses Length: Knee-Length
vestidos christmas dress: vestidos verano 2019 party dress    bandage dress: long maxi dress elegant
robe femme: white dress bodycon dress plus size               autumn dress: black sequin dress vestidos mujer 2019
vintage dress: velvet lace dress elegant dress                women clothes 2019: vestidos de fiesta cortos elegantes 2019
knitted dress: long sleeve dress vetement femme 2019          vestido de festa longo: women clothes 2019 casual dress
```

图 4-7　产品技术参数在前台的展示示例

产品技术参数信息表达产品属性，具有较强的行业属性，不同行业的参数结构不同，整理产品技术参数需要根据产品特点进行。表 4-2 是手机类目的技术参数示例。

表 4-2　手机类目的技术参数示例

Unit	Specifications	Detail
Basic Information	Brand	L&C Make it possible
	Model	3G
	Color	Black，Grey
	Operating System	Android 7.0
	CPU	MT6737　Quad-Core　1.3GHz
	GPU（具体型号）	MaliT720-MP1
	RAM	2GB
	ROM	16GB
	Battery	2400mAh
Display	Display Size	5.0″
	Type	HD　Oncell, 2.5D Curved Screen
	Resolution	720×1280
Cameras	Rear Camera	13.0MP(AF) +0.3MP & Flashlight
	Front Camera	8.0MP (FF)& Flashlight
Connection	Band（2G/3G/4G）	GSM:850/900/1800/1900 WCDMA:900/2100 LTE:B1/B3/B7/B8/B20
	SIM Card	Two:Nano SIM One:Nano SIM+TF
	WiFi	Wi-Fi 802.11 b,g,n
	Bluetooth	Bluetooth V4.0
	GPS	A-GPS
	Sensor	G-sensor, Proximity
Support Format	Audio File Format	MP3/MP4
	Video File Format	MP4

续表

Unit	Specifications	Detail
Support Format	Earphone Port	3.5mm
	Card Extend	32GB
	USB	Micro USB
	Other Function	Front Fingerprint Support OTG
	Language	Android Original

3. 产品销售信息

产品销售信息主要包括产品的价格、起订量、支付方式、发货时间、供货能力等。表4-3为产品销售信息示例。

表4-3 产品销售信息示例

模　块	规　格	参　数
价格及付款方式	FOB价格	78美元
	限价	72美元
	付款方式	L/C、D/A、D/P、T/T、Western Union、MoneyGram
库存及起订量	预售/到货时间	3～5天
	商品编码	LD171021B215
	库存扣减方式	付款减库存
	库存	1 000黑色，500灰色
	最小起订量	1 000Pieces
发货时间及供货能力	小于500pcs	1天
	500～10 000pcs	5～7天
	生产能力	5 000/天
产品包装信息	产品净重	0.38kg
	包装重量	0.42kg
	产品包装尺寸	24cm×16cm×5cm

4. 产品定制信息

产品定制信息包括尺寸定制、材质定制等。产品定制信息要根据产品的特点与商家能够提供的定制能力来决定。

在阿里巴巴国际站产品发布过程中，系统一般需要以上基础产品资料信息，便于海外买家对产品进行详细了解。因此，在基础产品资料准备阶段，产品资料信息准备得越详细越好。另外，一些产品复杂度高，可能需要准备产品手册、使用说明书、安装指南、维护保养指南等资料。可以将产品资料整合成产品资料包，供产品上传时使用。

第二节 选 品

阿里巴巴国际站分为传统的定制赛道和新兴的 RTS 赛道。在传统的定制赛道，卖家可以满足买家的定制需求，常见的是客户对产品的颜色、尺寸、材料等的定制需求，更高的要求是买家提供自己的手稿或想法，卖家打样出实物，然后双方反复沟通调整，最后达成销售，这对卖家的生产能力和公司实力要求比较高。能满足服务定制需求的大多是工厂型卖家，有自己的优势产品和特定产品线及完善的产品开发团队，可以快速根据买家需求给出反馈，在选品方面更倾向于对已有产品的升级迭代。

新兴的 RTS 赛道是市场变化的产物。随着互联网的发展，跨境贸易逐渐走向碎片化，很多小 B 买家应运而生，多是亚马逊卖家、拥有自己独立站的卖家和零售商等。他们的行为模式是所见即所得，什么产品好卖就卖什么，强调交易效率。针对这部分买家的特点，有些外贸型国际站卖家基于一个大行业类目，整合各个细分小类目的供应链资源，为小 B 买家推荐适合的热卖产品。

不同赛道的买家，其需求和特点也不同。因此，现在越来越多的店铺是传统的定制赛道和新兴的 RTS 赛道双管齐下，从而获取更多的流量和订单。

一、选品策略

因选品复杂且风险高，业界流传着很多选品策略，其中大部分是商家实践经验的总结，具有一定的参考价值。正是因为选品策略非常丰富，因此我们需要加以总结归纳。

（一）选品策略矩阵

本书第二章介绍了波特五力模型，笔者将同行、潜在进入者和替代品的竞争统称为横向竞争，而将供应商和下游客户（以及过去和未来的自己）的竞争称为纵向竞争。根据这种定义方法，将主要考虑横向竞争的选品策略统称为横向选品策略，将主要考虑纵向竞争的选品策略统称为纵向选品策略。而选品的"运动"方向有两种：扩张和收缩（与市场战略的"运动"方向是一致的）。这样就可以得出"选品策略矩阵"，如表 4-4 所示。

表 4-4 选品策略矩阵

竞争方向 运动方向	横向	纵向
扩张	横向扩张选品策略	纵向扩张选品策略
收缩	横向收缩选品策略	纵向收缩选品策略

理论上，所有的选品策略均可归入选品策略矩阵，因此，我们可以通过分析 4 种选品策略的一般规律，从而指导选品实践。

1. 横向扩张选品策略

选品灵感可能源于某个爆品。此时，可以采用横向扩张选品策略，通过搜索等方法找到该爆品的同行竞争产品、潜在竞争产品及对应店铺的潜在竞争对手主营产品，得到一个产品集合，成为可以深度考察研究的产品组。该策略的作用是扩大可供横向比较选择的产品池子，当然可以是品类，也可以是细分品类下的品种。使用这种策略，"跟卖"策略可得以拓展，可以跟卖爆品，也可以跟卖爆品的替代品。对于本店爆品，可以通过横向扩张选品策略主动补充替代品，丰富本店产品品类，满足同类客户的细分需求（横向选品构筑横向竞争壁垒）；也可以补充同款产品的不同供应商，从而优化供应商（横向选品对纵向竞争的贡献）。

2. 纵向扩张选品策略

选品灵感也可能源于忠诚客户的细分需求反馈或抱怨。例如，高尔夫球训练模拟器原本只采集球飞出时的左右方向角，但客户反馈还需要采集上下倾角，此时，卖家就会反思如何改进产品，或根据需求寻找新的供应商，从而增补升级产品（纵向选品增强纵向竞争力），同时增强横向竞争力（纵向选品对横向竞争的贡献）。

3. 横向收缩选品策略

横向扩张选品后一般会马上应用横向收缩选品策略，即通过横向比较产品池子里的多种同类产品，找出"最中意"的那款产品。很多人曾经质疑这个步骤，说为什么一定要选出"最中意"的一款产品，而不能是一批产品？因为选品后会进行试销测试，确实需要一批产品。但笔者还是建议一款一款地选，选择一款后，可以对产品池子进行更新（如增补几款同类商品），再选出一款，直到满足选品需求。具体原因不做分析，请读者在实践中体会。横向收缩选品策略主要是选出"最佳"——最佳产品和最佳供应商。这种策略有利于找到产品竞争力（卖点）。

4. 纵向收缩选品策略

品类致胜的观念已深入人心，许多商家会在经营店铺的过程中，不断使用纵向扩张选品策略增补产品。品类确实丰富了，但有些产品效果很不好，这时就要适当收缩。收缩也是市场细分的过程，有利于提升店铺在细分市场的竞争力。业界通常主张多用横向选品策略，但笔者建议商家应充分重视纵向收缩选品策略，即在了解自己能力的基础上，首先一定要将精力用在客户需求的深度分析和细分上，其次用在供应商的深度分析上。

显然，上述选品策略并没有考虑所有场景，旨在说明概念。横向选品与纵向选品没有哪一种更重要，只是在激烈的竞争中，我们常常忘记其实我们的对手是自己，所以特别强调要重视纵向选品。在实践中，4种选品策略往往需要交替应用，什么时候用什么策略，受选品的基本原则制约。

（二）选品基本原则

因选品方法极其丰富，就算笔者归纳为简单的选品策略矩阵，还是需要给出基本原则，才能使卖家在选品实践中游刃有余。

1. 符合市场/品牌定位

产品是满足需求的载体，受品牌定位制约，不能与品牌调性相悖。例如，A店铺的定位是满足高端商务人士在办公室练习高尔夫球的需求，因此选择了草垫、球杆、模拟训练器等产品，当然也选择了球。A店铺主打产品"模拟器"及引流产品"高尔夫球"，如图4-8所示。

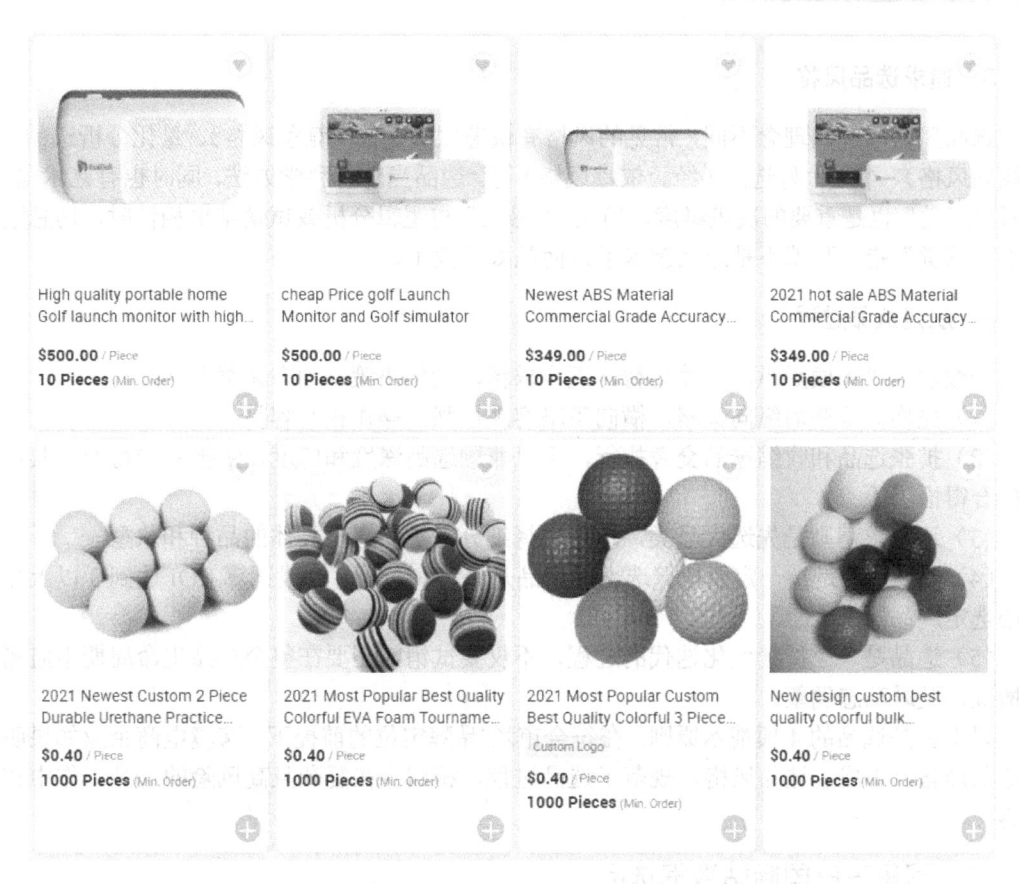

图 4-8　A 店铺主打产品"模拟器"及引流产品"高尔夫球"

产品经理认为，主打产品"模拟器"客单价太高，需要用球（而且是低端球）作为引流产品。这个思路听起来有道理，但图 4-8 中高尔夫球的选择不符合市场/品牌定位。请问用低端球引来的人会选价格不菲的模拟训练器吗？所以说，球的选择是不对的。其他相关问题包括：

（1）球的主图选择不对。这里使用了散装多球图片作为主图，大家可以设想一下：这些主图呈现在搜索结果中时，和有高档包装图或单个特写图抢眼球时的胜率有多大？

（2）球的起订量设置不合理。MOQ 设置成 1000 个，真的是针对寻找高端产品的买家的吗？

（3）还有一款球支持自定义 Logo。连品牌产品都不是，更谈不上高端品牌了。

（4）球的标题描述不对。"2021 Most Popular"是与"高端"相冲突的。

因此，选品的第一原则是符合市场/品牌定位。违背了这个原则，后面的一切努力恐怕都错了。

2．提炼选品理念

在符合市场/品牌定位的前提下，要提炼选品理念。选品理念不是选品策略矩阵里说的方法，也不是后面所说的具体做法（如亚马逊平台选品），可以认为是对选品要素的选择及其重要性排序。例如，选择品牌产品，企业取得了最严格的国际认证，保障使用安全，提供周到的售后服务。这些要素的界定及其重要性排序，可以作为选品理念固化下来，用于指导选品实践。

3. 追求选品风格

选品风格与选品理念不同，常见的风格有快速跟随选品（竞争风格）、量化分析选品（理性倾向风格）、个人偏好选品（经验依赖风格）等。选品当然有科学方法，同时也有艺术属性，有时"感觉"也是重要的决策维度。当然，"感觉"与逻辑分析或试销结果相悖时，切忌坚持跟着"感觉"走，那就不是选品艺术了，而是太任性了。

4. 规范选品过程

一般建议"先横后纵，伸缩交替，逐步求精，量化决策，动态调整"，即：

（1）先横向策略后纵向策略，横向策略客观性强，操作相对容易。

（2）扩张选品和收缩选品交替执行，可以兼顾选品深度和广度，主推品选得准，其他产品配合得恰当。

（3）逐步求精则是先选大品类，逐步选择细分品类，直至具体的品种和款型。

（4）量化决策是指一定要核算选出的产品是否有利可图，一般试算 ROI 达到 3 以上才能放心选定产品。

（5）选品是一个持续优化迭代的过程，不仅要试销，还要在整个产品生命周期中监测销售情况，及时动态调整。

以上就是选品的 4 项基本原则，在符合市场/品牌定位的前提下，跨境电商企业如果明确了选品理念，形成了选品风格，规范了选品过程，相信会在复杂且高风险的选品工作中较为从容。

二、阿里巴巴国际站数据选品

（一）市场洞察选择品类

阿里巴巴国际站平台为商家提供了大量进行市场分析的参考数据，帮助商家进行品类的选择。在市场洞察中，商家可以选择自己感兴趣的热门国家或地区进行分析，阿里巴巴国际站买家搜索量第一的国家是美国。市场洞察板块展示如图 4-9 所示。

图 4-9 市场洞察板块展示

如图 4-10 所示，展示了美国市场的买家对品类的访问偏好。最近 30 日访问偏好前 3 名分别是服装、箱包、美容及个人护理，并且访问指数是上升趋势。该页面数据包含了不同地区人群对商品品类的访问/询盘及涨幅排行榜分析，可凭此洞悉其商品品类的潜在需求。

图 4-10　美国市场品类偏好板块展示

（二）行业市场分析选择品类

如图 4-11 所示，阿里巴巴国际站商家在行业市场分析页面输入自己感兴趣的产品品类的海关编号（最多可添加 6 个品类），可以查询到该品类月度的外贸出口交易规模指数、搜索次数指数和收汇与出货时间差指数等数据，从而帮助商家判断该品类的市场规模和卖家竞争情况。如图 4-12 所示，行业市场分析板块还展示了该品类下的交易金额国家（地区）排行榜和搜索量国家（地区）排行榜，从而帮助商家筛选适合推广的重点国家（地区）。图 4-12 中，美国属于搜索量和交易金额均为第一的国家，适合重点推广；印度虽搜索量排第二，但在交易金额国家（地区）排行榜中并没有出现，那么不建议对其进行付费推广，避免浪费资源。

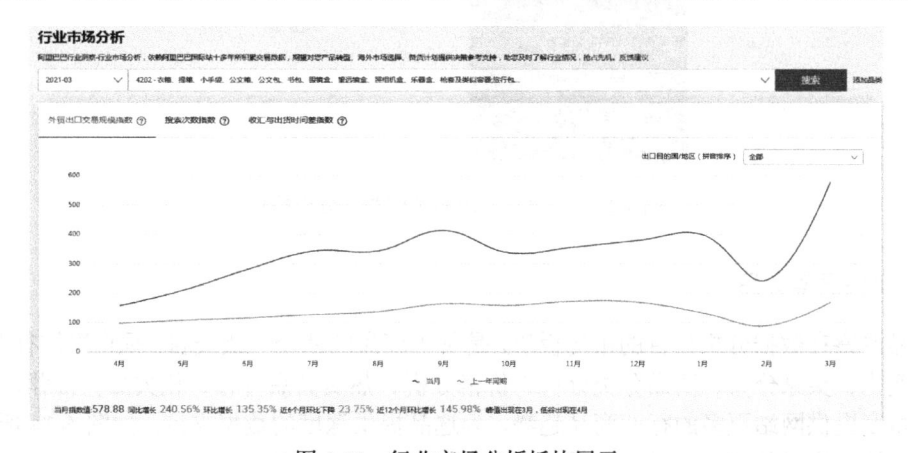

图 4-11　行业市场分析板块展示

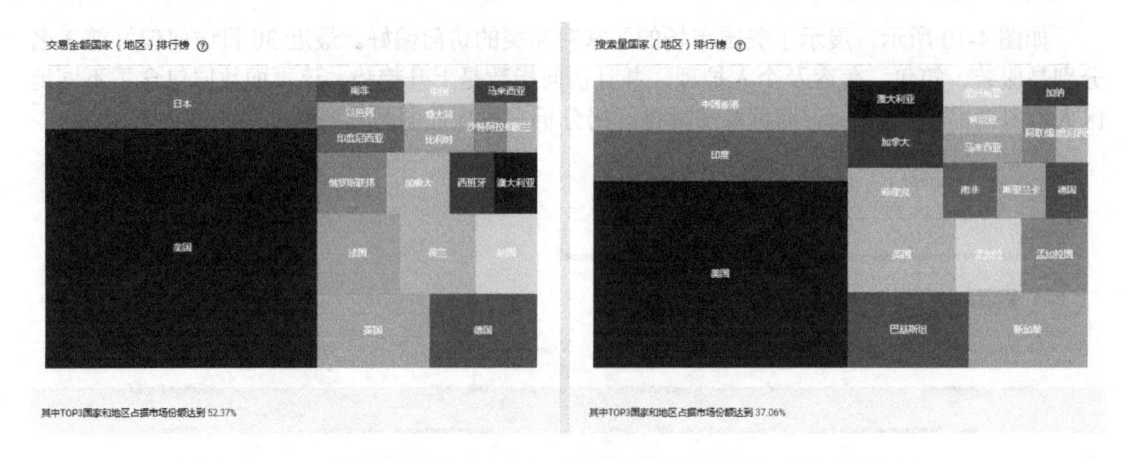

图 4-12　交易金额国家（地区）和搜索量国家（地区）排行榜展示

（三）数据分析选品

数据分析是阿里巴巴国际站的一个功能栏目，分为基础版和付费版，这里重点分析付费版。如图 4-13 所示，该栏目分为店铺数据、买家数据、参谋数据、市场数据和营销数据 5 个板块。

图 4-13　阿里巴巴国际站的数据分析栏目

1. 商品洞察选品

商品洞察在数据分析栏目的市场板块，是基于商家的两个一级类目，垂直深挖行业机会，从竞争变化、买家分布、商品分类分析、价格分析、热卖商品排行、相关品类推荐、流行主题 7 个角度提供网站更多的行业商品趋势，为选品提供深度的数据支持。如图 4-14 所示，商家需要先输入自己的核心关键词，系统通过关键词来定义商品。

图 4-14　设置定义关键词

如图 4-15 所示，商家选择家居储物产品这一类，在热卖商品排行中可以直接看到网站目前的 20 个热品和 20 个飙升品。一般通过对比找出同时出现在两个排行榜的产品，再用产品标题在阿里巴巴国际站首页进行搜索，找到对应商家的该产品，从而进一步分析产品的价格、起订量、产品图片、产品详情等信息，记录并总结该产品的优缺点，最后结合商家优势判断是否要选择该产品。该页面的其他 6 个维度展示了家居储物产品的行业特点，可用于进一步优化选定的产品。

图 4-15　家居储物产品的商品洞察

2. 产品参谋选品

产品参谋是 2021 年 1 月中旬升级上线的功能，主要是帮助商家了解行业爆品，并将自己的产品和爆品进行对比分析，寻找差异化。如图 4-16 所示，我们可以看到前 50 个访客榜和前 50 个商机榜的产品。访客榜是根据该产品的访问量进行排序的，商机榜是根据该产品的买家反馈（询盘）进行排序的，我们更偏向于研究商机榜。

图 4-16　产品参谋板块展示

如图 4-17 所示，先确定要比对的产品类目，将优秀的同行产品进行对比，系统选取了几个对商家来说比较重要的数据进行对比，分别是年订单量、价格、最小起订量等信息，从而帮助商家优化自己的产品。在产品对比中也可以全部选择同行优秀产品，分析该类产品是否适合自己的店铺。

图 4-17　产品参谋对比分析展示

3. 外贸直通车选品

通过外贸直通车—货品营销—测品测款，同时推广 5~10 款相似产品，系统快速、均匀地分发流量给这些产品。根据点击、反馈等运营数据，商家就可以快速测出这些产品的表现，从而找出优秀产品和关键词。外贸直通车选品非常适合在几款相似产品中快速筛选出具有爆款潜质的产品。测款中表现最好的产品可以加入重点推广计划，进行爆品的培养。

三、B2C 电商平台数据选品

B2C 电商平台常用的是亚马逊、速卖通等大型电商平台，也可以选用跟自己品类相关的垂直电商平台，或者海外买家的独立站。这类平台的展示内容更贴近海外买家的语言习惯和思维逻辑，故能帮助我们优化信息展示。

1．B2C 电商平台选品的因素分析

B2C 电商平台选品重点关注以下几个维度。

（1）产品销量数据。该数据反映了产品的市场规模。

（2）买家评论。评论的增长速度和内容具有很大的参考价值。当某个产品处在销售旺季时，它的销量会增加，相应的评论数增长速度也会加快。一般地，如果产品评论星级低于 4 星，说明这款产品缺陷很多，就不用考虑了；当高于 4 星时，可进一步关注买家的中差评，从具体评论中深入了解产品缺点及客户深层诉求，这些信息有助于产品优化或微创新。

如图 4-18 所示为一款在亚马逊热销的珠宝展示架，一共有 6869 个评价，累计总分 4.8 分，其中三星及以下的评论占比 5%，相对来说整体数据是不错的，值得分析。

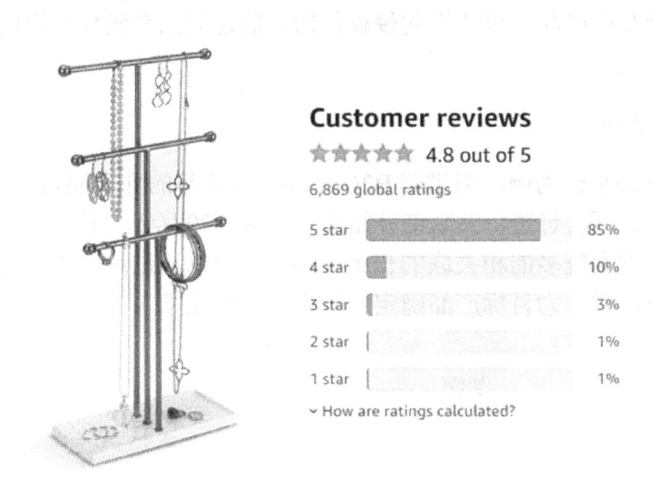

图 4-18 在亚马逊热销的珠宝展示架评论展示

分析完全部的差评信息，可以得出差评的原因是产品体积较大，包装过于简单，导致客户收到损坏的货物。如图 4-19 所示为该产品的一条差评信息，通过图片可以明显看到产品已损坏。因此，如果我们选择了这款产品就需要在包装方面下功夫，如在铁杆与铁杆之间增加保丽龙固定。

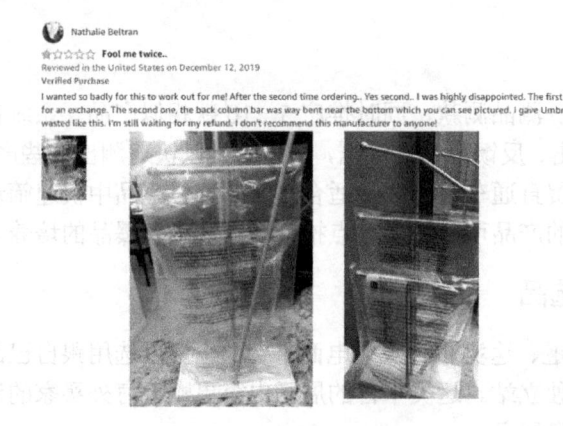

图 4-19　在亚马逊热销的珠宝展示架差评展示

销量和评论组合应用时,指示作用往往会更强。如果一款产品在一段时间内销量较高,但是评论较少,那么这种产品值得重点关注,很可能是很有潜力但还没上升为"爆款"的产品。

(3)产品的收藏数据。被收藏的次数多说明感兴趣的买家较多,体现了该产品的潜在市场规模。

(4)售价。该数据可以用于计算产品的利润空间。

(5)上架时间。该数据反映了产品的生命周期。从产品生命周期角度选品,最适合选择处于发展期的产品。

(6)注册品牌。如果选中的产品有品牌保护,应与品牌持有方进行沟通,确定能拿到代理权。切忌直接上架品牌产品,以免引起侵权纠纷。确定无法拿到代理权时,可以选择外观不同但功能接近的替代品。

2. 亚马逊平台选品

下面我们以亚马逊平台为例,来讲解 B2C 电商平台选品的几个要点。

(1)用亚马逊搜索框联想透析关联细分品类。如图 4-20 所示,输入一个核心关键词,系统会筛选出当下买家搜索较多的相关联的长尾关键词。可以通过这些关键词,了解目前该核心关键词的关联细分品类,为目标产品确定细分市场提供线索。

图 4-20　亚马逊搜索框联想词展示

（2）分析亚马逊网站的排行榜。在亚马逊前端点击"AnyyDepartments"（全部商品分类）选项卡，点击目标产品所在的细分类目，直接点击"Best Sellers"，如图 4-21 所示，该排行榜列出了该品类下卖得最好的产品。

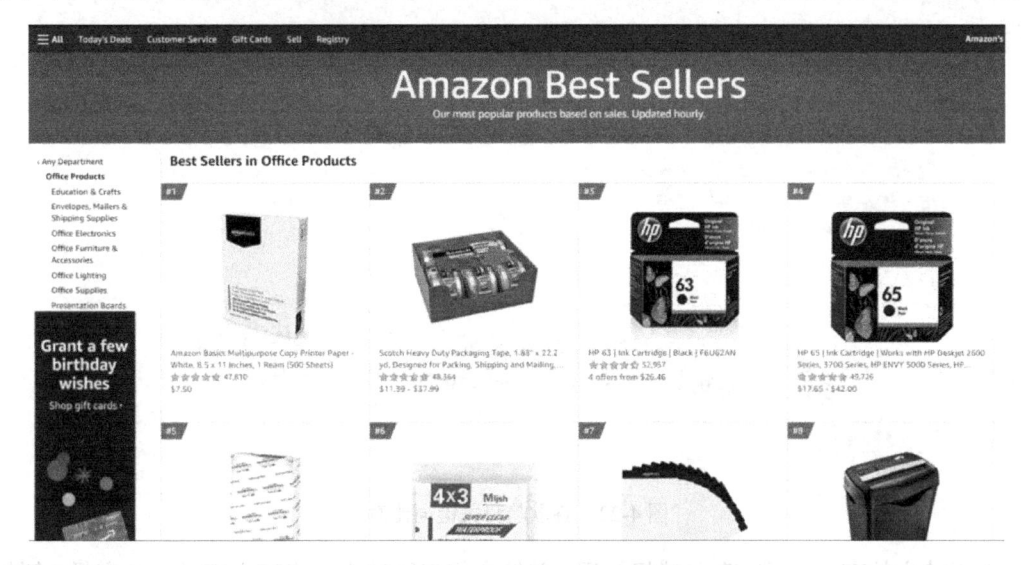

图 4-21 亚马逊 Best Sellers 排行榜

此外，亚马逊还有其他可以供卖家参考的排行榜信息。

① Hot New Releases（热门新品）。通过该排行榜，卖家可以知道最新、最热的产品有哪些，在分析时结合季节、节日等因素，对热卖品和趋势有一个判断。

② Movers & Shakers。通过该排行榜，卖家可以知道一天内销量上升最快的商品有哪些，通过这个数据可以寻找潜力商品。

③ Most Wished For（愿望清单）。通过该排行榜，卖家可以知道买家想买但是还没买的商品有哪些，一旦愿望清单里的商品降价，平台就会主动发通知给买家，可以帮助卖家了解买家想要什么产品。

④ Gift Ideas（最受欢迎的礼品）。如果你的产品具有礼品的属性，可以关注该排行榜，这些数据每日都会更新。需要注意的是，我们在分析这个榜单数据时应选择跟自己产品品类相符合的二、三级类目。

（3）活用数据分析工具。例如，亚马逊工具 Jungle Scout 是专为亚马逊卖家设计的业内最大的产品数据库之一，可以从月销量、价格、利润、review 数量、尺寸重量等 16 个维度自定义筛选产品，即可快速获取符合搜索条件的产品信息。除此之外，该工具还可以自动跟踪和对比竞品的关键信息，可以长期自动监控 listing 每天的销量、价格和排名等数据。Newmorehot 也是常用的选品数据软件，集合 Wish、速卖通、亚马逊等多个跨境电商平台的产品数据，便于卖家对比和分析。

四、搜索引擎选品

搜索引擎选品的思路是通过关键词搜索数据，洞悉产品的销售机会。Google Trends（谷歌趋势）是一个基于 Google 的搜索数据，经过分析而得出商业趋势的决策支持网站。利用谷歌趋势选品一般有两种方式，分别是发掘细分市场机会与布局产品推广节奏。

例如，如果要分辨 cocktail dress 与 party dress 这两个细分品类市场容量的大小，可以在谷歌趋势输入关键词进行比对。市场区域选择"全球"，时间范围选择"2004 至今"，可以看到 party dress 比 cocktail dress 的市场要大，如图 4-22 所示。

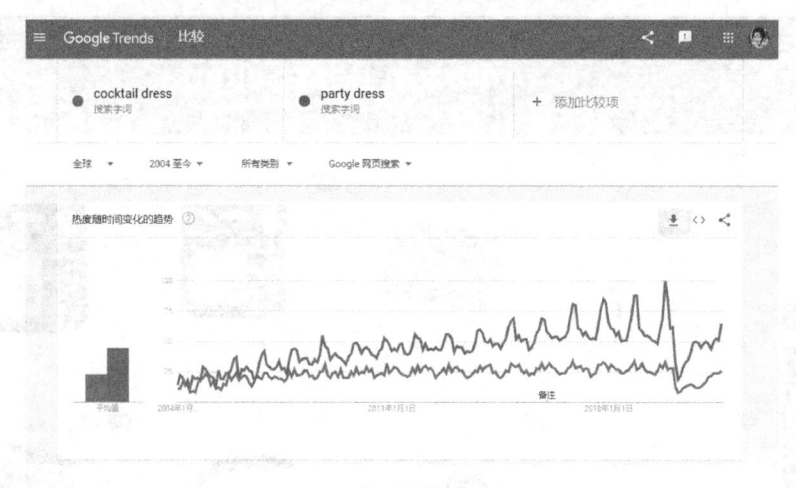

图 4-22 谷歌趋势关键词比对

对于特定的产品，可以查看其相关词，并结合搜索区域进一步确定产品细分市场。例如，对 party dress，相关度高的细分属性有 Black、Long、Pink、Girl 等，如图 4-23 所示。

图 4-23 谷歌趋势选择产品细分市场

此外，某些产品带有一定的季节性，如圣诞节产品等。利用谷歌趋势，可以发现产品的销售周期，规划选品的时间节奏，在销售高峰期做好备货。

Google Adwords 也是常见的选品工具，Google Adwords 提供了 Google 搜索引擎的历史搜索数据，对这些数据进行深度的研究，就可以挖掘到买家关注的关键词，也能为卖家选品提供很好的参考。

五、社交平台选品

随着"90 后"买家数量的激增，社交平台成为卖家挖掘选品灵感的重要渠道。通过社交平台上的一些买家分享的关于使用产品的趣味视频，可以帮助卖家站在买家的角度去呈现产品的卖点。关于社交平台，我们要分析以下几个维度。

（1）视频播放量，体现了产品的潜在市场规模。

（2）评论，体现了用户的购买欲望，产品可行性或产品的使用评价，这部分是值得我们去收集、分析的内容。

（3）互动数，体现了产品的潜在市场规模，互动数越多，说明对该产品感兴趣的买家越多。

（4）上传时间，体现了产品的生命周期。

相对 B2C 平台选品来说，社交平台目前用得较少一些。

关于选品的方法有很多，最关键的还是要通过实践找到适合自己的选品方式。阿里巴巴国际站平台目前没有产品类目的限制，只要是符合平台规则的产品都可以上传售卖，这对于商家来说有无限的尝试机会。目前笔者公司店铺出单最快的一款产品，从选品到上线再到第一个订单的成交，周期为 2 天，这个是不断尝试后的结果。

六、选品效果评价

由于阿里巴巴国际站属于 B2B 平台，买家群体并不像 B2C 网站一样是终端消费者，无法直接用订单数据来考核选品效果。尤其是有自己定制需求的买家，需要经历询价、样单、订货、出货等，整个交易周期比较长。因此，选品测品效果评价主要分为以下两个维度。

第一个维度是产品的运营数据效果，用以评价该产品选择是否成功，主要分析定制类产品的选品效果。阿里巴巴国际站的核心运营数据维度主要分为搜索曝光、搜索点击、搜索点击率、询盘个数、TM 咨询人数（旺旺咨询人数）、反馈率。搜索曝光是指卖家产品信息或公司信息在搜索结果列表页或类目浏览列表等页面被买家看到的次数。搜索点击是卖家产品在搜索中的实时点击次数，以及卖家产品信息或公司信息在搜索结果列表或类目浏览列表等页面被买家点击的次数。搜索点击率是指点击/曝光。询盘个数是指卖家收到的实时询盘数，买家针对卖家的产品信息和公司信息发送的有效询盘（不包含系统垃圾询盘、TM 咨询等）。反馈率是指询盘数/点击数。图 4-24 清晰地展示了每个产品的运营数据，一般判断标准是点击率是否大于 1%（数据越高越好）、反馈率是否大于 10%（数据越高越好）。

产品	负责人	搜索曝光次数	搜索点击次数	搜索点击率	询盘个数	提交订单个数	TM咨询人数
Nordic Creative Home De..	Elsa Zhang	4690	193	4.12%	13	4	11
Cute Bulk Succulent Met..	Jessica Gong	7121	184	2.58%	9	6	10
Wholesale Decoration No..	Elsa Zhang	6022	126	2.09%	8	3	10

图 4-24　产品运营数据展示

第二个维度是产品的交易数据效果，主要考核的是 RTS（Requst To Send，请求发送）产品的选品效果，分为产品的支付买家数、访客到支付买家的转化率、复购买家数、按时发货率等。产品的支付买家数是指去重后的买家数量，同一个买家产生多笔订单，买家数记为 1。访客到支付买家的转化率是指订单支付买家数/商品访客数量，支付买家数越多，则转化率要求越低。复购买家数是指产生 2 笔及以上订单的买家数量。图 4-25 为产品交易数据展示。

效果转化 待优化　　数据同步需2天时间

指标	我的商品数据	实力优品标准
支付买家数	11	1
访客到支付买家的转化率	1.27%	2.27%
复购买家数	0	1

产品服务 已达标

指标	我的商品数据	实力优品标准
按时发货率	100%	80%

图 4-25　产品交易数据展示

新品上架后需要每天或每周对产品的运营数据和交易数据进行记录，通过表格化管理可以分析该产品的市场反馈情况，并根据产品的数据变化进行针对性的优化。若产品上架后各指标数据为 0，经过优化仍然没有起色，则说明该产品存在问题，需要舍弃或进行产品优化后再重新上架。

选品是一个不断迭代的过程，可能开始时物色了上百种产品，经过不断筛选与对比，最终确定上架销售的只有五六款，最终能成为爆款的可能也就一两款，甚至没有。同时，市场也是不断变化的，买家的心智和偏好也在不断进化，因此，选品测品是一项长期的工作。只要店铺还在运营，选品的工作就不会停止。实践出真知，卖家也将在不断的选品过程中“升级打怪”，积累更多的经验。

第三节　跨境供应链选择

随着出口贸易的数字化、跨境贸易线上化的发展，与之匹配的跨境供应链服务显得越发重要。阿里巴巴国际站在 2018 年将一达通平台正式升级为阿里巴巴跨境供应链，它是阿里巴巴旗下为全球中小微企业提供确定性履约保障服务的数字化协同平台。该平台整合了全球知名银行、金融机构、物流服务商、一达通及菜鸟网络和蚂蚁金服等资源，为阿里巴巴国际站上的中小微企业提供外贸综合服务、信用保障、国际物流、支付结算和供应链金融等“一站式”服务。中小微企业通过阿里巴巴跨境供应链积累的订单数据，反哺阿里巴巴国际站店铺流量，增加曝光，从而带来更多的询盘与订单，实现一个完整的跨境贸易闭环。对于新手商家来说，阿里巴巴跨境供应链可以帮助商家在外贸链路中的每个环节提供资源。下面我们分析的供应链内容更偏重于商家的产品采购、库存管理等供应链方面的知识。

一、供应链的定义

供应链是指通过对信息流、物流、资金流的控制，从采购原材料开始，制成半成品及最终产品，最后通过销售网络把产品送到每个消费者手中，将供应商、分销商、零售商及终端用户连成一个整体的功能网络结构模式。对于阿里巴巴国际站商家来说，其角色处于中间环节，上游是供应商，下游是买家，商家要做的是如何利用供应链管理平衡好这两者之间的关系，从而实现利益最大化。

供应链管理需要把握以下基本原则。

（1）以客户需求为导向。在实际工作场景中，商家的上游供应商是由采购团队负责跟进洽谈的，下游的客户是由业务团队负责的，两者会经常发生矛盾。客户会根据自己的想法对产品提出修改意见，商家在日常客户跟进中经常会收到客户发来的手稿等信息，然后跟工厂沟通后，发现这个想法因为工艺、材质等实际情况是无法落地实现的。那么，不管是业务还是采购，需要明确的是必须以客户需求为导向，双方互相沟通，并讨论如何能够更好地满足客户需求，实现客户的想法。

（2）以提高质量和效率为目标。供应链的优劣最终体现在质量、效率和成本的综合平衡上，这三个指标常常是相互制约的，效率高，成本就会高，而质量可能降低。实践中，在保障基本利润的前提下，商家应尽可能地追求质量和效率的提升。

（3）以整合资源为手段，从而实现产品设计、采购、生产、销售、服务等。随着社会的发展，企业之间的竞争不再是一个企业与一个企业之间的竞争，而是一个企业的供应链与竞争对手的供应链之间的竞争，开放合作、整合资源几乎是企业唯一的出路。

当阿里巴巴刚提出 RTS 赛道时，很多工厂型商家的第一反应就是拒绝：为什么要接小订单？用跟小订单客户沟通的时间去挖掘几个大客户不好吗？但是，总有第一个吃螃蟹的商家，杭州某纺织厂专门成立了 RTS 团队，提前准备半成品，根据客户的定制需求，接单当天完成印刷、包装等，第二天发货，既满足了客户轻定制的需求，又实现了销售额的增长。客户从第一次试单到后续的不断翻单，就是一个把小 B 客户培养成超高黏度客户的过程。

二、寻找合适的供应商

对于工贸一体的跨境电商企业，供应商提供原材料或半成品，需要考虑的因素非常多，受篇幅制约，本章不进行讨论。对于纯贸易商或品牌商，供应商提供成品或定制生产服务。需要根据下一节给出的供应链评价因素综合选择合适的供应商。

寻找供应商的方式有很多种，常规分为线上和线下。线上主要是在一些 B2B 平台上找资源，如国内的 1688 网站，属于国内最大的 B2B 网站之一，品类齐全，如图 4-26 所示。卖家可以通过关键词搜索找工厂，要注意的是该网站除了专业工厂还有部分售卖现货的贸易商，在搜索过程中根据自己的产品需求进行辨别。

除了大型 B2B 网站，还有一些垂直细分品类的采购网站，如专注于工业品交易的平台"工邦邦"，专注于鞋类的中国鞋网等，也是卖家寻找供应商的途径。在与供应商沟通的过程中，如果选中的产品是不需要修改设计的现货款，则需要沟通产品包装、产品采购成本、产品库存、是否可以一件代发、物流运费等信息，建议提前采购样品进行质量测试，从而判断这家供应商是否为合适的供应商。如果选中的产品是需要进行微创新的产品，那么需要找到厂家型的供应商，它需要具备产品开发的能力，先进行产品打样，并对样品进行测试，样品确定无误后，建议到当地工厂进行考察，了解工厂的实际规模，与厂家进行面对面的商谈，确定大货的质量、包装、采购价格、生产时间、物流费用等具体信息，整个交易周期会比现货款长很多。

如果在网站上找不到合适的供应商，卖家可以考虑到线下市场进行查找。例如，义乌商贸城，或者是产业带集中的地区，如长三角地区：服装、厨房生活类、健身器材、家纺等产品具有优势；山东地区：家具、汽配、假发等具有优势。对于初级卖家，如果所处地区有成规模的产业带，或者有体量较大的批发市场，可以考虑直接从市场上寻找现成的供应商。在没有货源优势的情况下再考虑从网上寻找供应商。

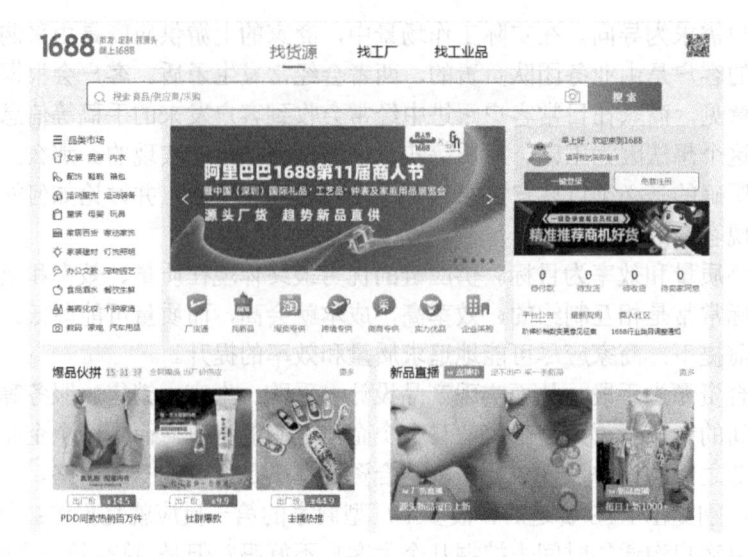

图 4-26　1688 网站页面展示

三、供应链评价

选择了合适的供应商后,要对供应链进行动态管理,持续关注过程和结果评价指标。

(一) 结果维度的评价因素

在供应链管理的结果端,我们主要强调的是质量、成本、交付效率和库存 4 个维度。第一是质量,如何判断该产品的质量,业务团队和采购团队会有不同的说法,我们经常遇到工厂跟采购团队反馈货物产品质量不错,但是又会有客户跟业务团队反馈这个产品质量不行的情况。最终我们以数据结果来判断这个产品的质量,也就是在一定周期内的客户好评数和客户投诉件数。第二是成本。第三是交付效率,主要考验的是产品的准交率,工厂能否按照产品订单进行交付,有些海外订单规定未能按时交货会直接罚款 10% 不等。第四是库存,主要考核的是库存周转率,不过对于阿里巴巴国际站商家来说,随着 RTS 流量和订单的增加,库存相关数据才会逐渐被重视。

(二) 过程维度的评价因素

在供应链管理的过程端,我们主要考察的是战略、流程、团队和信息化 4 个维度。其中,战略管理方面主要考虑两种方向选择:一种是做大,即提升公司整体业绩;另一种是做强,即提升公司的利润率。在流程管理方面,也会有两个方向:以省为主(精益型流程)或以快为主(敏捷型流程)。不同时期的战略会有所调整,但是整个供应链管理团队必须目标一致,对战略目标坚信不疑。在团队分工上,重点强调人员的专业度。在信息化方面,目前市场上有各种各样的工具软件,但这只是辅助工具,更重要的是对数据的分析,有自己的管理逻辑。

以上这 8 个供应链评价因素是一个系统,相互影响和制约。我们的实践经验是:质量越高,总成本越低!这里的成本不仅仅指的是产品成本,还有无形的成本,如售后处理成本等。例如,有个订单,产品数量 600 个,单价 20 美元。客户收到货物后,发现产品损坏了 200 个。客户需要卖家重新补发破损的产品,并且不愿承担任何额外费用。为了挽回这个客户,卖家最终补发了破损产品，并承担了第二次的运费。在复盘环节中发现，原来是采购团队采纳了工厂的建议，为了降低产品成本，同意工厂将产品的某一零件更换成质量较差的一款。通过这个案例，我们可以得出结论：产品质量有保障，综合成本会更低。

第四节 产品运营

选品阶段的工作是选择、赋予产品价值。而产品上架之后，让产品发挥出最大的价值实现营收，就需要科学的产品运营体系的支持。当开设一个新店铺时，首先需要预设产品分层，并通过各种方式展示产品竞争力。当投放市场并获取一些流量后，店铺产品将呈现真实的分层格局，需要商家通过评估产品实际状况对其进行优化，以达到产品运营的最佳效果。

一、产品结构分层

对产品进行科学管理的第一步，是从店铺整体角度去分析产品结构。实践中，产品结构分层受产品曝光、转化、销量、销售额、利润率，甚至产品本身满足的需求属性等多种因素影响，是产品运营的最终结果和客观事实。一般而言，从流量转化角度，店铺产品可以分为流量款、爆款、利润款、形象款，也可以从增长角度分析产品结构。多角度分析产品结构，能为产品运营提供更多决策依据。这里仅介绍流量转化角度的产品结构分层。

（一）流量款

流量款是指能给店铺和店铺商品带来流量的产品。流量款可以吸引买家点击产品详情内页或访问店铺，一般搭配网站的其他产品进行售卖。流量款的产品价格一般较低，不是利润的主要来源，不获利或获利较少。流量款产品折扣空间在 30%~50%，用来报名参加平台活动。选择流量款产品必须考虑客户覆盖率，一般是目标客户群体中绝大部分顾客可以接受的产品。

（二）爆款

爆款是店铺内高流量、高曝光量、高订单量的产品。爆款可以增加店铺整体的曝光度，提升店铺的转化能力、排名，提高店铺整体的权重，并且可以为店铺其他产品引流。店铺爆款的数量与质量决定店铺整体的销量和利润。如图 4-27 所示，第一款产品就是典型的爆款产品，一周的数据表现为曝光 16 973 次、询盘 508 个、提交订单数 25 个，整体数据远远高于其他产品。

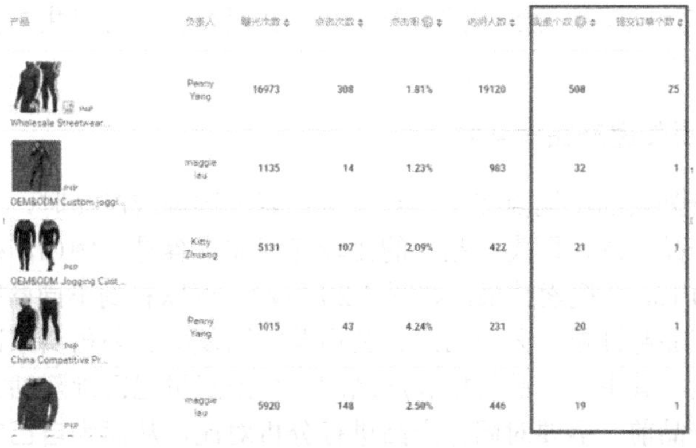

图 4-27 爆款产品数据展示

（三）利润款

利润款就是主要的盈利产品。利润款的利润率由卖家对商品预期利润率的估值来定，因此利润款也应该占实际销售中的最高比例。利润款通常对应目标客户群体中某一特定的小众人群。利润款前期选款对数据挖掘的要求更高，我们应该精准分析小众人群的偏好，分析出适合他们的款式、设计风格、价位区间、产品卖点等多方面因素。在推广方面，利润款需要以更精准的方式进行人群定向推广。我们在推广前同样需要少量的定向数据进行测试，或者通过预售等方式进行产品调研，以做到供应链的轻量化。

（四）形象款

形象款是能提升品牌的形象，增加消费者的价值感的产品，一般是高品质、高调性、高客单价的极小众产品。形象款产品的数量和适合目标客户群体中的细分人群相关。形象款一般占产品销售中极小的一部分。

根据上述分析，在店铺起步阶段，我们可以根据产品特性预设产品结构定位，之后用利润率反映这种产品结构定位，并注意4类产品在店铺中的占比，如表4-5所示。

表4-5 产品结构及其相关属性

产品定位	定位特性	预设利润率	预设占比	备注
流量款	热搜、单价低、满足目标客群普适需求	低	10%	单款引流时定期更换，对比引流效果；多款引流时注意品类配置
爆款	热搜、单价较低、满足目标客群普适需求	较低	20%	预设与实际偏差及时修正
利润款	单价较高、满足目标客群细分需求	较高	60%	深入研究细分需求
形象款	单价高、满足目标客群细分需求，支持定制	高	10%	价格刚性，不参与促销

注：（1）该表仅用于预设产品结构，在实践中，要快速验证预设是否合理，及时做出调整。（2）爆款比较特殊，通过实践检验出爆款后，因量大导致成本降低，故爆款利润率水平不一定较低。

二、展示产品竞争力

根据跨境电商客户购买行为过程的分析可知，在两个页面可以集中传递产品竞争力：搜索结果页、产品详情页。

1．在搜索结果页传递产品竞争力

跨境电商与传统外贸的不同点在于，当买家搜索关键词或产品时，可以在网页上第一时间看到不同卖家的产品信息，同类产品间的比较变得非常容易。例如，在阿里巴巴国际站搜索scarf，一共有100 166个搜索结果，如图4-28所示，可以看到不同商家的产品图片、产品标题、产品价格、产品起订量、公司信息、公司及时回复率、公司买家评价等。这些都是影响产品竞争力的因素，其中，产品价格和产品起订量是阿里巴巴国际站第一优先级的影响因素。因此，在发布产品前，需要对同行产品进行分析对比，从而为自己的产品设置有竞争力的参数信息。

第四章 产品与供应链策划

图 4-28 阿里巴巴国际站上 scarf 的搜索结果页面

2. 在产品详情页传递产品竞争力

买家在搜索结果页面发现自己感兴趣的产品，就会点击进入产品详情页，获取更多产品和商家信息。详情页没有篇幅的限制，主要由文字、图片、表格等组成，也可以有视频。该页面的展示逻辑分为 4 个步骤，如图 4-29 所示。

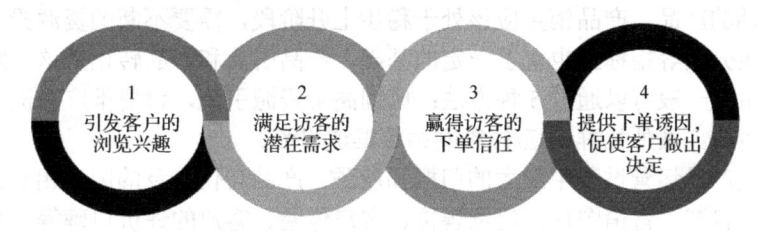

图 4-29 产品详情页的展示逻辑

（1）引发客户的浏览兴趣。不要让客户还没开始看产品细节就直接把网页关掉，即要降低网站页面的跳失率。这部分常见的呈现方式有 3 种：第一种是直观地呈现产品或公司的卖点；第二种是展示公司的热销产品或产品种类；第三种是展示产品的好评或买家秀。

（2）满足访客的潜在需求。通过详细介绍产品有效信息，包含产品参数、产品图片、产品细节图、产品使用场景、产品证书等，以及关联产品推荐，让买家能在网站上不断挑选产品，满足其采购需求。

（3）**赢得访客的下单信任**。这部分重点呈现公司实力，包含公司优势、公司图片、产品生产流程、展会信息、团队介绍、公司认证、客户反馈等。对于 B 类买家，除了在意产品信息，有时更在意商家的实力。

（4）提供下单诱因，促使客户做出决定。在整个详情内页中穿插一些引导客户马上联系商家的细节点，如领取优惠券、获取产品目录等。

总之，商家需要根据自身的产品和公司实力，打造能够充分体现竞争力的产品详情页。

三、产品生命周期运营策略

根据产品生命周期进行产品运营，是常见的产品运营方式。

1. 产品导入期

产品导入期运营的重点有两个：其一是根据产品测试选款，其二是产品信息优化。

当初步产品选择环节完成后，第二项具体工作应该是测款。如果经营的是标品，款式比较少，投入方向就比较明确。如果经营的是非标品，那么通常由于款式的多样性和市场的丰富性，在做完选品策划期的分析后，往往能得出一个大致的品项选择和特性要求，一般可能会有3~5款商品的候选方案，但还比较难精准到具体的商品上。因此，对于大部分非标品而言，完成了选品环节，只是缩小了选品的范围，还需要通过测款环节，进一步缩小选品范围，把最终目标定格在一两款商品上，这样在后期资源投入中才能聚焦。

测款的方式一般包括P4P测款、上新活动测款、关联产品测款、热销产品测款等。

P4P测款是比较常见且有数据反馈的一种测款方式。具体做法是，对于备选范围内的商品，通过付费引流的方式，为产品分别引入200~300个点击量。随后观察这些商品的点击率、加购数、收藏数及直接的成交笔数，以此来判断当获取的流量同比增大时，哪款商品更有利于之后的成交和退款。毫无疑问，那些点击率相对较高，以及加购数、收藏数相对较多的商品，往往就是我们通过测款所选定的目标。

关于产品信息优化，可以参见本系列教材《跨境电商B2B店铺数据运营》的相关章节。

2. 产品成长期

处于成长期的产品，产品销量应该处于稳步上升阶段，需要不断的资源投入，产品在销量、好评、星级分数等指标上也有了一定的基础，产品引流和产品转化是这一阶段进行运营的重点。产品引流一般可以通过5种方法：店铺高阶资源引流，付费推广引流，官方活动引流，内容渠道引流，站外社群论坛/视频网站等渠道引流。

产品转化是产品运营过程中最大的门槛和瓶颈。产品转化涉及的因素相对比较多，产品的风格、款式、包装、营销图片、定位售价、客户体验、客户的评价口碑等，都会对产品转化有着直接或间接的影响。总结下来，产品转化可以通过3种方式进行，包括获取精准流量、构建客户信任、产品细节优化。

流量的精准取决于商品/店铺背后标签的匹配，商品标签和目标人群标签相匹配时，流量会相对精准。根据产品核心特色去匹配目标人群，再以此寻找合适的目标人群。因此，产品转化需要打一套"组合拳"。首先针对店铺的老客户进行营销，或者针对优质且匹配的人群做活动，来进行前期的产品标签打造和销量累积，随后通过P4P等付费流量的介入，来进一步强化和巩固标签，以便获取更为精准的流量，最终获取良好的结果。

积累优质的评价内容，可以构建客户信任，从而进一步保障产品稳定的转化率。除了优化产品标题、搜索页、详情页，对优质评价内容的积累同样是必不可少的一环。优质的评价内容，对产品的转化提升有很大影响。另外，产品的差评，有时对潜力产品做进一步提升会有帮助。

除了流量和评价，及时跟进竞品、向对手学习也非常重要。跨境电商平台是相对透明的竞争环境，买家在前台可以进行充分的比较，因此竞品是运营重要的参考。需要关注的竞争对手的数据包括实时的流量数据和成交转化数据。

3. 产品成熟期

当产品进入成熟期，产品销量排名、流量、等级评分等各方面的指标会比较稳定。产品成熟期的时间长度，需要视具体的产品品类而定。有些产品的生命周期较长，在两三年内市场地位不会受到太过严峻的挑战。而有些产品的生命周期则相对较短，如服装类，往往过了全年最热销的季节，基本就会进行周期性回落。

在产品成熟期，要维持产品的市场地位，延长产品生命周期，提升店铺整体效益。具体运营策略包括如下两点。

（1）降低推广力度，收获更多利润，或者升级产品功能，树立竞争壁垒。这需要及时做好客户的属性、购物行为、需求分析，以及客户评价反馈，结合竞争对手的动向和市场变化做好产品页面的优化。并且每天都要做好产品的流量、销量和库存统计，一旦发现异常，要及时调整策略。

（2）利用关联销售拓展横向关联，对客户进行二次开发，以充分挖掘成熟期产品的价值。可以通过数据分析找到与该成熟产品关联最紧密的产品，做好搭配套餐或页面的关联销售，提升客单价，从而提升店铺的销售额。

4. 产品衰退期

产品在成熟期之后，就会逐渐进入衰退期。商家要按照产品周期的规划，做好产品清仓工作。衰退期产品要在流量、关联搭配、套餐、价格策略上为下一代爆款让路，从而完成店铺产品的整体布局切换。

四、产品成长分层及其优化策略

为了规划产品成长路径，用统一的标准来实现精细化运营，实现产品的成长，对产品进行综合评估，因此把产品分为新产品、低分品、潜力品、实力优品、爆品 5 个层次。

新产品是指在 90 天内上架的产品。低分品是指产品成长分小于 60 分的产品。潜力品是指产品成长分大于等于 60 分、小于 80 分的产品。实力优品是指产品成长分大于等于 80 分、小于等于 100 分的产品。爆品是高曝光、高流量、高订单量的产品。

对产品进行成长分层的指标维度包括行业指标、内容表达、效果转化、产品服务、额外加减分，其指标体系如表 4-6 所示。

表 4-6 产品成长分层指标体系

维　度	指　标	指　标　定　义
行业指标	不同的行业有不同的要求与指标体系	
内容表达	产品信息质量分	发布商品时右侧检测球显示的分值
	是否为规格化商品	规格品需要同时满足以下条件：①支持买家直接下单；②运费可计算；③最小起订量的交期小于等于 15 天
	差评量	近 180 天该商品的信保订单差评量
效果转化	支付买家数	近 90 天该商品信保订单的支付买家数。买家数是指去重后的买家数量，如近 90 天内同一位买家产生了多笔信保订单，买家数记为 1
	访客到支付买家的转化率	转化率=近 90 天信保订单支付买家数/近 90 天商品访客数量，支付买家数越多，则访客到支付买家的转化率的要求越低
	询盘数	该商品近 90 天的询盘量
	复购买家数	近 90 天，产生了两笔及以上信保订单的买家数

续表

维度	指标	指标定义
产品服务	是否提供定制服务	发布的产品需要支持定制服务并填写相关的定制信息
	样品订单数	该产品近90天产生的拿样并已支付订单
	是否提供样品服务	发布的产品信息支持样品服务并设定运费模板
额外加减分	近90天询盘数（加分项）	该产品近90天获得的询盘数
	近90天订单按时发货率	按时发货率=近90天未取消且未发起拒付的按时发货订单数/（近90天已付款未取消且未发起拒付的订单数-未到约定发货时间的订单数）。此处仅针对买家直接下单且支付的订单统计
	近90天信保退款申请率	该产品在90天内支付后发起退款（剔除买家申请退款撤销）的订单数量/该产品90天内的支付订单数量（剔除虚假交易订单）。此处仅针对直接下单且已支付的订单统计

产品分层的第1个维度是行业指标，行业指标一般是根据产品所在行业的标准制定的。例如，对于LED车头灯，需要填写OE代码与适配车型才可以达到实力优品的要求。

第2个维度是内容表达，内容表达是指产品本身的内容质量，包括产品信息质量分、是否为规格化商品、差评量3个指标。

第3个维度是效果转化，是商品曝光之后产生的买家反馈，可以反馈商品的可成交性，包括支付买家数、访客到支付买家的转化率、询盘数、复购买家数4个指标。

第4个维度是产品服务，是指产品在定制方面的能力，包括是否提供定制服务、样品订单数、是否提供样品服务3个指标。

第5个维度是额外加减分，反映产品的服务及履约状况，包括近90天询盘数（加分项）、近90天订单按时发货率、近90天信保退款申请率。

通过产品成长分层，可以系统地评估产品潜力，为产品优化提供指引。通过各项指标不断提升产品成长分，从而提升产品最终产生订单的能力。根据产品成长分层的产品成长优化方法如表4-7所示。产品优化的本质是对产品质量的提升、产品可成交性的提升。需要注意的是，此产品优化方法适用于阿里巴巴国际站，具有较强的平台属性。

表4-7 产品成长优化方法

维度	指标	优化方法
行业指标	行业规格	根据行业要求填写
内容表达	产品信息质量分	按照平台要求发布高质量产品
	是否为规格化商品	优化为规格化商品
	差评量	减少差评
效果转化	支付买家数	客户营销
	访客到支付买家的转化率	详情页优化
	询盘数	产品营销
	复购买家数	老客邀约

续表

维　度	指　　标	优　化　方　法
产品服务	是否提供定制服务	优化样品服务设置
	样品订单数	将样品单作为买家跟进的必要步骤
	是否提供样品服务	设置样品服务及对应运费模板
额外加减分	近90天询盘数（加分项）	提升询盘数量
	近90天订单按时发货率	提升按时发货率
	近90天信保退款申请率	降低退款申请率

第五节　产品与供应链策划

一、产品与供应链策划流程

产品及其供应链策划一般会经历6个步骤，如表4-8所示。

表4-8　产品及其供应链策划流程表

序　号	步　　骤	内　　　容
1	选择类目	综合分析阿里巴巴国际站数据、谷歌趋势、跨境电商零售网站等数据变化
2	选择产品	应用阿里巴巴国际站选品、社交选品等多种选品方法选择具体的产品，并分析产品功能的差异点
3	确定供应链	搜集线上厂家信息，对比沟通后，进行线下产业带实地考察，确定合适的供应商
4	产品测试	进行样品定做，产品关键词整理，图片视频拍摄并上架试销，进行产品测试分析。测试通过后，与工厂敲定大货细节
5	产品运营	使用P4P、橱窗等营销工具，尽快积累数据，成为实力优品或爆品
6	产品复盘	结合产品爆点和销售数据，对产品进行针对性的优化

二、产品及其供应链策划案例分析

案例4-2

AY公司是一家成立16年的工厂型家居园艺有限公司，主营产品为相框、铁木收纳筐、家居园艺装饰品等定制类产品。该公司决定在阿里巴巴国际站上架家居类的RTS现货类产品，因此需要进行选品并找到合适的供应商后对产品进行上架售卖。下面说明产品及其供应链策划流程。

第1步：选择类目。首先，利用市场洞察了解目前全球市场的家居园艺品类下的具体热门细分品类情况，如图4-30和图4-31所示，品类询盘热度排名第一的是花盆与种植类目，经综合判断，可先暂定选择这个细分类目。

第2步：在此细分品类下选择热销产品。综合应用横向选品和纵向选品的方法整理当下网站的热门产品并进行表格化对比，选品工具表如表4-9所示，分析产品的共性和差异点，然后确定市场热销产品的画像，为下一步寻找合适的供应商资源做准备。

第3步：寻找合适的供应商资源。结合案例要求寻找现货类陶瓷花盆的供应商。供应商资源表如表4-10所示。

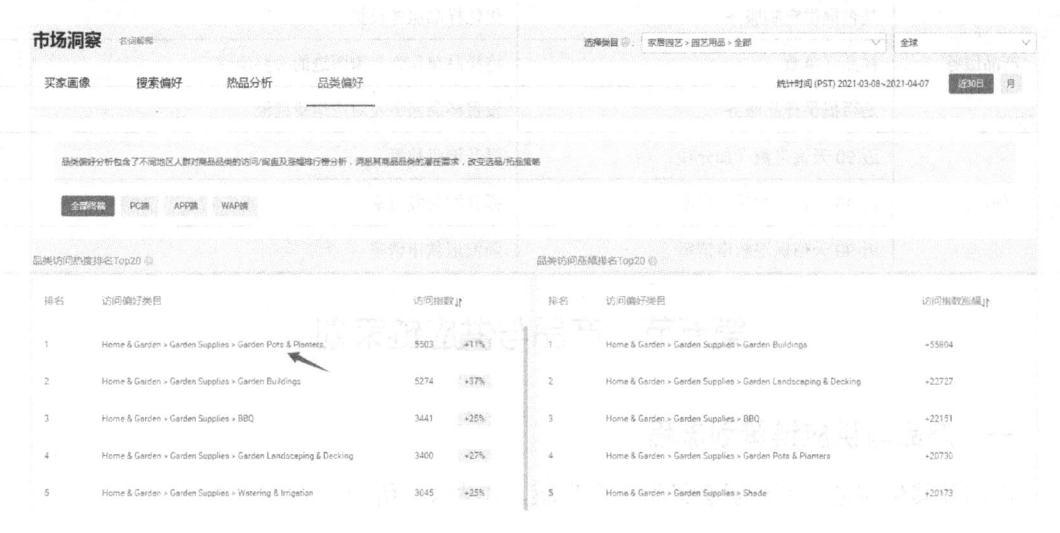

图4-30 市场洞察访问偏好类目

图4-31 市场洞察品类询盘热度

表4-9 选品工具表

选品工具表					
（细分类目：Home & Garden > Garden Supplies > Garden Pots & Planters）					
产品类型	产品序号	款式	价格	MOQ	备注
首页热搜产品	产品1		$0.25~$8.75	48pcs	陶瓷材质带金属支架
	产品2		$10.00	1~499pcs	大理石花纹陶瓷材质

续表

产品类型	产品序号	款　式	价　格	MOQ	备注
产品参谋 TOP 产品	产品 3		$4.40	36pcs	水泥带竹制支架
	产品 1		$1.65	60~299pcs	陶瓷带金属支架
	产品 2		$1.59	144~199pcs	动物造型陶瓷材质
B2C 网站（以亚马逊为例）	产品 1		$15.99	6pcs	大理石花纹陶瓷材质
	产品 2		$26.99	3pcs	陶瓷材质带金属支架

表 4-10　供应商资源表

供应商资源表					
[简约小尺寸陶瓷花盆（带底座）、现货]					
主要款式	厂家信息	价　格	起订量	包装信息	箱规数据
	深圳市龙华区清花源陶瓷厂	$11~$11.8	4 套	气泡套+内盒	一套 0.37 千克左右，一箱 60 套，纸箱尺寸：56cm×47cm×41cm
	义乌市芊荷电子商务商行	$6.65~$8.89	6 套	一套入一牛皮纸盒	60 套/箱，净重 264g/293g/365g

续表

主要款式	厂家信息	价格	起订量	包装信息	箱规数据
	金华执原设计有限公司	$5.78~$6.76	2个	牛皮纸盒	
	潮州市陆月陶瓷贸易有限公司	$10.62~$12.3	10个	白盒	体积 0.0013m³

第4步：产品测试。先购买样品进行测试，并跟供应商沟通最后的采购价格、是否有一件代发等服务，确定无误后进行产品的图片和视频拍摄并上架，使用营销工具全力推广，并对产品的运营数据和销售数据进行周期性的跟踪复盘，最终选定两款产品进行售卖。选品结果表如表4-11所示。

表4-11 选品结果表

选品结果表					
主要款式	厂家信息	价格	起订量	包装信息	箱规数据
	义乌市芊荷电子商务商行	$6.65~$8.89	6套	一套入一牛皮纸盒	60个/箱，净重264g/293g/365g
	潮州市陆月陶瓷贸易有限公司	$10.62~$12.3	10个	白盒	体积 0.0013m³

第5步：对以上选品过程进行总结，得出产品策划表，如表4-12所示。

表4-12 产品策划表

活动编号：2021-09	策划人：Ellian	策划时间：2021-09-12
要素	要素说明	
选品类型	新产品选品	
选品目标	选出两款潜力爆款产品，并确定供应商	

续表

要 素	要 素 说 明
选品类目	Home & Garden > Garden Supplies
选品结果	1. 选定类目：Home & Garden > Garden Supplies > Garden Pots & Planters 2. 初筛选定产品：见表 4-9 选品工具表 3. 确定供应商：见表 4-10 供应商资源表 4. 确定最终产品：见表 4-11 选品结果表
规则说明	家居类的 RTS 现货类产品
协助部门及任务	设计部：主图海报、详情海报等 运营部：产品推广策略调整
执行人	组长：Ellian；组员：Coral、Mandy

在产品复盘这个环节要注意以下几点。

（1）有多种选品方法，有些方法有一定的主观倾向，一定要进行市场测试。最重要的还是通过不断实践找到适合自己的选品及产品运营的方法。

（2）分析产品数据时分为运营数据和销售数据两部分，采用倒推法来分析，当产品无订单时，分析询盘情况（询盘数量和询盘质量）；当产品无询盘时，分析产品的点击数据（点击量和点击数据来源）；当产品无点击时，分析产品的曝光数据。如果曝光数据也不够好，则可以从流量是否太少、引流图片等信息是否不够有吸引力两方面分析原因，找出产品的问题，以便进行有针对性的优化。

（3）产品上架后需要时间沉淀数据，一般会观察两周再进行优化调整。

（4）产品有其生命周期，要持续跟踪相关数据，定期对产品进行诊断，了解产品所处的生命周期，并根据市场需求进行优化，选择延长或缩短产品生命周期。

本 章 小 结

本章主要介绍产品与供应链策划。首先，介绍了产品的定义、相关术语和产品基础资料。其次，介绍了选品策略矩阵和选品的基本原则，以及具体的选品策略，如阿里巴巴国际站数据选品、B2C 电商平台数据选品、搜索引擎选品、社交平台选品等，并给出了选品效果的评价方法。再次，介绍了跨境电商供应链的定义，寻找供应商和供应链评估的方法。最后，介绍了产品运营相关知识，按顺序依次是产品结构分层（定位）、展示产品竞争力、产品生命周期运营策略、产品成长分层及优化策略。最后，介绍了产品及其供应链策划的流程和案例。

本 章 习 题

一、选择题

1. 视频作为产品资料的优势包括（　　）。
   A. 信息密度大　　　　　　　　　　B. 参与性强
   C. 内容完整　　　　　　　　　　　D. 生产流程简单

2. 企业进行选品的原则包括（　　）。
   A. 符合市场/品牌定位　　　　　　B. 提炼沉淀选品理念
   C. 形成选品风格　　　　　　　　D. 规范选品过程
3. 阿里巴巴国际站站内选品的工具包括（　　）。
   A. 商品洞察　　　　　　　　　　B. 产品参谋
   C. 数据管家　　　　　　　　　　C. 产品管理
4. 对产品进行成长分层的判断维度包括（　　）。
   A. 行业热度　　　　　　　　　　B. 内容表达
   C. 效果转化　　　　　　　　　　D. 产品服务
5. 对产品进行优化时，优化产品服务的措施包括（　　）。
   A. 老客邀约　　　　　　　　　　B. 优化样品服务设置
   C. 提升样品订单转化　　　　　　D. 设置样品服务及对应运费模板

二、判断题

1. 纵向扩张选品策略，出发点源于忠诚客户的细分需求反馈或抱怨。（　　）
2. 供应链管理是指商家向厂家采购商品并将其卖给消费者的过程。（　　）

三、实操题

结合至少两种阿里巴巴国际站的选品方法，选出一款家居收纳品类下的产品，并说明理由。

第五章 定价与促销

定价即经营。

——稻盛和夫

> **案例 5-1**
>
> ### 乔式连锁超市：价格—价值等式的特殊变形——廉价美食
>
> 　　7月的一个早晨，曼哈顿切尔西附近聚集了一大帮热情似火的人。乔氏连锁超市的一家新店面将在此开张，等待购物的人们正在分享对于这家潮流零售商的到来的喜悦。乔氏连锁超市不仅是一家杂货店，更是一种文化的体验。商店货架上摆满了物美价廉且富有异国情调的商品。无论瓦伦西亚有机奶油花生、放养鸡蛋、泰国的酸橙辣椒腰果，还是比利时奶油华夫曲奇，都只有在乔氏连锁超市才能买到。新店开张时，蜂拥而入的人们常常把超市过道挤得水泄不通。收银台前的结账人群排了十路纵队，他们的购物车里装满了乔氏连锁超市独家销售的2.99美元的红酒（也就是"两元抛"）和各种以不可思议的低价独家销售的美食产品。这些都让乔氏连锁超市成为美国最火的零售商之一。
>
> 　　乔氏连锁超市并不是真正意义上的杂食店，也不是一个纯粹的折扣食品店，它是两者的结合体。作为美国最受欢迎的零售商之一，乔氏连锁超市创造了价格—价值等式的特殊形式，并称之为"廉价美食"。它提供价格十分优惠的独一无二的美食产品，并通过节日和假期般的氛围使购物变得更加有趣。乔氏连锁超市别出心裁的价格—价值定位为它赢得了一群忠诚的追随者。
>
> 　　乔氏连锁超市有约50 000种商品。这些商品如此特别的另外一个原因是：你根本无法在其他地方找到它们。超过80%的商品都是店铺自有品牌，被乔氏连锁超市独家销售。比如，你无法在其他地方买到藜加黑豆玉米片和曲奇。几乎每位消费者都能列出一份他们最为喜欢且不得不买的乔氏产品的清单。
>
> 　　乔氏连锁超市如何令美食保持如此低的价格？这一切都始于精益运营和对节省成本近乎狂热的关注。为了保持低成本，乔氏连锁超市通常将店铺选址在低租金、偏僻的地点，如郊区地带的商店；小型的店面和有限的产品种类导致设施和存货成本的降低，而且乔氏连锁超市没有占地面积较大的面包店、肉店、熟食店和海鲜店，以此节省资金；对于自有品牌，乔氏连锁超市直接从供应商批量购买，并且具有较强的议价能力。
>
> 　　最后，这个节俭的零售商几乎没在广告上投入一分钱，也不发放代金券、打折卡或其他特殊的促销工具，这为企业节省了一大笔资金。乔氏连锁超市的新奇产品和低廉价格的

独特组合产生了如此大的口碑宣传和购买需求,所以它不需要在广告和价格促销上花费很多资金。最新的正式推广促销活动就是每个月把企业网站或电子传单邮寄给一些人群(他们允许乔氏连锁超市的邮寄行为)。乔氏连锁超市最有力的促销武器就是它忠诚的追随者。这些忠诚的追随者甚至自发建立了自己的网站,他们会在网站上讨论新产品和新店铺、购物食谱及交流他们最喜欢的关于乔氏连锁超市的故事。

因此,价格—价值等式的特殊变形已经使乔氏连锁超市成为全美增长最快和最受欢迎的食品商店,使它在 32 个州拥有超过 400 家分店。如今,每年的销售额超过 105 亿美元,相较 5 年前增长了一倍。乔氏连锁超市每平方英尺所产生的销售额达到惊人的 1 750 美元。

第一节 定价基础

价格(price)是消费者为换取某种产品或服务的收益而支付的所有价值的总和,是价值的货币体现。在跨境电商中,会遇到各种价格。例如,成本价是指采购价、国内外费用、佣金等成本的总和;上架价格是指产品上传的时候所填写的价格;折后价格是指产品在店铺折扣下显示的价格;成交价格是指用户在最终下单后所支付的价格。

稻盛和夫说:定价即经营。这是因为价格在创造顾客价值和建立顾客关系上扮演了关键角色。因此,营销人员会把定价看作竞争资产。在跨境电商中,同等条件下,产品价格越低,可能获得的点击率越高,产品转化率越高。

一、商品成本构成

在定价之前,我们必须了解商品的成本构成。因不知晓商品成本导致定价低于成本,听起来很荒唐,在实践中却频繁发生。根据笔者的经验,这种情况常常与忽视固定成本有关。

1. 固定成本

固定成本(fixed cost)是指不随产量和销量变化的成本。例如,企业办公场地月租金、员工工资(含社保福利)都属于固定成本。有时是否属于固定成本比较难确定,可能需要跨境电商企业主来定。

2. 变动成本

变动成本(variable cost)是指直接随生产规模变化的成本。在跨境电商中,变动成本包括产品成本、销售佣金等。亚马逊平台运营中的变动成本示例如表 5-1 所示。

表 5-1 亚马逊平台运营中的变动成本示例

变动成本	费用项目
产品成本	产品研发、采购费用
销售佣金	类目佣金(如服装类、化妆品类、电子类等,佣金根据类目不同而不同)
产品运输成本	头程、尾程运输费(亚马逊尾程运输费通常计入 FBA[①]成本)

---

① FBA:亚马逊物流服务。

续表

变动成本	费用项目
关税	出口国、进口国关税，商检费等
国内仓储成本	国内库存仓储费
海外仓储成本	亚马逊FBA：月度仓储费、贴标服务费、配送费、移除订单费、弃置订单费等
推广成本	站内、外广告投放，申报秒杀，优惠券促销活动费用等
买家退货退款成本	可再次销售：退货退款费（重新贴标费、仓储费等）
	不可再次销售：退货费、弃置订单费等

变动成本相对固定成本比较好核算，因为往往有据可查。

将成本分解为固定成本和变动成本，主要是方便后续计算盈亏平衡点。成本核算是一项复杂、精细又不得不做的工作，跨境电商企业可以安排专人负责，最好用财务软件辅助。实践中，如果不明确费用归属，则可以简单粗暴地归入固定成本中，这会导致一定的误差，但利于决策者充分考虑经营过程中的现金流，确保现金流安全，降低经营风险。

二、定价影响因素

定价需要考虑的影响因素非常多，下面简单说明跨境电商企业通常考虑的一些因素。

1．渠道因素

卖家所掌握的零售批发渠道直接影响着定价。卖家掌握的渠道数量越多，定价弹性越大。波特五力模型中提到，卖家议价能力越强，产品竞争力越大，定价弹性越大。

2．品牌因素

产品的品牌能对顾客产生较大影响。良好的品牌形象可以给产品价格带来增值效应。名牌商品既增加了盈利又让消费者在心理上产生满足感。在跨境电商中，良好的品牌可以使产品价格提高的同时增强顾客忠诚度。

3．生命周期因素

前面章节中介绍了产品生命周期，在不同的产品发展阶段，相应的生产规模、竞争强度、客户议价能力等都在不断变化。因此，定价策略应该随之做出调整，如图5-1所示。

在产品开发期，成本主要包括新产品研发设计费、原材料费、设备费等。

产品引入市场初期，需要进行市场教育，使得获客成本有所增加，顾客多数属于革新者，客户规模受限，但竞争者相对较少，通常采用种子用户裂变和精准营销转化策略，以降低市场教育费用。主要成本包括产品试销费和广告费等。此阶段可采用成本加成法和撇脂定价法作为主要定价策略。

在产品成长期，销量迅速增长，顾客多为早期使用者，竞争者数量逐渐增加，同行竞争开始成为影响定价的重要因素。通常认为在这个阶段应主要考虑市场占有率，卖家可确定对标产品，在保持价格具有连续性的前提下，考虑主动竞争定价策略。

在产品成熟期，销量达到高峰，竞争者数量稳定且开始下降。利润主要来自成本控制及向扩张市场的销售，公司应再次将精力转向创新，继续考虑主动竞争定价策略。

在产品衰退期，销量下降，竞争者数量减少。在此阶段，产品已老化，市场出现性价比更高的产品，定价权丧失。因此，应主要采用随行就市定价策略。当然，及时完成产品创新，重新激活产品生命周期，是有效规避产品衰退期到来的办法，这是企业更应关注的。

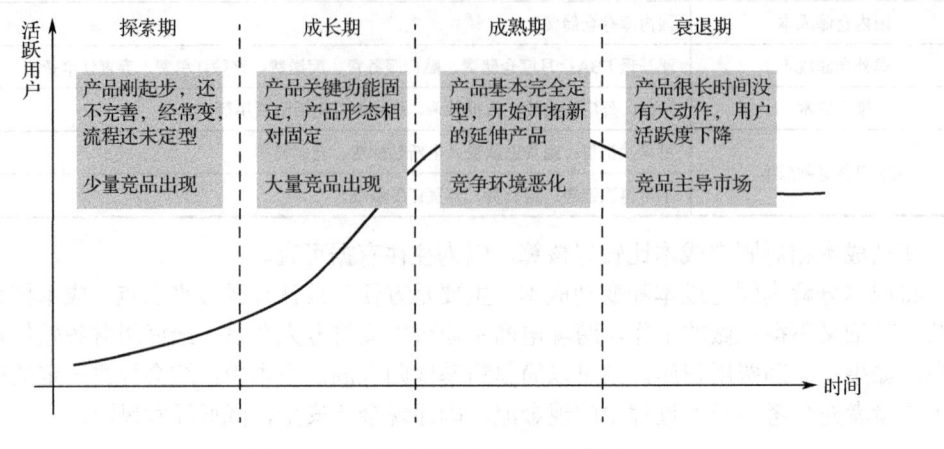

图 5-1　产品生命周期与市场变化趋势

4. 市场竞争因素

根据竞争程度的不同，企业定价策略会有所不同。按照竞争程度，市场可以分为完全竞争、不完全竞争和完全垄断 3 种情况。

（1）在完全竞争的情况下：买家和卖家都大量存在。产品质量差异小，买卖双方对价格影响均衡。定价策略非常灵活，主要根据企业自身的定价目标来定价。

（2）在不完全竞争的情况下：买卖双方对价格和产品成交量有较大影响且所提供产品的质量有较大差异。在此情况下，同行竞争强度对定价有较大影响，卖家需要在考虑竞争对象的价格策略的同时，考虑自身定价对竞争态势的影响。竞争强度主要取决于产品制造的难易程度、供求形势及专利保护等。但对定价影响更大的是产业链上下游的竞合关系。不完全竞争时，产品是否满足客户的某种刚需，决定了商家在与客户竞合中的议价能力。如果是刚性需求，商家议价能力强，一般可采用认知价值定价法、撇脂定价法。如果是弹性需求，商家议价能力弱，可依据市场目标灵活定价。产业链上游供应商主要从成本层面影响定价，主要涉及材料成本、供应商对产品未来的预期等，通过影响产品的总成本，从而影响产品的最终定价。

（3）在完全垄断的情况下：商品供应完全由一家所控制。产品成交量及价格皆由垄断者单方面决定。市场价格较为稳定，定价主要受客户需求是否为刚性需求影响。

5. 汇率因素

汇率又称"外汇行市"或"汇价"，是一国货币兑换另一国货币的比率，是以一种货币表示另一种货币的价格。一般来说，本币汇率下降，即本币对外的币值贬低，能起到促进出口、抑制进口的作用，出口产品定价需要适当调高。若本币汇率上升，即本币对外的币值上升，则有利于进口，不利于出口，出口产品定价需要适当调低。长期汇率的升值贬值提示了价格调整的方向，而短期汇率的波动则提示我们利用定价及定价有效期来平抑风险。

6. 贸易术语因素

对于跨境电商企业而言，不得不考虑贸易术语对价格的影响。不同贸易术语下，成本归属、交易风险均有差别，定价不仅需要反映费用归属，还要对增加交易风险的贸易模式额外提高定价。例如，易碎品选择 FOB 和 DES 的定价肯定不同，DES 价格除增加运费、保险分摊外，还需要考虑运输过程中损耗的分摊费用。

三、定价策略

1. 顾客价值定价法

顾客价值定价法以消费者的感知价值为基础，不是企业成本。企业需要获取消费者需求和价值感知，从而设定与顾客感知价值匹配的价格。感知价值是主观因素，不同的顾客会有不同的感知价值，因此，好的价格不等于低价。例如，劳力士的手表价格高，但是很多顾客会感觉物有所值。基于顾客价值定价法可以细分为物有所值定价法和增值定价法。

（1）物有所值定价法，即根据调研，设定与顾客感知价值匹配的价格的方法。随着新冠肺炎疫情的暴发和蔓延，国际经济不确定性增加，这也导致顾客对价格和质量的态度发生改变。随着新国货品牌出海浪潮的到来，越来越多的跨境电商企业会选择物有所值定价法，以实现更高毛利或更快市场渗透的目标。

（2）增值定价法。增值定价不是通过降价适应竞争，而是通过增加价值或服务实现产品差异化。例如，海底捞通过增加服务价值，提供漱口水、化妆品、生日服务等提升产品价格，从而让顾客感知高价值。

2. 成本加成定价法

成本加成定价法是指在产品成本上增加毛利率确定售价的方法。此方法的关键点在于核算成本及适当的利润加成率。成本包括产品自身价值、运费、平台佣金、推广费用等。

3. 竞争定价法

竞争定价法是指根据竞争者的战略、价格、成本和市场供应量确定价格的方法。特点在于随着同行竞争情况的变化随时调整价格水平。当商家进入新的跨境电商平台时，可以参照具有相似性的产品确定售价。商家不应一味追求低于竞争对手的价格为目标，而应致力于培育自身客户群，通过错位竞争和差别性的定价方法，找到商品最合理的价格定位。与此同时，卖家要保持对市场和排名敏锐的感知性，对自己的产品排名进行实时监控。

4. 产品组合定价法

传统电商一般采取 2:7:1 的产品组合定价策略，即：20%的产品一定要定低价，打造引流爆款的同时在消费者心中营造出整个店铺性价比较高的印象；70%的产品参考行业整体市场的平均水平，依照统计学公式"低价+（高价-低价）×0.618"设计出中等价位。实践证明，在这个黄金分割点上的价格可以同时让卖家盈利和买家满意；10%的产品需要定高价，用于提高店铺档次和形象。

5. 心理定价法

使用心理定价法时，商家不仅要考虑经济学因素，还要考虑与价格相关的心理因素。例如，顾客通常认为高价意味着高质量，但 1 300 美元的计算机和 1 000 美元的计算机到底哪个质量好？这需要买家对它们进行对比后才知。又如，市场上普遍卖 200 元的商品你卖 199 元，会比较容易让用户感受到实惠，促成消费。

6. 高开低走定价法

高开低走定价法是指先定一个较高价格，再根据市场变化逐步调整定价。例如，相对于直接将产品定价为 398 元，运用"796 元打 5 折，优惠后 398 元"的定价话术效果会更好。

第二节 定 价 实 践

基于以上基础知识，商家可按本节所述的定价过程完成单一商品的定价，并重复这一过程，建立本企业商品的价格体系，最后根据市场生命周期及其他因素确定动态调整机制。当然，因定价的复杂性，我国跨境电商企业目前主要采用对标法来完成定价，"拍脑袋"定价的现象极其普遍，这极大地降低了定价决策成本。但我们应该认识到，品牌出海时代，专业化定价是必须突破的瓶颈。

一、定价过程

学者对定价的研究很深入，但在实践中，因为定价受企业战略约束，影响力直达一线员工和客户，是战略、战术和战斗的衔接点，需要处理的矛盾多，又要兼顾效率和严谨，所以定价常常是令跨境电商企业很头疼的事。这里介绍经典的 3 段 9 步定价过程和快速定价过程，希望读者在知悉科学定价过程的基础上，灵活运用定价方法。

1. 3 段 9 步定价过程

3 段 9 步定价过程大致可以分为 3 个阶段 9 项典型工作任务（基于成本加成定价法），如表 5-2 所示。

表 5-2　3 段 9 步定价过程

阶　段	工作任务	说　　明
内部定价阶段	明确市场目标	1. 定价受两种典型市场战略倾向影响：高毛利、高市场占有率，一般二选一即可，兼得的可能性很小； 2. 预测该品类市场规模，根据市场战略倾向预定义本产品总销量及销售周期
	核算成本	因成本常常与销量有关，故应在预测销量的基础上核算成本。特别要留意固定成本分摊，一般先核算变动成本，得出单件变动成本，然后将所有其他费用全部归入固定成本，并分摊到单件
	预定义目标利润	根据市场战略倾向预定义目标利润率，根据公式：定价=成本×(1+目标利润率)，计算出定价

续表

阶　段	工作任务	说　明
内部定价阶段	测算盈亏平衡点销量	1. 根据上述成本和定价，计算盈亏平衡点销量，计算公式：盈亏平衡点销量=单位固定成本/（单位产品销售收入-单位产品变动成本）； 2. 与预定义产品总销量进行比较，盈亏平衡点销量小于产品总销量时，定价的内部评估可以认为合理，否则需调整目标利润率，使得盈亏平衡点销量小于预定义产品总销量； 3. 根据预定义销售周期、总销量，计算销售速度，并计算达到盈亏平衡点销量的销售时长
外部测试阶段	外部价格测试	外部小范围测试价格，明确价格区间，为后续价格动态调整提供依据，这个过程有非常精细的分析模型，如价格敏感度测试模型（PSM）、价格断裂点模型（Gabor Granger）、品牌价格平衡模型（BPTO）、基于选择的联合分析模型（CBC）等，但需要的数据量很大，跨境电商企业较少应用，仅需借鉴其原理，在可信的粉丝群体中进行简单价格测试即可，或干脆放弃这个步骤，直接切入快速试销阶段
	快速试销	快速试销是跨境电商企业做定价外部测试的主要方法，阿里巴巴国际站有针对性地提供了快速试销营销工具"测品测款"，但该工具还不是很成熟，所测结果的信度不高。不管怎么样，快速试销策略是靠结果说话，一旦测得理想结果，员工接纳度很高。快速试销如果出现问题，定位原因的复杂度很高，目前还只能依靠有经验的业务员来做综合判断
确定定价阶段	确定定价	9 步定价过程主要考察预定义目标利润是否能实现，即如果试销数据比较合理，就可以确定该产品的定价。 确定定价时，还要考虑价格体系化和心理定价策略，对价格进行微调，价格体系化在下一个小节中详细说明。如果计算得出的定价是 10 元，考虑心理定价策略，则最终价格可以定为 9.8 元
	发布定价	存档入库，对内、外发布定价及相关政策
	生命周期定价管理	根据产品生命周期，对定价进行动态的调整

2. 快速定价过程

有时，跨境电商产品的生命周期非常短暂，严谨的经典定价过程资金和时间成本高，不能满足大部分跨境电商产品的快速定价需求。因此，业界常用对标法完成产品快速定价，一般可以细分为 3 种：算术均值对标、心理中位对标和竞品对标。

（1）算术均值对标，即搜索同款商品的所有供应商，对合理的定价数据计算算术均值，按该均值定价销售。

（2）心理中位对标，即使用前面提到的公式

$$定价=低价+（高价-低价）×0.618$$

确定产品定价。

（3）竞品对标，即密切跟踪某竞品的价格，根据竞品价格随时调整定价。

应用快速定价过程的注意事项：

（1）快速定价过程默认是基于竞争的定价法，没有足够的同质竞争产品时，定价精度会打折扣。故该方法比较适用于跨境 B2C，但跨境 B2B 也可以借鉴，如竞品对标是 B2C 爆款跟卖战略下的主要定价方法。

（2）心理中位对标定价公式本身的合理性有待验证，实践中可操作性有问题，有兴趣的读者可以自己进行总结。

（3）虽然快速定价过程是基于竞争的定价法，但应用中还需要了解产品成本，即在保本

的前提下参与竞争,所以说,成本核算是各种定价策略的基础。

(4)实践中,在3种对标法基础上,通常还会根据竞争策略调整一次再最终确定价格。如竞品对标,并不是将自己产品的价格定得和竞品一样,常常会上下浮动一点点。上浮时,可以是传递自己的产品较竞品更优的感觉。下浮时,则可以传递自己的产品比竞品性价比更高的感觉。这一步是活用心理定价策略的过程。

(5)快速定价后,还应核算该产品毛利率,同类目产品常常有行业平均毛利率水平,因各类目毛利水平不同,且变化快,所以这种经验值只能在运营实践中积累,没有权威数据可以查询。因此,运营人员的一个特质是:追求掌握各种经验数字。

二、建立产品价格体系

本章开篇即谈到了各种价格,如出厂价、折扣价等。此外,因为跨境电商 B2B 业务通常是把商品卖给渠道商,还需要考虑终端零售价。而国际贸易因贸易术语的不同,又涉及 FOB 价(离岸价)等。考虑到产品定位不同,根据产品组合定价策略,一个店铺的产品会有不同的定价目标。总之,当我们开启跨境电商业务时,应建立一整套产品价格体系。

1. 考虑产品定位的组合定价

例如,在跨境电商店铺运营中,必须将产品定价分为引流款、平销款和利润款。应区分不同价格层级的产品的作用。

(1)引流款:结合产品成本,产品价格应低于市场价格,此产品会为店铺带来客流量。店铺的引流款定价在目标客户心理中位价中间偏下,计算公式如下。

$$定价=低价+(高价-低价)\times 浮动系数$$

但根据产品的差异化程度,浮动系数一般在-0.4 到 0.4 之间,需要根据实际情况来确定浮动系数的具体值。需要注意的是,在实际应用中,引流款的定价浮动一般通过折扣的形式体现。

另外,随着引流款销量的大幅提升,如果商家利用大规模生产的优势,商品的成本价会大幅降低,则商家在定价上会获取越来越多的自由空间。商家很可能会获取绝对的价格优势,突破原有的定价规则,从而以低于竞争对手的价格巩固引流款的产品排名及相关竞争力。

(2)平销款:即日常销售产品。产品价格应和市场价格保持持平,保证店铺日常销售额。平销款可以直接使用心理中位对标进行定价,计算公式如下。

$$定价=低价+(高价-低价)\times 0.618$$

(3)利润款:产品价格应高于市场价格,以保障店铺毛利,计算公式如下。

$$定价=低价+(高价-低价)\times 浮动系数$$

式中,浮动系数一般在 0.75 到 1 之间。一般来说,利润款的定价一般高出引流款 10%~60%。

(4)形象款:形象款产品是为了提升店铺的形象,以增加消费者的价值感,计算公式如下。

$$定价=低价+(高价-低价)\times 浮动系数$$

式中,浮动系数一般在 1 到 2 之间。这种产品在一个店铺中不会太多,一般为 1~2 款。

在根据产品定位进行定价的时候,需要特别注意的问题是,在实际应用中,产品定位和定价是互相影响的。可以在新产品定价时,根据产品定位的预设进行定价。也可以对新产品进行测品测款之后自然形成产品定位,再参照此定价策略调整产品价格,以使产品定位与定价适配。

2. 报价及业务员权限

跨境 B2B 业务常常需要向客户报价,我们推荐合理的阶梯式报价。实践中,业务员与外商谈判时气氛往往会高度紧张,特别是临门一脚的时候,业务员没有时间向上级请示。这就要求我们事先定义好业务员的权限和相应政策。

表 5-3 为某公司产品报价表,商家一般会根据固定成本和固定利润制定出针对所有业务员的销售指导价。此销售指导价一般针对某个标准的产品配置、一个具体的 MOQ 区间,然后根据起订数量进行阶梯化的调整,所以,报价本身是一个范围值和区间。表 5-3 中,J801 型号产品 MOQ 为中东市场 25k 个,其他市场 20k 个,标准定价是$4.6,而数量增加 5k 个,会带来$0.1 的浮动价,在此价格区间范围内的报价是业务员可以决定的。

表 5-3 某公司产品报价表

Project	Specifications	Standard Sales Guidance Price(FOB)	Price Adjust
Y802	Freq Band: G900/1800 Display: 2.8 QVGA Front-Camera: N/A Rear-Camera: 0.08 MP Torch: Flash LED	$6.90	1. MOQ:中东市场 25k 个,其他市场 20k 个。 2. 如果数量增加 5k 个,价格可降低$0.1,保底$6。 3. 以上报价为整机价格,半成本价格参考向下浮动$1
Y803	Freq Band: G900/1800 Display: 2.8 QVGA Front-Camera: N/A Rear-Camera: 0.08 MP Torch: N/A	$6.40	1. MOQ:中东市场 25k 个,其他市场 20k 个。 2. 如果数量增加 5k 个,价格可降低$0.1,保底$5.5。 3. 以上报价为整机价格,半成品价格参考向下浮动$1
J801	Freq Band: G900/1800 Display: 1.77 QQVGA Front-Camera: N/A Rear-Camera: 0.08 MP Torch: N/A	$4.60	1. MOQ:中东市场 25k 个,其他市场 20k 个。 2. 如果数量增加 5k 个,价格可降低$0.1,保底$4。 3. 以上报价为整机价格,半成本价格参考向下浮动$1
Z803Z	Freq Band: G900/1800 Display: 2.8 QVGA Front-Camera: 0.08 MP Rear-Camera: 0.08 MP	$7.55	1. MOQ:中东市场 25k 个,其他市场 20k 个。 2. 如果数量增加 5k 个,价格可降低$0.1。 3. 以上报价为整机价格,半成本价格参考向下浮动$1

3. 价格动态调整机制

因产品生命周期、竞争环境及市场策略等的作用,定价在其生命周期内不能一成不变,但定价非常重要,一旦确定,其调整空间也就定死了,要突破调整范围,须有对应的政策约束,即跨境电商企业的产品价格体系中还应有一套价格动态调整机制。

应用比较广泛的常规动态调整机制包括营销因素与产品生命周期因素。产品生命周期的价格调整具体可参考前文的生命周期因素。跨境电商平台运营过程中，平台营销活动对定价也有比较大的影响，电商平台一般会对参加营销活动的商品有特定的折扣要求，因此，在定价时，需要考虑此类活动产品的营销折扣因素，方便进行动态调整。

除了常规的动态调整，还有特殊情况下的动态调整。例如，在具体业务谈判过程当中，客户可能会提出超出业务员权限的价格。价格的调整往往会影响利润率，这种非常态调整，需要审批机制来进行均衡。一般情况下，初始化产品定价由产品经理决定；业务谈判中的超权限调整由业务主管负责审批，如活动特价由运营店长负责审批。无论企业规模如何，这种定价审批机制可以有效防范经营风险。

三、简易产品定价表及其应用

在产品上架过程或客户沟通过程中，对一款产品往往需要一个确定的价格，如表 5-3 中的销售指导价。在此利用 3 段 9 步定价过程中的前 3 步，并结合简易定价法，来综合统筹各类定价要素，在新产品定价的场景中，确定产品的具体定价。

（1）要明确目标市场。这不是本节的重点，因此略过，具体可以参考第二章内容。

（2）要核算成本。在众多跨境电商的定价过程中，为了便于操作，一般只计算变动成本。生产性企业的产品成本根据其参数配置可以大致确定。在贸易型企业，产品成本一般是指产品的采购成本。

在这里需要确定的另外一个要素是产品运输成本，产品运输成本一般与货物重量、采用的运输方式直接相关。在 RTS 产品定价中，一些产品设置的是包邮价，在这种情况下需要把物流价格加入产品运输成本中。另外，还应该关注的成本要素是利润率、类目佣金、汇率等影响因素。

（3）要预定义目标利润率。利润率应根据行业经验或竞争对手定价进行计算。确定了以上因素，可以得出一般的标准价综合定价公式：

$$定价 = \frac{(产品成本+产品运输成本) \times (1+利润率)}{(1-平台佣金比例) \times 汇率 \times (1-折扣)}$$

根据定价公式，可以进一步计算得出某款产品在各类情况下的定价，与简易定价法结合，从而得出在各种场景下的定价，如样品小包包邮价、折扣价。定价表的应用示例如表 5-4 所示。

表 5-4 定价表的应用示例

	定价要素	值	备 注
定价要素	产品成本	158.2 元	此价格为 20k 个左右订购量的成本价格，数量每提升 5k 个，则产品成本降低 6 元。成本是区间值，根据产品参数配置或采购情况确定，可参考表 5-3
	单货物重量	0.22kg	
	物流成本	28 元	此处为美国客户小包邮费
	利润率	18%	根据企业、行业实际情况确定
	平台佣金	2%	根据订单类型、出口方式确定
	汇率	6.46	需要进行动态更新
价格	样品小包包邮价	$34.33	针对美国客户，其他国家需要进行增减
	常规价	$29.49	

续表

定价要素		值	备 注
价格	营销折扣价	$27.13	当以 8%的折扣进行销售时采用此价格
	消费者中位价	$28.32	根据市场调研确定

备注：1. 数量每提升 5k 个，则产品成本降低 6 元，对应阶梯价格计算。
2. 报价有效期一般为 7 天，根据汇率进行调整。

第三节 促　　销

定价与促销原本不是一个层面的概念，定价属于战术层任务，要求较高的稳定性，而促销属于战斗层任务，要求更高的灵活性。电商实践中，价格调整和促销活动频繁进行，故本书同时讨论定价和促销。

一、促销概述

促销是指应用各种激励工具或手段，特别是短期激励工具，刺激消费者更快、更多地购买特定商品或服务的行为。正如科特勒所说，广告提供了购买的理由，促销提供了立刻购买或购买更多的激励。

注意从以下几点把握促销的定义：
（1）促销的目的是激励购买行为。可以简单分解为两个目的：一是更快，最好马上购买；二是更多，越多越好。
（2）促销的工具或手段多种多样，可以采用组合策略。
（3）促销一般都有明确的主体，即特定的商品或服务，否则影响促销效果。

对于电商促销，还需说明如下几点：
（1）随着电商平台的发展，对促销进行了非常细致的分解，本章讨论的促销不是 4P 理论中的推广（Promotion），而是科特勒《营销管理》中的销售促进（Sales Promotion），即短期激励行为。当我们谈及电商促销时，往往说的是非常短期的销售激励行为，而把较长期的销售促进归入"推广"的范畴。本章遵循电商行业的约定俗成，只讨论短期促销。
（2）因为跨境电商平台（包括 B2B 平台）的目标是压缩中间渠道，所以不考虑交易促销（如厂商面向中间渠道商的销售竞赛、年度业绩返点等），不区分消费者促销（厂商跨过中间渠道商直接面向消费者的促销）和零售商促销（零售商面向消费者的促销），认为电商商家和厂商两个身份统一，厂商即零售商。
（3）经典营销教材中将折扣归入定价策略，不属于促销范畴，这是有道理的。但因为电商促销聚焦在非常短期的销售促进上，经常会把打折和其他促销工具整合使用，因此本章讨论的促销也遵循人们的习惯，将打折算作促销。

阿里巴巴国际站的一次促销活动如图 5-2 所示。

二、促销工具简介

电商促销工具或者说促销手段种类繁多，如果能巧妙应用，对销售的拉动作用会非常明显。

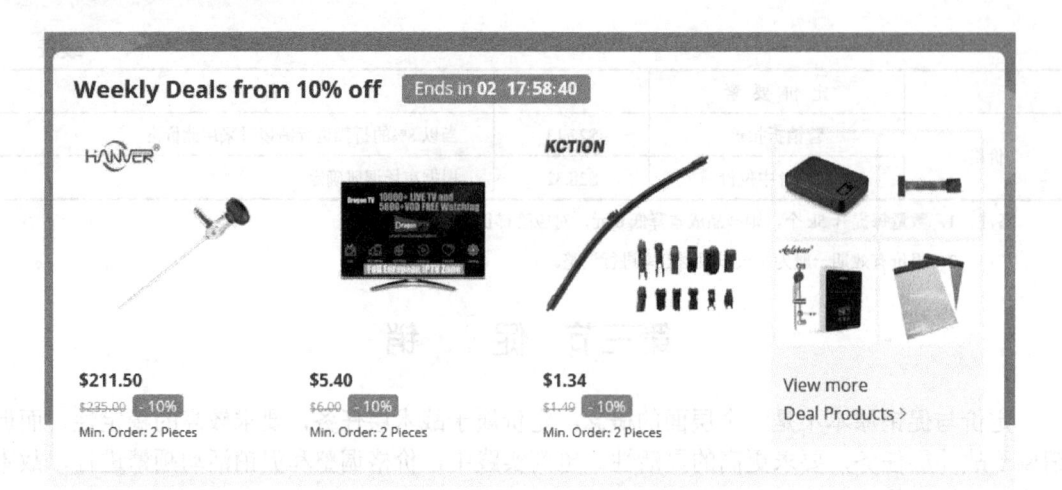

图 5-2　阿里巴巴国际站的一次促销活动

1. 常用促销工具简介

表 5-5 罗列了常用促销工具，优秀的营销人员应对各种促销工具的特性有全面的了解，以便做到策划时灵活选取。

表 5-5　常用促销工具

种类	说明	目标与应用场景
买赠	同品牌买赠：包括买一赠一、买一赠多、买多赠一、买多赠多、买本产品赠同品牌其他产品等形式	主要目标是提升销量和市场占有率，促销力度大，有较强杀伤力，主要用于清库存、挤占竞品市场份额等场景，赠同品牌其他商品时有"带货"的效果
	买赠其他品牌商品（礼品）：包括买赠同企业其他品牌商品、买赠其他企业其他品牌商品、买赠关联功能商品等形式	主要目标是提升销量，协助本企业其他新品牌入市。例如，买手机时可能有很多赠品，有本企业其他商品，也有关联功能商品（如贴膜），这是通过完善服务提升销量的典型做法
	买赠其他礼品或权益：包括买赠会员权益、买赠积分、买赠特权券、买赠安装、买赠保修、买赠旅游、买赠抽奖等形式	目标比较分散，除了提升商品的销量，根据赠送的礼品或权益不同，附加目标差异很大。例如，赠送会员权益或积分是为了提升客户忠诚度，赠送特权券是为了刺激复购，而赠送安装、保修则是为了改善售后服务
限时促销	季节性促销：换季、反季、季末促销、季前抢新促销、热销季促销等形式	季节性促销因周期长，通常会压缩季节性促销的时长，如换季甩货、三日内有效等。主要目标是：季前抢占市场、季中提升销量、季末清仓，往往不限单品，节奏性很强，杀伤力不足，重点是把握节奏
	节日、活动日促销：各类法定节日、购物节日、店庆日、会员生日等活动日、周末促销、指定日期促销等形式	通常持续一天，重要的活动日则会拉长促销周期，如"双十一"、圣诞节等，因为目标主要是提升销量。会员生日主要目标是改善服务质量，故一般不延长周期。周末或指定日期（如每月 8 日）促销周期性很强，是短期促销长期化的典型做法。商家应留意指定日期促销对激活老客户的价值

续表

种类	说明	目标与应用场景
限时促销	限时秒杀或团购：限时秒杀也可以认为是限时团购，有限早期秒杀（奖励最早下单的前10单）等形式	秒杀或团购是电商的一大类玩法、一种促销手段，甚至催生了新的商业模式。例如，美团、Groupon等著名的团购平台商，实质是将分散的消费者聚集变成大买家，以获得面向渠道商的优惠。秒杀活动的玩法很值得研究，单品和全品类均可使用，主要目标是提升销量，对竞品杀伤力较大
优惠券	优惠券是一大类促销工具，有多种形式，按使用价值分为折扣优惠券、指定额度优惠券；按获取方式分为免费赠券、满额赠券、拉新赠券等	优惠券使用频率极高，许多用户已经产生了"免疫"反应，与优惠券同时出现的一句话是"买的没有卖的精"，故策划人员应关注"获得感"，以免被扣上"狡猾商家"的帽子。优惠券可以绑定或不绑定特定商品。导致优惠券被诟病的主要原因是使用条件，限期、满额、拉新、分享使用等各种使用条件限制不同，承载的目标也不同
有条件加购、优惠	有条件加购类促销工具包括加价购、满额购、满减、满额升会员级别等形式	有条件加购类促销工具是买赠类促销工具的改进，普遍认为比买赠的效果更好，成本更低，应特别重视。目标是提升销量、提升客单价或"带货"
样品、试用装、特惠装	厂商经常采用的促销策略包括长期陈列的样品打折销售、免费试用、买赠试用、家庭特惠包装等形式	美妆类新品经常用超小包的试用装，目标是新品促销，效果不差。2019年度突然流行的特大号网红可乐、麦当劳广告推荐的全家桶都是令人印象深刻的案例。某种程度上，它已经超越了促销范畴，而是产品创新，即促销可能是爆款打造的前奏，营销者应有意识地推动这一转变进程
折扣	上述所有促销类别均可以配合折扣执行	折扣是定价策略，不是促销工具，但从效果和使用场景看，我们将之作为一种促销工具讨论。例如，第二件半价其实是买赠5折，买一赠一从定价角度看是5折销售，可单品类参与也可全品类参与，如"双十一"期间全场5折。折扣促销的"获得感"最佳，商家也非常重视，甚至会定义不同的名字，如"温馨价""一口价""跳楼价""吐血价"等吸引眼球，折扣促销常常被竞争者用"狠""准"来形容，属于杀伤力很大的促销工具

表5-5罗列的促销工具并不完整，分类也有争议，甚至将定价策略也收入促销工具中，而一些典型的长期促销工具却没有列出，如会员次卡、售后保障促销等，读者可以自行补充相关知识。每个商家均应充分重视促销工具的灵活应用，认真评估各种促销工具的效果和ROI，沉淀促销工具组合的经验数据。

跨境电商平台相比内贸电商（天猫、京东），提供的促销工具不多，特别是外贸B2B平台。表5-6罗列了阿里巴巴国际站部分促销工具。

表5-6 阿里巴巴国际站部分促销工具

促销工具	入口	说明
折扣营销	My Alibaba→营销中心→商家自营销→折扣营销	只能选择在线批发商品（规格品），数量不超过50个，可以设置1~9.9折，限时折扣
优惠券	My Alibaba→营销中心→商家自营销→优惠券	可以创建5的整数倍美元面额的满减优惠券，优惠券的好处是创建后可以分享优惠券，这对激励二次购买有一定帮助

阿里巴巴国际站的其他促销需要通过活动营销实现。

2. 毁誉参半的促销

上面罗列了各种促销工具并进行了简要说明,因为促销工具种类繁多,无法一一详细讨论,下面用两个经典的促销案例展示促销工具的优势与局限,希望借此提醒读者趋利避害,直至锐意创新。

案例 5-2

日本绅士西服店奇葩搞营销:第 15 天打 1 折

1973 年 7 月,一家名为"绅士西服"的服装店在东京银座超市开业,"绅士西服"一开业就耍出了大招——全场第 15 天打 1 折。

哪怕是在东京这样的大都市,人们最多也只听说过 5 折、6 折的大促销,1 折促销是前所未有的。于是,有人担心这个所谓的"1 折"会不会有假,纷纷跑去一探究竟,结果发现"绅士西服"的门口挂着放大后的进货单,上面清清楚楚地写着进货价格和 1 折销售价格。只不过,"第 15 天打 1 折"的具体销售规则是这样的:所有商品在开张第 1 天打 9 折,第 2 天打 8 折,第 3~4 天打 7 折,第 5~6 天打 6 折,第 7~8 天打 5 折,第 9~10 天打 4 折,第 11~12 天打 3 折,第 13~14 天打 2 折,第 15 天打 1 折。

顾客在任何一天去购买都能享受到相应的折扣,当然,如果你想要以最便宜的价钱买到自己喜欢的东西,那么你就在最后一天去买就行了。但问题是,你想买的东西不一定会留到最后一天,因为"绅士西服"的所有款式或尺码,每款只有 20 套。这个活动推出后,第 1 天和第 2 天前来购买客人并不多,从第 3 天开始有一群一群的客人前来光顾,等到第 5 天、第 6 天的时候,顾客就像洪水般涌到商店,此后便连日爆满。因为所有人都担心自己想要的东西卖光了,所以打到 7 折的时候,就开始焦躁起来。

就这样,"绅士西服"虽然写明了是"第 15 天打 1 折",但事实上到了第 6 天、第 7 天时,店里已经没货了。于是老板重新上货,开启新一轮的"第 15 天打 1 折"促销活动。很快,"绅士西服"通过这一活动,在短短半年时间就令东京 80%的职业男性穿上了自己的西装,赚了个盆满钵满。

【案例分析】

案例 5-2 是营销领域著名的案例,最终的结局是"大团圆",对于此案例的总结如下:

(1)"绅士西服"深刻洞悉了消费者心理,设计了完美的促销活动,达到甚至超越了预设目标,最终赢得了市场。

(2)设计促销活动需要大胆创新,优秀的促销活动往往成于人们意想不到的创新。

(3)促销活动的力度如果超出消费者预期,往往能收获超出策划者预期的成果。

在讨论这个案例的时候,笔者的一位同事开玩笑地说:"这个案子中的促销活动对于我妈来说没有效果!在稻盛和夫先生的老家鹿儿岛做这种促销活动估计也没戏!"同事的玩笑话充分说明了这个案例为何可以成为经典案例,活动策划者的确深刻洞察了"东京""西服男"的消费心理。同事的玩笑话提示我们:促销活动的效果受目标对象、商品、店铺位置、消费水平等各种因素影响,实践中需要用辩证思维,从正反两面反思促销活动。

第五章　定价与促销

案例 5-3

吸尘器因促销折戟欧洲

1992年秋，美国某吸尘器公司想在欧洲做一场促销活动，以摆脱不景气的困境。因为当时公司前9个月已亏损了1 000万英镑。

该促销活动的内容是"凡是购买产品满100英镑以上的消费者，均可享受两次到美国的免费机票"。促销开始几个星期后，产品的零售商就开始增长了。为了获得免费机票，很多人一次就购买两台吸尘器。到1992年年底，旅行社受理的优惠领取次数达10万次，超出预期的一倍。

同时，促销活动的负面影响也凸显出来：消费者发现，所提供的免费机票时间滞后，而且并不容易获得。行业专家也提出了质疑，问其如何能从100英镑销售额当中取得足够的利润来提供两张到美国的免费机票。1993年，BBC电视台的调查人员在旅行社的远程销售部做了调查，发现公司用了附加限制条件来拖延免费机票的发放。附加条件中，要求消费者订住宿、订车并投保300英镑的保险。于是便有消费者将该公司告上了法庭。

一直到1997年，该公司仍在受理赔偿，总计花了2 000千万英镑来挽回这场促销活动的损失。

【案例分析】

本案例是著名的营销事件，显然，这是一个失败的促销活动，结局正好与"绅士西服"相反。公司当然不希望这样，相信促销策划者也不是傻瓜，我们不禁想问：为什么？这个案例让我们想到吴晓波先生的《大败局》中分享的那些案例，被吴先生称为大营销时代的弄潮儿们，同样犯下各种各样令人惊讶的错误，充满了戏剧性。也就是说，因营销、促销而衰亡的企业并不是少数。这里面到底有什么玄机呢？

笔者不能给出令人信服的统一答案，但至少有以下两点值得每个营销人谨记。

（1）促销固然可以带来销售增长，但促销其实是一种投资行为。这也是本书倡导的一种思维模式，即经营者思维，将全面营销的各种行动视为投资行为，坚持计算每次活动的ROI，把有限的资金、人力投入到最能产生价值的地方。同时，时刻警醒：投资有风险，有成也有败，进场的每个人都要时刻盘算手中剩余的筹码，确保有能力承受每次下注的最坏结果。

（2）促销失败时常发生，而且肯定会越来越频繁。《流量池》的观点是营销人员要有合理的"急功近利"的追求，笔者赞同这种观点。随着竞争的加剧，促销活动必然追求"意想不到的创新"，以实现预设的美好结局。这也是上述两个案例结果完全相反的原因之一，其实两个案例都行走在"危"与"机"的边缘，差之毫厘谬以千里。专业的电商促销人员将策划成千上万个促销活动，谁能保证一直不失手？我们希望每个促销活动都产生增量价值，但"急功近利"不可太过，要有合理的ROI，一味追求更高的ROI只会误入歧途。

这就是笔者给CMO们的忠告：促销活动的设计原则之一是扛得住最坏的风险，不追求极限的近利。虽然，目前困扰大部分电商营销人的问题是：促销活动经常效果不佳，甚至赔本赚吆喝。

三、促销规划

商家通过优惠券、红包等各种刺激手段,培养客户重复购买习惯的做法,称为客户激励。客户激励可以分为长期激励和短期激励。例如,单次的营销活动,可以完成一次直接的短期激励。常见的长期激励方式是会员体系。

会员体系是跨境电商中常见的客户激励方式,通过店铺会员体系可以留存核心购买力群体,达到促进店铺销量、提升店铺客户忠诚度、传递品牌价值的目的。会员体系本身是一种客户筛选机制,旨在筛选出更愿意支付的客户群体,并从中挖掘更多收益,对不同的客户提供不同的服务。

会员等级和会员权益是搭建会员体系的两个必备要素。

1. 策划独立促销活动

如前所述,促销受经营目标制约,故策划促销活动前,一定要明确经营目标,包括长期目标和短期目标,均应认真了解、深刻理解后,再着手策划促销活动,确保促销活动围绕经营目标展开。因促销成本越来越高,许多商家实施促销预算总量控制,策划人员应了解促销预算,在预算范围内策划促销活动。策划独立促销活动的要点包括:

(1)明确的促销目标,如打造爆款。

(2)明确的促销商品,包括单品、若干单品、单品组合和全品类等几种类型,应根据促销目标进行设定,并征询相关人员的意见。注意,促销单品越多,销售促进越大,但各单品的销售增长率是不同的,单位促销成本差异可能很大。多单品促销有助于打造爆款。

(3)明确的客户对象,包括新客户、老客户、特定画像潜在客户和所有客户等几种类型,应根据促销目标进行设定,并听取相关人员的意见。

(4)明确的促销时机,包括活动日、新品上市、前×位客户、淡旺季、目标销量等。

(5)明确的促销手段,如买赠、满减、优惠券等,详见表5-5。

(6)明确的促销期限,促销必须有期限设定,否则就超出了促销范畴(可能是一种定价策略)。注意,促销的边际效益(效果)随时间的推移而衰减,"双十一"全天销售额的变化曲线值得认真研究。

(7)明确的触发条件,例如,拉新、购买、分享、全额支付等可以获得优惠券,优惠券使用需单次消费满100元等。促销创新大量集中在触发条件的设计上。

(8)促销本身的传播,促销本身存在到达率问题,有时,我们需要对促销传播进行奖励。《流量池》中分享了一次促销实践——双向赠券,即送出×元优惠券,自己也可以获得×元优惠券,这次促销实践取得了巨大成功,这与及时奖励传播行为有关。

(9)明确的促销预算,促销必须在有限预算下执行。促销成本越高,则边际效益越低,故每次促销活动均应小心控制预算。为了精益控制促销预算,实践中,通常将促销成本归入销售费,而不是营销费,计在销售团队头上,会影响销售提成。

(10)明确的促销成效,策划促销活动时,应该预测促销成效,实施促销后,应该对比实际成效与预测成效的差异,这样才能不断积累经验,提升促销效果。

笔者将上述10条统称为"促销十要素",包含促销十要素的范例见本章后续内容,读者可参考范例,快速拟定基本达标的促销活动策划案,而产出高水平的策划案则需要长期实践经验的积累和不断的反思。

2. 组合应用促销工具

在激烈竞争的电商环境下，商家应不断变化促销工具，应用促销工具组合，尽可能将促销活动变得有趣、好玩、实惠。例如，可以在单次促销活动中使用组合促销工具，也可以设计多次促销活动，轮番使用不同的促销工具。促销工具的组合应用比单一促销工具应用更难，但可以达到更好的效果。

虽然当前许多促销被设计成组合工具应用，但也要特别留意单次促销活动不宜设计得过于复杂。特别是电商消费场景下，人、货、促销员分离，给一些促销工具的组合应用带来难度，如"实物新品体验+折扣优惠"就很难执行。但"买赠+分享返券+点评返现"的组合应用已被反复验证具有很好的"快速成交+裂变拉新+引流"的效果，也是电商较传统商业更易实现的组合应用。

3. 制订促销计划的步骤

通常，制订促销计划有以下关键步骤：

（1）明确经营目标和整体营销目标，在此约束一下确定一个时间段内的促销目标。

（2）根据促销目标策划一个或若干个促销活动，当然，每个促销活动均应设定本次活动的目标。

（3）将若干促销活动合理设定在上述时间段内，控制好促销活动的节奏。

（4）对促销计划进行预评估，可以是自评、他评或两者相结合，根据预评估结果优化促销活动及顺序。

（5）定案与交付实施。

重大促销活动一般还会安排预演和测试步骤，以确保促销有效、促销工具合适、促销效益最优。

4. 注意事项

促销是直接影响销量的重要手段，有时为了逐利，部分商家可能会设计有悖商业伦理、钻平台规则漏洞，甚至是违反相关规定的活动。营销人员应主动抵制不当促销手段，积极学习相关知识，提升识别风险和改善促销成效的能力。在策划促销活动时，有以下注意事项：

（1）坚持守法红线，绝不策划违法、违背商业伦理的促销活动。

（2）积极学习和遵守平台规则。在亚马逊平台打造爆款时，要特别留意库存，出现爆仓、延迟发货等情况会影响商家评分或降权。大力度折扣促销有时会被平台定义为不正当竞争或倾销行为。

（3）即使不违反平台规则，促销力度、影响面也绝不是越大越好，一定存在促销效益最优解，可参考本章后续内容，从定性、定量的角度综合分析，找到促销的最优解。

（4）促销需要准备周期，促销活动策划和促销计划应提前完成，给促销实施留下充足的筹备时间。

（5）促销活动执行效果受环境变化影响很大，没有万全的促销计划，执行中的促销计划会时常发生变更，并且考验 CMO 及执行团队的智慧，好的促销计划应准备计划变更预案。

四、促销成效评估

企业为保持稳定高效的运转，就必须对每一次促销活动都进行评估及总结，为今后的促销活动积累经验。促销成效评估可以分为过程性评估和终结性评估，过程性评估分事前、事中与事后进行，因一般电商促销活动时间比较短，过程性评估多执行定性评估（也有些量化数据的观测）。促销活动结束后，执行终结性评估，时间比较充裕，建议补充定量评估。

1. 过程性评估

（1）事前评估。在促销计划实施前所进行的调查活动叫作事前评估。其意义在于评估促销计划的可行性和有效性，或在多个可行性方案中寻找最佳方案。事前评估方法主要有征求意见法和试验法两种方法。

（2）事中评估。事中评估主要采用消费者调查形式来了解促销活动期间的消费者态度，如参与者数量、购买量和重复购买率等。调查内容主要分为3个方面。①促销活动进行期间消费者对促销活动的反应，指标有参与者数量、购买量、重读购买率、购买量的涨幅等。②参与活动的消费者结构，包括新老消费者的比例、新老消费者的重读购买率、新消费者数量的增幅等。③消费者建议，其中包括消费者的参与动机、态度、要求和评价等。

（3）事后评估。事后评估是在促销活动结束后对其产生的效果进行评价。评估方法主要包括比较法和调查法。

2. 终结性评估

终结性评估可以和事后评估合并进行，一般要给出目标达成度结论，可以定性描述为：目标达成；也可以给出达成度量化指标，如超出目标10%。另外，建议营销人员对每次促销活动进行ROI速算。前文已述，ROI的基本计算公式是：

$$ROI=投资所获利润/投资额 \times 100\%$$

公式看似简单，但实践中，"投资所获利润"并不好计量，即使在电商环境下也是如此，不仅计算利润的收入、支出难以核算，甚至归属某个促销活动的投资额都算不出来，营销人员会一脸无辜地看着你说："我也不知道钱都花到哪儿去了。"故CMO们应灵活使用该公式，追求两个目标：

（1）尽可能简化业绩评价指标的计算方法，确保有限的数据可以支持ROI的计算。

（2）在理解公式原理的情况下，大胆改写公式，得出一些有意义的量化评估数据。

从可操作性角度出发，本书仅使用比较粗糙的对比法进行定量评估。

案例 5-4

2019年三八妇女节，某美妆商家执行了一次单品买赠促销活动，活动规则是：购买商品A一份，免费赠送商品B试用装一份，多买多送，同时，商品A在3月8日打8折。商品A的销售数据见表5-7。商品A进货价是40元/份，商品B试用装进货价是8元/份。假设商品B试用装体积小，重量轻，不影响包装物流成本（买家承担）。求本次促销活动的简化ROI。2018年采用了相同的促销策略，当时测得的投资回报率为48.3%，假设商品进货价未发生变化，比较两次促销活动的成效，并进行分析。

表 5-7　商品 A 的销售数据

日期	销量/份	定价/元	折扣	销售额/元	进货价/元	进货成本/元	销售毛利/元
3月8日	853	100	0.8	68 240	40	34 120	34 120
3月7日	456	100	0.95	43 320	40	18 240	25 080
3月6日	463	100	0.95	43 985	40	18 520	25 465
3月5日	466	100	0.94	43 804	40	18 640	25 164
3月4日	468	100	0.94	43 992	40	18 720	25 272
3月3日	472	100	0.93	43 896	40	18 880	25 016
3月2日	473	100	0.93	43 989	40	18 920	25 069
3月1日	473	100	0.92	43 516	40	18 920	24 596
2月28日	475	100	0.92	43 700	40	19 000	24 700
2月27日	478	100	0.9	43 020	40	19 120	23 900
2月26日	450	100	0.9	40 500	40	18 000	22 500

解：

我们依然采用速算 ROI 计算公式：

$$速算\ ROI=促销期间增长销售毛利/促销成本\times 100\%$$

其中，

$$促销期间增长销售毛利=促销日销售毛利-促销前10日平均销售毛利$$

$$促销成本=赠品单价\times 赠送数量$$

代入数值计算得：速算 ROI=38.4%。即本次三八节采用的"打折+买一赠一"促销活动的投资回报率是 38.4%。

因此，2019 年的 ROI 小于 2018 年的 ROI，即 2019 年采用相同的促销手段，相比 2018 年度效果下降了，销售额几乎下降了 10 个百分点。因两次活动的间隔时间很长，可能导致此结果的原因很多，如竞争环境恶化，消费者基数增大但客单价降低，商品 A 受欢迎程度降低等，并不能确定哪个是关键因素，但应反思，如何创新促销方式，以在下轮促销活动中改善促销成效。

【案例分析】

（1）ROI 计算公式的分子被修改为：促销期间增长销售毛利，显然销售毛利并不等于利润。是公式应用错误吗？灵活的 CMO 应该这样看：一是因为严格的利润核算非常麻烦，代价太大会导致核算没有经济价值；二是因为计算 ROI 的意义是评估促销效果，而效果不在于一次计算的精确性，而在于多次计算的可比性。假设本次促销活动的 ROI 是 30%，这个数字是按利润严格精确计算得到的，能说明什么问题呢？实际上，除非 ROI 由正变负，单一数据才能产生指导意义。说明该促销活动入不敷出，不能再做了。只要是正值，单一数据的意义就不大，只能在对比中发现其指导意义。本例中通过不精确的 ROI 数值比较，也可以得到使用精确数值比较时相同的结果，即促销效果降低了。故 CMO 可以大胆修改 ROI 的计算公式，既降低了量化评估难度，又不影响评估意义。

（2）"促销期间增长销售毛利"的计算也是不精确的，采用的是促销当日销售毛利减去前10日的平均销售毛利作为"促销期间增长销售毛利"。读者会问，为什么是前10日平均而不是前5日，或者前一日？这就是前面所说的，CMO应尽量简化计算方法，利用尽可能少的数据得出合理的、有指导意义的效果量化指标。因为电商商品价格频繁调整，促销期间也可能快速调价，有的电商平台甚至可以"智能"调价。所以销售毛利的计算本来就不太容易精确，前10日平均与销售价格误差相比，已经算很精确了。前5日平均也是可以的，但前一日则有些不妥。大家知道，促销日前一日的商品价格通常不是"正常"价格。那么，到底是前5日平均还是前10日平均呢？还是回归计算的初衷吧！数值可比较才会产生价值，看看上一次的ROI是前5日平均还是前10日平均，统一起来，使两次计算可比较即可。

（3）促销效益的提高是另一个令人头疼的问题。案例5-4的计算结果并不能给促销效益的提高提供可能的方向，定性分析也没有找到促销效益下降的关键原因，故促销效益提高的基础是足够丰富的促销统计数据。即使有丰富的统计数据，提高促销效益也不容易。促销工具的种类和变化太多，很难测出"最"适用的促销工具。研究发现，促销力度与促销效果不是正比例关系。有的商品的刺激购买力度达到某个临界值后，要么不再有激励效果（效果骤降），要么达到引爆点，形成快速抢购的现象。显然，不同商品的"临界值"不同。迄今为止，并没有哪个学者能给出寻找"临界值"的计算模型，或许某种商品存在促销引爆点的说明本身就是悖论吧。因此，很多时候促销效益提高只能依靠营销人员的经验。

总之，例题中的各种变量或多或少存在不严谨的问题，但计算结果已经有了一定的指导意义，有效控制了促销评估成本，却没有影响评估结论，这就是有价值的评估。确定ROI的计算方法，又是CMO的专业性体现。长期跟踪和优化各类营销工作的ROI及其计算方法，才能磨炼出一名优秀的CMO。正因为业绩衡量指标的灵活性，企业更换CMO时，才更应深入理解其定义的业绩指标体系，否则，继任者可能很难看懂沉淀的数据。

第四节 促销策划

一、促销活动策划范例

因促销活动非常频繁，导致很多商家产生了促销依赖，好像不促销就不知道怎么卖货了。所以很多商家开始尝试固化策划报告的样式，提高促销活动策划的效率。请参考下面的促销活动策划案例。

案例 5-5

IDO手机配件中国供应商2018年年底引入全面营销管理模式，业务部副总转任CMO，主管设计、运营、销售和客服四大部门，属利润中心。另设营销策划专职岗位，由CMO直管。目前有两名策划经理，其中，思佳由原运营部副经理转岗为策划经理，主要负责短期促销活动策划。全面营销管理使公司2019年度实现销售额30%、利润28%的增长率，扭转了最近三年增长率持续回落的不利局面。公司主打商品是蓝牙耳机，其中销量最好的是M890，CMO要求在2020年继续推动M890销量增长。为了测试店庆日的促销成效，思佳决定在2019年成功组织店庆日的基础上，启动一次完全一样的店庆日促销活动，表5-8是按规定样式填写的促销活动策划表。

表 5-8 促销活动策划表

活动编号：2020-004　　　　　　　　　策划人：思佳　　　　　　　　　策划时间：2020-02-02

活动要素	要素说明
活动名称	店庆日镇店之宝单品促销（ROI 对照试验）
活动目标	目标类型：打造爆款 量化目标：累计出货 4000 件以上（相比去年增长约 30%，阿里巴巴国际站 1 店约 2000 件、2 店约 400 件，美亚大鱼号约 1600 件）
促销商品	蓝牙耳机 M890（SKU NO：MJ5858）
客户对象	北美情侣（美国、加拿大）
活动时间	促销时机：三月采购节、八周年店庆日、三周年店庆日、五周年店庆日 具体时间：2020 年 3 月 18 日、3 月 19 日、3 月 28 日 活动时长：24 小时
促销手段	1. 8 折定价（$16）； 2. 第 2 件半价； 3. 订单金额满$100，免费送 1 件
规则说明	活动平台：阿里巴巴国际站 1 店（3 月 18 日）、2 店（3 月 19 日）、美亚大鱼号（3 月 28 日）； 促销商品最小订单数 1 件，享受 8 折优惠（20% OFF）； 促销商品第 2 件半价； 本店购买任意商品消费金额每满$100，免费赠送蓝牙耳机 M890 一件
促销推广	1. 提前一周顶展 M890 图片打标； 2. 提前一周店铺首页主图换活动海报； 3. 提前一周搜索竞价日均投入增加¥500，全部用于推广 M890； 4. 提前一周发 Facebook 促销活动海报； 5. 提前一周 Twitter 客户号群发促销链接，2 次/天； 6. 批量订单客户三轮 EDM； 7. 提前一周各社媒发软文，1 篇/天
协助部门及任务	设计部：顶展图、主图海报、详情海报、软文主图等 运营部：P4P 推广策略调整、全网营销执行 销售部：大客户 EDM，重点客户引导活动日关单 采购部：美国东、西部仓，加拿大仓备货，及时协调供应商补货 客服部：活动规则答疑
项目组	组长：思佳，组员：设计师萌萌，运营天天，销售 Danny，采购文博，客服 Ada
预算	小计：18000 元，其中 增量搜索竞价推广费：3×500×8=12 000 赠品成本：200×30=6 000（按送出 200 件预算） 活动奖金：8 000 元
成果预测	量化目标达成率 80%合格，100%以上发放活动奖金 预收：其中 1 500 件 5 折，2 300 件 8 折，200 件赠送，小计$51 800（¥364 080） 成本：采购成本 4000×30=¥120 000，物流成本速算 4 000×30=¥120 000，销售成本速算 364 080×12%=¥43 690 毛利：364 080-120 000-120 000-43 690-120 00-6 000-8 000=54 390 速算 ROI：毛利/活动投入×100%=194%

续表

活动要素	要素说明
其他说明	1. 本次活动的促销手段与去年相同,主要为了对比 ROI 的数据变化(2019 年度相同促销活动的速算 ROI 为 189%,预测速算 ROI 小幅增长); 2. 按 100%目标出货量备货可能有 30%库存风险,120%目标出货量备货则可能产生爆仓风险,采购文博注意和销售 Danny 沟通,随时掌握大客户的销量
审批意见	CMO:同意,注意分析 ROI 的变化原因

该策划方案基本覆盖了"促销十要素"。从策划方案的形式看,与长篇大论的传统策划报告相比,策划表有以下几个特点:

(1)表格样式内容规范度比报告样式好,比较适合策划活动频繁且刚刚设置专职策划岗位的商家,有助于专职策划做出基本达标的策划方案。

(2)表格样式更简洁,有助于相关人员抓要点,适合部门间流转,信息丢失少。

(3)表格样式并不会降低策划的创新难度,可以用思维导图工具辅助创新。

从方案内容看,该策划方案是一个优秀的策划案例吗?因本节主要是展示包含"促销十要素"的策划工具表,故这个问题留给读者来思考。提示:这不是一个真实的促销活动方案,有经验的跨境电商从业者一定能看出里面不合理的地方。如果你看不出,就请教一下他们吧。

二、促销计划撰写范例

在某个经营周期,按时间顺序将一系列促销活动组合,即构成促销计划。促销计划中的各种促销活动不要求有严密的内在逻辑,但优秀的策划人开始围绕该时间段内的营销/经营目标,设计层层递进、依次展开的营销计划,把精心策划的促销活动点缀在这套大方案中,使得整个营销计划跌宕起伏如故事,富有节奏如音乐,精彩纷呈如电影。能达到这个程度,营销策划人就有了"风格",他们做的营销计划也就有了特别的"味道",接近艺术作品了。这是每个营销人都追求的境界。

对于促销,笔者不建议作为独立的计划单列出来,而应该融入营销计划中,成为整个营销大舞台的一部分。事实上,很多时候也很难将促销和营销分割开。但对于初学者,或许会将促销费计入销售费而非市场营销费,使得单列促销计划成为必要。与促销活动策划推荐使用策划表形式一样,促销计划也推荐使用简洁的表格形式,类似于汇总表,附上计划中罗列的各促销活动策划表,共同构成完整的促销计划。见表 5-9。

表 5-9 IDO 手机配件店促销计划表

编号	活动名称	目标	关联活动	客户对象	商品	促销工具	时机	时长	预算/元	成效
2020-001	你送礼我送你	打爆款	新年营销	老客户	MJ5858	折扣+买赠	元旦	1天	24000	速算 ROI:90%
2020-002	一张票换一张照片	打爆款	情人节 Show	青年情侣	MJ5858	优惠券	情人节	1天	20000	速算 ROI:150%
2020-003	更酷的新学期	打爆款	爆款软文	大学生	MJ5858	折扣+买赠	开学季	1周	30000	速算 ROI:90%
2020-004	店庆日镇店之宝单品促销	打爆款	店庆	青年情侣	MJ5858	折扣+买赠	三八节	1天	18000	速算 ROI:90%
2020-005	让妈妈做饭时听歌	打爆款	无	大学生的妈妈	MJ5858	折扣+买赠	母亲节	1天	12000	速算 ROI:90%

表 5-9 展示了 IDO 手机配件店 2020 年年初的促销计划表。除了列出名称的促销活动，该手机配件店还会在每周末参加周末特惠活动。从促销计划表可以看出，其目标非常明确，即把 MJ5858 打造成爆款。大部分促销活动都有关联的其他营销活动，成效采用速算 ROI 作为关键指标……

实践中，不要求在计划阶段完成所有促销活动策划，这个阶段的重点是找到支持营销计划的促销时机。策划人员把所有特别的日子罗列出来，然后一一对应促销主题即可。考虑到"急功近利"的营销导向，也可以给每个营销活动都配套促销工具。当然，也要粗略地计算出相应的促销费，以便在计划阶段完成预算报备。

如果是通过阿里巴巴国际站实现的促销活动，平台会完整记录有关信息，非常方便回顾活动，可以降低制订新促销计划的难度。

本 章 小 结

本章主要介绍跨境电商定价与促销。首先介绍了定价和促销的概念、成本构成促销工具及定价影响因素。其次介绍了定价策略在跨境电商运营中的应用，促销工具在引流、提高成单率上的应用，促销评估在完善促销活动上的应用，并通过建立定价体系来理论化、系统化地守住产品"底线"。希望读者在深度认识定价、促销方法的基础上，能建立系统化的定价体系，善于规划促销活动，实现客户的精准化定价、个性化促销，最终实现为顾客创造价值并吸引顾客的目标。

本 章 习 题

一、选择题

1. 跨境电商常用促销工具包括（　　）。
   A. 样品试用　　　　B. 优惠券　　　　C. 买赠活动　　　　D. 限时促销
2. 在完全竞争市场下，企业将按照（　　）来销售产品。
   A. 高于市场价格　　　　　　　　　　B. 低于市场价格
   C. 无法确定　　　　　　　　　　　　D. 市场价格
3. 在短期竞争条件下，为避免亏损，企业价格必须等于或高于（　　）。
   A. 平均可变成本　　B. 平均固定成本　　C. 平均成本　　D. 总成本
4. 促销最重要的任务是（　　）。
   A. 销售产品　　　　B. 传递信息　　　　C. 提供服务　　　　D. 寻找客户

二、问答题

常见的跨境电商定价方法有哪些？

三、实操题

某企业固定成本为 3 万元，该企业的产品单位变动成本为 50 元。如计划销售 6 000 件，在不亏本的情况下，企业应如何定价？

第六章　视觉营销策划

视觉，可以促进产品（或服务）与消费者之间的联系。

案例 6-1

视觉营销的经典案例

在做产品展示和推广时，视觉内容可引起"一图胜千言"的效果。研究表明，大脑处理视觉内容的速度比处理文字内容快 60 000 倍。此外，93%的人际交往是非言语的。因此，跨境电商中可视化的线上营销显得至关重要。很多公司在概念层面上能够意识到视觉内容的重要性，但很少有能抓住机遇将文字内容和视频内容进行有效结合，实现视觉营销效果的。以下是大众汽车和耐克以新颖独特的方式开展视觉营销的经典案例。

1. 大众汽车的 Facebook

大众汽车在 Facebook 上为品牌曾经的"光辉岁月"创建了可视化的时间轴。当读者在大众汽车发展史的视觉呈现中徜徉时，会对这家始于 1938 年的德国汽车公司有更深入的了解。当读者滚动时间轴时，会觉得自己好像是历史的一部分。通过时间轴，读者将会见证大众汽车最初在沃尔夫斯堡的工厂的建立，参与大众汽车突破百万生产量的庆典，仿佛身临其境。

这种寓教于乐的方式不仅有趣，还是一个适用于所有受众的策略。无论是汽车发烧友还是菜鸟都将通过浏览时间轴，学到有关大众汽车背景的人文课程。如何在你的企业中运用这个策略？利用 Facebook 时间轴，以可视化的形式呈现公司历史。用图片记录从公司开业到以后每个里程碑的历程。因为客户从他们决定购买之前的很长一段时间开始，就在研究产品背后的企业了，所以企业需要提供给客户做出合理决策所必要的信息，而用图片的形式分享企业故事，可以培养起与客户间的情感联系。

2. 耐克的 Instagram

耐克很早就采用 Instagram 打造品牌形象，对 Instagram 的巧妙使用也说明耐克熟稔社交网络背后的心理学，能够洞悉目标受众心理。从使用打上#字标签短语鼓舞人心的策略，到始终传递"以粉丝为先"的信息，体现了耐克以客户为中心的经营理念。例如，"#Never Not Running"和"#Make it Count"这样的宣传语很容易让粉丝备受鼓舞。耐克的图片通常能记录下人们日常生活中的运动瞬间，并用"Just Do It"这样的话语激励大家。

耐克的创意不仅限于对 Instagram 的运用。通过耐克推出的定制服务 Photo ID，粉丝们可以将自己的 Instagram 照片作为心仪的耐克鞋的背景。Photo ID 使得粉丝们能够构思、设计并分享创意。耐克也由此获得了更多的内容，调动了粉丝参与的积极性。此外，使用 Instagram 众包照片能激发更多的互动，很有可能会"路转粉"，让粉丝乐于为公司进行口碑宣传。

第一节　视觉营销概述

视觉是一个生理学词汇，也是人和动物最重要的感觉，人们至少有 80%以上的信息都是通过视觉来获得的。对于跨境电商企业而言，所有视觉效果的实现都以营销目标为前提。这种视觉不仅指店铺视觉，还包括移动端、独立站，甚至社媒、订阅、杂志、海报等一切展示产品的媒介或平台。

一、什么是视觉营销

视觉营销（Visual marketing）是指在商品营销过程中，运用展示技术和视觉呈现技术，通过刺激客户的感官引起客户的兴趣，使其对产品产生深刻的认同感和购买欲望，从而达到视觉营销的目的。视觉营销的目的是最大限度地促进产品（或服务）与消费者之间的联系，最终实现销售，增强企业营销效果。

21 世纪初，中国的专家学者马大力在《视觉营销》一书中明确提出"视觉营销是借助无声的语言，实现与顾客的沟通，以此向顾客传达产品信息、服务理念和品牌文化，达到促进商品销售、树立品牌形象的目的。"从视觉传达的原理和 VM 的原则入手，系统、全面地介绍了服饰商品的陈列设计、展示设计、系统陈列设计、VMD 设计等。这一观点在服饰行业有着非常大的影响，而且在代表着潮流设计的服饰行业终端卖场也得到了集中运用。

随后，在许多网站的策划中也引入了"视觉营销""视觉策划"等概念，并针对网站的特点，逐渐形成了网站视觉营销（Web Visual Marketing，WVM）。网站视觉营销是利用色彩、图形、声音、文字、动画、视频等数字化内容造成的视觉冲击力吸引访问者的关注，加深访问者对网站的兴趣，并不断点击了解网站信息，增强访问者对企业的好感及信任度，从而促成交易的过程。

二、视觉营销在跨境电商中的作用

视觉在人的五感中占主导地位，能最大限度地影响人的思维判断。人们在实体店购买产品，可以通过听觉、嗅觉、味觉、触觉去感知商品，但在跨境电子商务平台上购买产品，却只能通过视觉来判断产品信息与品质，然后做出是否购买的决策。随着跨境电商的发展壮大，跨境电商平台和网店增多，同质化产品增多，顾客选择更多，平台、店铺、产品品牌之间竞争激烈，平台、店铺、厂家压力增大，这就更需要通过网店装修、产品展示等，更好地吸引顾客。因此，跨境电商视觉营销非常重要，具体表现在以下几方面。

1. 吸引客户眼球，提升店铺客流量

美的事物总能吸引人们的注意力。在网上售卖商品，必须运用色彩、图片、文字等来包装，赋予产品美感，吸引客户关注。能够带来点击量的图片主要有：产品主图、横幅广告、关联图片等。

下面以两张视觉营销领域十分出名的图片和一个问题为例进行说明。如图 6-1 所示是婴儿纸尿裤平面广告初稿，并不是很有创意，因为产品的卖点是用大标题的文字进行说明的。初稿完成后，公司找了很多外国客户来看，记录下他们浏览不同位置的先后顺序和重点查看的位置，并据此进行视线轨迹研究，从而发现人们往往把呈现卖点的大标题放在最后浏览。

那么用户是否对大标题产生深刻印象了？于是公司又做了另外一项研究：根据统计发现，很遗憾，用户的目光都聚焦在婴儿的脸上（脸部为重点浏览位置），对公司产品卖点的关注少到可以忽略不计，因此可以说这是一个失败的广告。如何修改才能让用户将目光转移到文字标题上？最后公司让图片中的婴儿转身并看着标题（见图 6-2），通过这一简单的调整成功达到了卖点引导的目的。

图 6-1　婴儿纸尿裤平面广告初稿　　　　图 6-2　婴儿纸尿裤平面广告修改稿

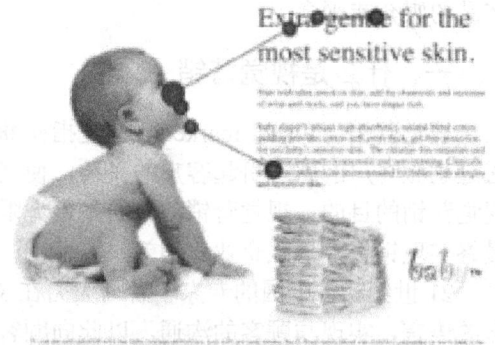

2. 唤起客户兴趣，让客户停留更久

当客户进入网店主页或产品详情页后，商家需要做的就是唤起客户的兴趣，留住客户，让客户停留更久。好的店铺招牌、banner 或产品详情页的首屏图片，往往能激发客户的购买欲望，让客户在店铺或产品页面停留得更久，这样成交的概率也就更大一些。

3. 刺激客户想象，提升成交转化率

研究显示：大脑处理的所有信息中，有90%来自视觉。赋予客户想象力，让目标受众产生直观的心理和情感共鸣是吸引留消费者的重要方式。产品通过精美图片的展示、生动活泼视频的演绎，充分刺激客户，帮助客户产生对产品特性和使用体验的美好愉悦想象，有助于增加客户的浏览时间，最终促进成交转化。

4. 塑造品牌形象，提高品牌认知度

视觉营销在塑造品牌形象、提高品牌认知度方面有重要作用。品牌是链接企业与顾客之间关系的纽带。优质的品牌形象，有助于增强跨境电商企业的产品竞争力。因此，在跨境电商企业的视觉营销中，店铺、品牌色彩的恰当搭配、主色突出、风格统一非常重要。视觉营销本质上是对品牌信息的高度浓缩，是品牌要传播的内容中最简单的记忆点。可以帮助解决传播品牌过程中信息聚焦的问题，使消费者在阅读品牌时能够清晰传播，在传播成本上达到了简化。因此视觉营销可以塑造品牌形象，提高品牌认知度。

因为跨境电商中的视觉营销面向不同国家或地区的受众，所以企业或平台在跨境电商中要关注视觉的民族性和时代性。例如，中华民族历史悠久、地大物博，人与人、人与物之间讲究和谐共处，因此在视觉呈现上要求表现得既深沉含蓄又强烈突出，反映出一种深层次的文化内容。德意志民族气候干燥，多山的自然环境造就了德国人的严谨，德国设计体现出工艺考究、制作精良，就连较为倾向艺术性的平面设计也自由不起来。乌尔姆设计学院提出的设计就是科学技术，从而形成重功能、重技术、缺乏艺术感的德国风格；法兰西民族则不同，地处温带海洋性气候，浪漫、时装、香水是这个民族的代名词，洛可可风的延存与装饰艺术运动的渲染形成了一种华丽、经典的法国浪漫风格。美利坚民族是个大融合的民族，渴望自由的环境造就了设计的幽默感与随意性，短暂的历史，自由的人性，使美国设计更具轻松、乐观的色彩，对商品的视觉色彩要求简洁、明快，各种食品包装色彩选用固定色。

视觉的民族性和时代性，是相互制约、对立统一的。视觉的民族性不是一成不变的，会随着时代的发展而发展，既包含着传统性又包含着现代性。视觉的时代性，也不能脱离民族性，因为历史与传统不能隔断，它具有连续的强大惯性，通过每一个细微环节施加影响，潜移默化，视觉如果失去民族性，不仅会使本民族的消费者失去认同感，还会在国际市场上因没有特色而被淘汰。视觉既应有纵向的、传统的继承，又应有横向的、国家间的、民族间的交流。在视觉设计上，民族性强调图案古拙，色彩厚重，文字大气；时代性则强调图案单纯、抽象，色彩对比度强，肌理接近于大自然，整体感更精致。

第二节　跨境电商的视觉与体验

一、图片、短视频与视觉

商品交易的过程，同时伴随着信息获取。在跨境电商发展的起始阶段，跨境电商平台本质上就是一个信息平台，如早期的阿里巴巴国际站以提供文字信息为主。随着互联网技术的发展，商品信息的表达形式逐渐过渡到了图文、视频、直播；图文相较于文字，会更直观，图文现在仍然是各类电商平台中商品信息表达的主要形式；视频相较于图文，更动态、更形

象，因此短视频是不可或缺的视觉表达形式；直播也是一种产品信息的表达，它是实时、有温度可交流的，因此直播形式越来越受欢迎。

1. 图片

Pinterest 和 Instagram 的崛起，显示出现代网络受众对图像与视频的喜爱程度远大于纯文字描述。另外随着 AI 辨识技术的进步，图片搜索将在未来成为相当重要的搜索工具。Amazon 预测，截至 2021 年，那些优先针对视觉化进行搜索优化的品牌，将比整个市场的其他品牌增加 30%的收入，如图 6-3 所示。

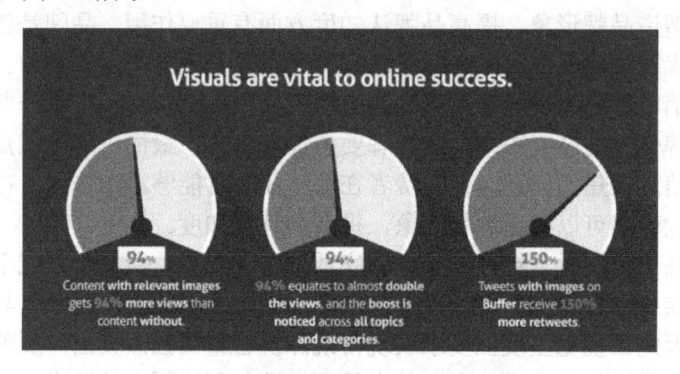

图 6-3 视觉化是在线互动成功的关键

视觉化的内容相较于文字，能为品牌带来更高的阅读量和互动率：彩色的视觉呈现将能提高 80%访客阅读的意愿；图片内容相比文字内容将能增加 94%的观看量；有图片的文章将能增加 150%的互动率；85%的消费者在看完购物影片后，会进行深入了解。对于电商来说，图片无处不在，图片品质的高低，决定了买家眼中商品的好坏，也决定了客户是否会购买商品。

（1）图片拍摄。

跨境电商图片主要分为两大类：公司图片和产品图片。公司图片一般用于旺铺装修及详情页通用模块，主要有公司信息、工厂图片、成功案例、资质证书等。产品图片一般是先通过产品系列进行归类，再通过产品型号进行细分。产品图片包含产品主图、产品详情页图片以及产品海报等。

商品图片拍摄是针对商品进行的图片拍摄，经过后期的美化处理及创意设计，突出产品的整体和细节，从而提升店铺的形象和自身价值，提升与同行商品的竞争力，增加店铺的点击率，提高店铺的成交转换率。公司图片是从不同角度拍摄的企业图片，可以彰显出企业实力，展现出美好的办公环境和真实的产品生产过程，进一步促进产品的销售。

跨境电商商品的拍摄要选择专业摄影棚，因为在专业摄影棚中光源操控、背景设计、道具运用等都极为方便。图片的拍摄主要分为四步：确定拍摄需求标准、制定拍摄方案、准备拍摄工具、根据拍摄方案进行拍摄。跨境电商公司一般都需要进行公司宣传照和商品图片的拍摄，拍摄之前，需要制定一套拍摄方案，确定公司拍摄照片需要的场景和需要拍摄的产品组，做好预算，供摄影师等相关人员参照执行。

在图片拍摄时，要求形准、色准、质优。常用的构图方式包括横式构图、竖式构图、斜线构图、对称式构图、框架式构图、黄金分割法构图等。产品拍摄取景主要涉及两大元素，一个是主体，另一个是背景。同时，在产品拍摄中背景又可以分为两部分，一部分是单色背景,另一部分是搭建背景,也叫场景。拍摄时的光线类型主要有自然光源和人造光源。布光技巧有正面及两侧布光、两侧45度角布光、单侧45度角不均衡布光、前后交叉布光、后方布光等。

(2)图片处理。

图片处理是跨境电商视觉营销的重要组成部分,视觉营销的重点在于将更多的信息有效地传递给客户。精美且富有特色的图片可以给客户留下深刻的印象,增加客户流量,刺激客户的购买欲望,提高商品的转换率,优化客户的购买体验,提高客户的信任度。

图片处理需要使用专业的软件,常用的图片处理软件是 Adobe Photoshop,简称 PS。该软件主要处理以像素构成的数字图像。PS 具有众多的编修与绘图工具,能有效地进行图片编辑,可以处理位图,图片放大或缩小都不会失真,而且相比其他软件更方便。在图像、图形、文字、视频、出版等各方面都有涉及。使用 PS 可以方便地进行颜色调整、饱和度调整、亮度调整、清晰度调整。

2. 短视频

(1)短视频发展背景及其重要性。

随着移动互联网的普及,视频逐渐成为电子商务网站中产品介绍、营销宣传、品牌传播的重要媒介。视频集图、音、文等于一身,内容相对完整、信息密度大,而且生产流程简单、制作门槛低、参与性强。随着客户对利用碎片化时间的需求越来越强,短视频逐渐成为跨境电商中营销信息表达的重要形式。

统计数据显示,2016—2020 年,各类互联网平台上,客户每年花在观看视频上的时间在逐年增加,浏览和观看视频已经成为社交平台用户的主流行为,视频营销已成为跨境电商行业较为常用且有效的营销手段之一。2016—2020 年美国成年用户每天数字活动的平均时长如图 6-4 所示。

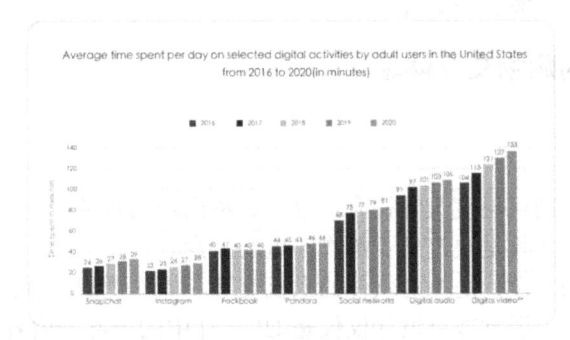

图 6-4 2016—2020 年美国成年用户每天数字活动的平均时长(分钟)

在这样的情况下,视频成为了 B2B 营销的重要方式。统计数据显示,在 2019 年超过 30%的 B2B 营销人员在内容营销中使用了视频形式,尤其是短视频。使短视频成为了国际站营销的主要方式之一。

在内容营销的时代,短视频是重要的流量入口,无论对商家还是对买家都非常重要。对于商家来说,短视频是营销工具,可以用来获取专属的曝光和更高的流量,从而推动转化。对于买家来说,可以提高买家看品的效率和看品的舒适度,让买家更真实、直观地购物。

(2)跨境电商视频类型及其特点。

在跨境电商中，常见的视频类型有主图视频、详情视频、旺铺视频、产品宣传视频四种。

主图视频属于产品讲解型视频，会展示产品的使用、功能、质检等多方位的信息。主图视频可以全方位多角度展示产品，彰显企业自身和产品的专业度，体现企业实力。主图视频主要介绍产品是什么，突出产品的核心卖点、使用性能亮点。通过主图视频，买家可以全方位地了解产品，从而提高买家看品的效率和看品的舒适度，最终提高买家喜好度、买家发送询盘和订单的效率。

详情视频是插入在产品详情页中，介绍产品信息等内容的视频类型。优质的产品视频对产品的细节和整体都有展示，结合产品操作使用过程的流程化表现，通过镜头语言的细节描写和整体呈现，完整地将产品的特点、材质及使用操作等逐一展现；结合虚拟动画进行原理说明，使视频通俗易懂、时长适中、节奏俱佳，从而刺激消费者下询盘，提高转化率。

旺铺视频，是以展示公司规模、认证资质、售后服务等服务和实力相关内容为主的视频形式。

产品宣传视频是内容营销视频，一般会通过真人出镜讲解/演示的形式展示产品或测试性能，以展现商家实力，建立买家和商家的信任感。在短时间内获取关注并激发客户的兴趣，从而引导客户询盘。

(3)短视频编辑制作。

随着短视频门槛越来越高，对拍摄和制作的要求也越来越高。未来，将有更多营销活动使用短视频，进行场景化融合。制作视频需要注重清晰度、画面比例、时长、视觉美感等要点，不同的视频类型有不同的视频制作标准。

借助各类视频编辑工具，可以实现视频的合并、剪辑、添加音频、添加特效等，后期制作是对视频素材进行的编辑和美化，能够增强视频的表现力和感染力。常用的 PC 端视频编辑工具包括 Premiere、After Effects、Camtasia Studio、会声会影和爱剪辑。常用的手机端视频编辑工具包括剪映、乐秀、巧影等。

二、买家视角的购物交互体验

1. UI 的内涵

近几年来用户体验的讨论度大幅提升，这种趋势出现的目的只有一个，就是提升客户体验。网购受众表示客户体验是决定是否购物的重要因素。

UI（User Interface）设计是指对软件的人机交互、操作逻辑、界面美观的整体设计，也被称为界面设计。界面中视觉效果设计仅仅是 UI 设计中的一部分内容。UI 设计所包含的不只有"用户"与"界面"这两部分，它的概念涵盖面非常广，是一个完整的交互关系体系，包括界面内容设计、交互体验设计、可用性设计等多个方面。人体工程学和市场上的商业模式都是 UI 设计需要考虑的因素。

不同应用的画面场景设计和针对用户的设计操作等都是 UI 设计过程中至关重要的部分，甚至对作品的可用性起到了决定性作用。经常见到的网页和软件中不乏人机交互、信息传输、界面操作等环节，编码设计在界面操作和信息传输中负责链接与加载，其他起引导作用的元素则属于视觉界面设计。总而言之，"用户"和"界面"是设计的两个基本要素，为了使这两者之间的关联变得更紧密自然，就要用交互设计使用户体验界面的操作过程变得更简洁、轻松、舒适。UI

设计在界面中除了能美化界面，还可以根据用户的使用习惯领会用户意图，减少用户操作步骤。用户界面在生活中随处可见，常见的功能展示页面、注册登录页面、手机操作页面等都属于用户界面。UI 存在于计算机、智能手机、智能手表等各类型的显示终端，如图 6-5 所示。

图 6-5　唱戏吧 App

2．优化客户购物交互体验

优化客户体验的核心，在于能否从客户的角度出发，来设计购物和浏览的流程，流程设计一般从心智模型、思维模式、友好反馈、视觉心理方面进行考虑。

首先，视觉设计信息表达需要符合用户心智模型。这些信息提示的图标设计、文字排版、色彩运用等整体设计与客户所构建的心理模型的契合度越高就越容易受到客户的青睐与喜爱。

其次，视觉设计的隐喻设计要迎合用户思维模式。"隐喻"是一种既简单又复杂的思维方式，通过人脑日常的积累，将未接触的抽象复杂的事物转化为一种与之相关联的浅显易懂的事物的联系。当这种联系初步建立时，用户在进行使用的过程中便会觉得心应手。对现实情况中购物的场景、过程及活动对象进行模拟，可以减轻用户在使用过程中的障碍，使用户在体验过程中感到亲切而熟悉。例如购物车，在现实世界中的常规概念里，它是一个装东西的容器，有存放商品、取出商品等功能。在购物交互体验中，如果有类似的功能，就会符合客户的心理预期，迎合客户的思维模式，让客户不需要有更多的思考。

再次，视觉设计需要友好的交互反馈。交互反馈可以根据交互界面的反馈大致可分为：视觉反馈，听觉反馈，触觉反馈 3 个类型。视觉反馈是与用户进行交互时最重要的反馈形式，可以让用户得到良好的反馈体验。如当用户进入等待界面时，图形在客户的视野中呈顺时针有缺口地转动，直至下一界面出现。另外，重视"快速的被解决问题"及"效率与便利"。提供即时的线上客服、自动应答的聊天机器人、完整的常见问题集 FAQ（Frequently Asked Questions），都能即时的解决潜在客户的问题。而简易的流程设计，如一键加入会员而不需先填写大量个人资料、订单配送状态通知、简易快速的退款服务等，将能优化消费者购物时的效率及便利性。

最后，视觉设计要满足用户视觉心理。通常情况下当用户进入到交互页面时，给用户视觉造成最直观的冲击是界面色彩效果。色彩的使用会影响用户心情、状态等各个方面，不同的界面色彩表达会给用户造成不同的浏览体验。另外，UI 的视觉要素中要注意调整各元素之间的一致性。交互界面中常涵盖多个元素，不同元素之间的交互目标需要互不干扰。UI 元素的外观是否和谐统一会直接影响用户的交互体验。同一类型的应用环境采用统一样式的格局，这样可以起到维护用户的思路，减少界面切换时的脱离性，提高交互体验的轻松感的作用。

3. 购物交互体验在跨境电商视觉营销策划中的应用

购物交互体验影响店铺用户在店内的访问路径。店铺是一个微型网站，它由主页、详情页及二级页面等多种页面组成。落地店铺视觉营销策划，需要厘清店铺页面的逻辑关系。利用页面之间的关系实现精细化展示、重点展示，凸显店铺可成交性，提高转化率。

店铺页面结构分为层级结构、树状结构等类型。其分类原则和产品分类原则类似，可以根据类目，也可以根据自定义的属性与使用场景来分，最终目的是便于用户购物与商家进行信息管理。例如，某服装店铺的页面结构包括 HOME PAGE、DRESS、COAT，DRESS 下又有 PARTY 和 COCKTAIL 的细分产品集合页，店铺页面结构如图 6-6 所示。

用户在店铺内的访问路径不是统一的，而是个性化的。用户进入店铺有一个落地承接页（以下简称"落地页"），这个落地页可能是店铺首页，也可能是二级页面、三级页面或者详情页、活动页，再由落地页进入中间页，最终引出成交、跳出等动作。店铺流量路径如图 6-7 所示。

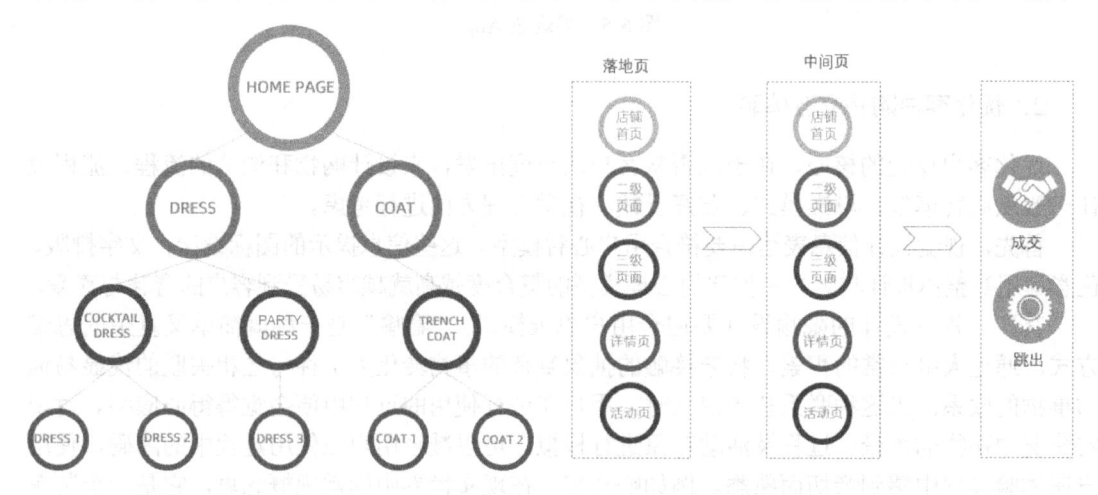

图 6-6　店铺页面结构　　　　　　　　图 6-7　店铺流量路径

店铺页面结构合理，可以优化流量承接、优化用户店内访问路径，从而提升店铺转化率。店铺流量路径统计如图 6-8 所示。

图 6-8　店铺流量路径统计

第三节 视觉营销效果评估

一、视觉营销成效评估指标

视觉引导用户访问路径，影响店铺点击率、转化率等店铺综合指标。店铺综合指标有多重影响因素，具体可参考本丛书《跨境电商 B2B 店铺数据运营》第五章。本节介绍在视觉中常见的过程评估指标，包括页面停留时长、平均访问深度和跳失率。

1. 页面停留时长

页面停留时长是指用户在店铺页面或商品详情页面停留的时长。一般来说，店铺通过口碑或市场营销来吸引潜在用户，视觉营销可能会影响访问者的二次访问概率。客户在页面停留时间长，可以解读为对该页面的内容感兴趣，其中应包含视觉的贡献。但页面停留时长并不是越长越好，例如，单次页面停留时长较长，但是用户不再回访，这也不是我们所期待的。正常情况页面停留时长比行业平均水平高 30%～50%是比较理想的。

页面停留时长一般由系统直接统计得出，如图 6-9 所示。

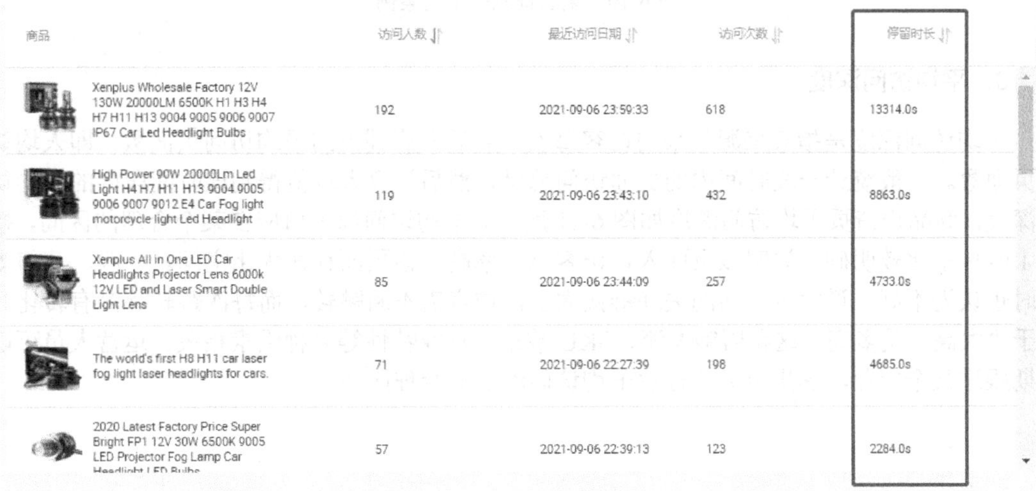

商品	访问人数	最近访问日期	访问次数	停留时长
Xenplus Wholesale Factory 12V 130W 20000LM 6500K H1 H3 H4 H7 H11 H13 9004 9005 9006 9007 IP67 Car Led Headlight Bulbs	192	2021-09-06 23:59:33	618	13314.0s
High Power 90W 20000Lm Led Light H4 H7 H11 H13 9004 9005 9006 9007 9012 E4 Car Fog light motorcycle light Led Headlight	119	2021-09-06 23:43:10	432	8863.0s
Xenplus All in One LED Car Headlights Projector Lens 6000k 12V LED and Laser Smart Double Light Lens	85	2021-09-06 23:44:09	257	4733.0s
The world's first H8 H11 car laser fog light laser headlights for cars.	71	2021-09-06 22:27:39	198	4685.0s
2020 Latest Factory Price Super Bright FP1 12V 30W 6500K 9005 LED Projector Fog Lamp Car Headlight LED Bulbs	57	2021-09-06 22:39:13	123	2284.0s

图 6-9 页面停留时长

2. 跳失率

只访问该页面/店铺/网站一个页面就离开的次数占总入店次数的比例。

例如，首页跳失率的计算公式如下：

首页跳失率=仅访问该页面人次/该页面的总访问人次×100%

案例：某店铺首页昨日总访问量是 1 000 人次，仅访问首页的是 400 人次，则昨日该店铺的首页跳失率为：

某店铺昨日首页跳失率=仅访问店铺首页的人次/店铺首页的总访问人次×100%

=400/1 000×100%=40%

需要注意的有两点,首先,跳失率总是在一定时间段内才有意义,这个时间段即统计周期,故可以有日跳失率、周跳失率、月跳失率等;其次,跳失率也可以针对某个页面、店铺、网站进行计算,但归根结底是页面跳失率。图 6-10 为某店铺跳失率的案例。

来源	访客数	访客数占比	跳失率	操作
推荐	107 较前1日 ▲17.69%	67.72% 较前1日 ▲4.15%	47.66% 较前1日 ▼8.71%	趋势
搜索	23 较前1日 ▲35.29%	14.56% 较前1日 ▼57.56%	73.91% 较前1日 ▲79.50%	趋势
间接站外流量	10 较前1日 ▼16.67%	6.33% 较前1日 ▼2.95%	0.00% 较前1日 ▼100.00%	趋势
基础工具	7 较前1日 ▼30.00%	4.43% 较前1日 ▼18.48%	57.14% 较前1日 ▼18.37%	趋势
直接站外流量	6 较前1日 ▲100.00%	3.80% 较前1日 ▲132.91%	0.00% 较前1日 ▼100.00%	趋势
其他	5 较前1日 ▼50.00%	3.16% 较前1日 ▼41.77%	60.00% 较前1日 ▲500.00%	趋势

图 6-10 某店铺跳失率的案例

3. 平均访问深度

平均访问深度是指某来源带来的访客每次入店后在店铺内的平均访问页面数,即人均访问页面数。一般统计一段时间内的页面访问总量,然后计算人均值得到该时间段内的平均访问深度,商品详情页平均访问深度如图 6-11 所示。平均访问深度值应在某个合理的区间,接近 1 时指示比较明确,说明该页面入口访客跳失率高,该页面存在优化空间。一般,该值太高时也认为不好,说明页面间的关联链接太多,访客需不断跳转,而每次跳转都没有转化。至于"太高"是多高,这和店铺客流、SKU 数量、行业特性等多种因素相关。运营人员可以长期跟进某个行业,逐步定义该行业平均访问深度的合理区间。

离店页面排行					
页面名称	访客数	访客数占比	下单转化率	平均访问深度	操作
商品详情页	152 较前1日 ▼11.11%	100.00% 较前1日 ▲0.58%	0.00% 较前1日 ▼100.00%	2.34 较前1日 ▼11.64%	趋势

图 6-11 商品详情页平均访问深度

除以上指标外,详情页转化率、访问路径、流量来源与流量去向也常用于视觉营销分析。

二、视觉营销的成本测算

跨境电商中的视觉营销成本主要包括人工成本、素材拍摄处理成本,以及推广成本等。人工成本包括摄影师、设计师、模特等人员所花费的成本。素材拍摄处理成本一般包括设备成本、耗材成本等。推广成本包括线上和线下的渠道成本。实践中,因推广成本通常计入总体营销费用,故暂不考虑。另外,随着跨境电商行业专业化、精细化的分工趋势,部分企业对视觉工作进行外包,以降低企业的整体运营成本。

> **案例 6-2**
>
> 全球跨境电子商务公司在阿里巴巴国际站开设了新店铺,主营蓝牙耳机,因该产品类目竞争激烈,公司决定重视视觉营销,招募了专职设计师 1 人,年薪 6 万元。公司还采购了一套视觉设备,采购成本如表 6-1 所示,运营期间,所有设计工作由专职设计师完成,未在视觉设计方面追加投入。第二年该设计师离职后,该公司将旺铺装修整体外包给外贸服务市场的万国跨境电商服务公司,该公司的报价如表 6-2 所示。该店铺平均 3 个月更新一次店铺整体设计,每月更新一次首页;每年更新产品 150 个,其中需要模特拍摄的产品为 20 个,每个产品视频时长均为 3 分钟左右。请计算该店铺首年及第二年在视觉营销方面投入的成本。
>
> **表 6-1 视觉设备采购成本**
>
> | 设备名称 | 单位 | 数量 | 单价/万元 | 金额/万元 |
> |---|---|---|---|---|
> | 单反相机 | 台 | 1 | 0.935 | 0.935 |
> | 摄影亮棚 | 套 | 1 | 0.165 | 0.33 |
> | 背景架 | 个 | 1 | 0.055 | 0.11 |
> | 背景布 | 块 | 3 | 0.033 | 0.099 |
> | 相机三脚架 | 个 | 2 | 0.066 | 0.132 |
> | 四灯头柔光箱 | 个 | 2 | 0.033 | 0.066 |
> | 金银反光板 | 个 | 2 | 0.0099 | 0.0198 |
> | 背景纸 | 套 | 1 | 0.0066 | 0.0066 |
> | 拍摄台 | 台 | 2 | 0.033 | 0.066 |
> | 机顶闪光灯 | 个 | 2 | 0.11 | 0.22 |
> | 造型灯泡 | 个 | 20 | 0.0033 | 0.066 |
> | 闪光灯套装 | 套 | 3 | 0.341 | 1.023 |
> | 拍摄道具 | 套 | 30 | 0.011 | 0.33 |
> | 图像处理计算机 | 台 | 1 | 0.8 | 0.8 |
> | 彩色激光打印机 | 台 | 1 | 0.5 | 0.5 |
> | 木质储物柜 | 组 | 1 | 0.15 | 0.15 |
>
> **表 6-2 视觉外包报价**
>
> | 服务类型 | 服务内容 | 报价/元 | 单位 |
> |---|---|---|---|
> | 拍摄、视频 | 静物拍摄 | 200 | 件 |
> | | 模特拍摄 | 500 | 件 |
> | | 视频拍摄与制作 | 1000 | 分钟 |
> | 设计服务 | 主图设计 | 50 | 张 |
> | | 详情页设计 | 400 | 张 |
> | 店铺装修 | 整店装修 | 800 | 次 |
> | | 首页装修 | 300 | 次 |
> | | 无线首页 | 300 | 次 |

解:
(1) 首年度,该公司的成本为:
人工成本+设备成本=60 000+39 500=99 500(万元)
(2) 第二年度,该公司的成本为:
店铺整体装修成本+首页装修成本+产品拍摄成本+产品设计成本
=(800×2+300×12)+(200×130+500×20)+(3×150÷60)×2 000
=5 200+36 000+15 000
=56 200(元)

第四节 视觉营销方案策划

一、视觉营销策划与实施流程

视觉营销起步于视觉营销策划方案。一份成功的营销策划方案,不仅能让团队成员各司其职合作无间,还能在一定程度保障视觉营销的效果,使得投入产出的可控性提升。

1. 视觉营销方案策划流程

视觉营销方案策划一般包含5个步骤。这5个步骤由一系列影响用户视觉体验的决策组成,这些决策具有层次性且彼此依赖,可以让我们逐步具体化视觉营销方案。

(1) 确定视觉营销目标。

任何营销策划活动开始前,都要制定营销目标,这是策划的总体构想,能为后期策划方案的实施和评估提供强有力的依据。其中的核心问题有两个。

一方面是企业想要表达什么样的内容、达成什么样的商业目标,进而确定店铺的转化率、页面停留时长等具体指标。

另一方面是店铺的主要客户群体想看到什么内容。这就需要了解该店铺的主要客户群体。例如,在阿里巴巴国际站,我们可以针对不同的客群、国家/地区对客户进行细分,并有针对性地设置其访问的页面,甚至可以根据客群设置不同的页面,如图6-12所示。

(2) 视觉营销概念设计。

要将视觉营销中的定位转化为实际的需求,需要对视觉营销的内容进行定性描述,如店铺的风格形式、色调等。例如,儿童服饰店铺可能会这样描述:卡通童话风格,黄色为主色,多用明快色调,整体感受温暖、舒适。这个阶段可以参考优秀竞争对手的营销方案。在产品层面,也可以评估现有市场中竞品的差异,找出自身产品的优势,在营销策划方案中,将该优势突出强调。

(3) 店铺页面结构设计。

该步骤设计店铺页面结构,厘清店铺页面的逻辑关系,设计用户在店铺内的访问路径。例如,某服装店铺的二级页面包括 DRESS 和 COAT,其中,DRESS 下有 PARTY 和 COCKTAIL 两个细分产品集合页。那么这个店铺就是"首页—二级页面—三级页面—详情页"四级结构。

图 6-12 阿里巴巴国际站的智能首页设置页面

(4) 页面框架设计。

页面框架设计是指某个具体页面的框架布局设计。阿里巴巴国际站的页面主要分 3 类，首页、二级页面和详情页。不同的页面有不同的逻辑结构，框架设计要将内容、视觉元素、交互功能进行统一的、有内在凝聚力的架构布局，达到视觉营销效果与效率的最大化。更细节的有商品、认证证书、展会图片等的陈列方式，以及页面整体的视觉动线设计，均应在页面架构设计阶段考虑。

(5) 视觉素材规划。

最后进行素材的规划，包括图片素材、文字素材、视频素材等。不仅要确定素材种类，还要确定具体数量、质量标准，以及筹备进度计划等。

2. 视觉营销方案实施流程

首先，一套新的视觉营销方案准备好后，不能直接投入市场使用，而是应该进行试运行。因为一旦失败，就会造成很大的损失，所以这一步不可省略。A/B 测试是比较常见的方法，将新方案与旧方案同时执行一段时间的 A/B 测试，根据测试结果决定是否启用新方案。有时，因主图对曝光点击率的影响较大，还会对主图进行单独测试。

其次，我们要根据数据反馈，完善视觉营销策划方案。

再次，正式启用。视觉营销策划方案完善后，就要正式投入市场使用。在这个阶段，要严格按照策划方案进行，控制好预算，营销负责人要起到监督作用。

最后，跟踪评估视觉营销方案。在视觉营销过程中，要进行跟踪评估和总结，并落实在书面报告上，以便沉淀经验，循环迭代。

此外，视觉营销还应该注意以下几个问题。

(1) 视觉营销应该与其他营销紧密联动。视觉营销是整个跨境电商营销的重要组成部分，不能与其他营销任务割裂，经常换首页，不与其他营销联动，不对整体营销目标负责的做法完全没有意义。

（2）视觉营销需要有节奏地实施。确定一轮视觉营销的总周期后，应细分为多个小周期，把视觉营销的总目标分解到每个小周期目标中，明确小周期内的营销动作、规则，这样有利于提升视觉营销目标的达成率，反复迭代也更能培养视觉营销团队的能力。

（3）创意是视觉营销成功的关键因素。创意可以参考同行标杆，但不能照搬别人的东西。只有充分体现本企业特点的创意，才能赢得消费者的信任。

二、店铺视觉营销策划案例

案例 6-3

服装店铺的视觉营销策划

全球跨境电子商务公司旗下品牌 L&C 创建于 2011 年，致力于成为全球新兴市场中最受欢迎的智能设备和移动增值服务供应商。公司以其在东南亚和中东地区的领先手机解决方案服务而闻名。L&C 的优势产品是高度定制的智能手机和功能手机，手机带动了手机配件及 3C 周边产品的发展，形成了以手机为主、手机配件和 3C 智能产品为辅的多元化发展态势。请和策划经理 Coral 共同完成该公司在阿里巴巴国际站的店铺视觉营销策划的定位。

对该店铺的视觉营销定位，通过企业目标和客户群体需求两方面分析完成。

1. 进行主要客户群体定位

该店铺的主要采购客户群体来自于东南亚、印度，年成交金额在 500 万元以上，一般是高 MOQ 偏好，年交易次数在 2~4 次。次要客户群体是小批发群体，来自于东南亚、美洲和欧洲，年成交金额在 6 万~12 万元，年交易次数在 2~8 次。因此，店铺视觉营销策划除了一般的店铺页面，还要重点考虑这两类客户群体的需求，设置千人千面首页，如表 6-3 所示。

表 6-3 L&C 店铺主要客户群体定位

客户群体	客户属性		视觉营销要点
重点客户群体1	区域属性	东南亚、印度	千人千面首页1
	年成交金额	500 万元	
	MOQ 偏好	高	
	交易次数	2~4 次	
重点客户群体2	区域属性	东南亚、美洲和欧洲	千人千面首页2
	年成交金额	6 万~12 万元	
	MOQ 偏好	中	
	交易次数	2~8 次	

2. 规划商业目标

（1）店铺转化率。该店铺的平均转化率为 2.3%，计划通过视觉营销的投入，提升 0.2% 的转化率，使店铺转化率达到 2.5% 以上。

（2）首页人均访问时长：参考平台数据得知，首页行业平均的人均访问时长为 40s 左右。该店铺首页人均访问时长从 5 月份开始就处于行业优秀水平之下，并呈现逐渐下降的趋势，8 月份甚至低于了行业平均水平，亟待调整。计划通过此次视觉营销策划，将首页停留时长恢复到 45s 以上，如图 6-13 所示。

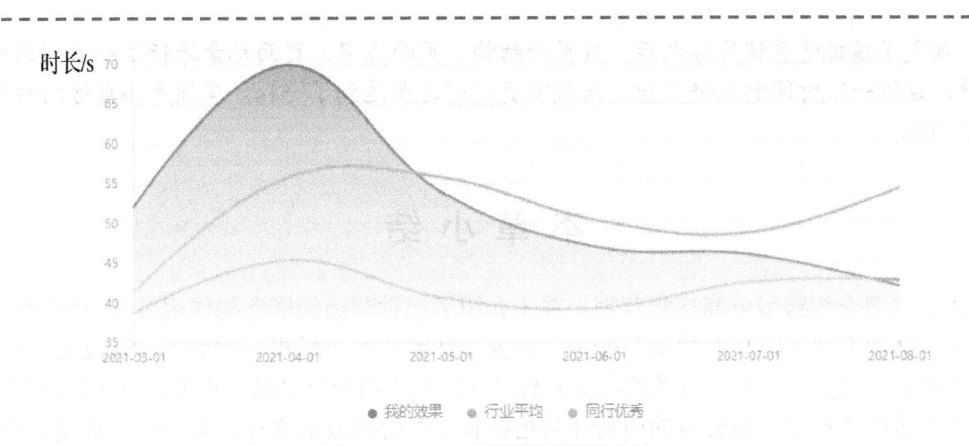

图 6-13　L&C 店铺首页停留时长

（3）产品页人均访问时长：参考平台数据得知，同行优秀的产品页人均访问时长为 200s 左右。该店铺产品页人均访问时长从 5 月份开始超过了行业平均水平，并逐渐上升到 160s 左右，距离行业优秀水平尚有差距。该店铺计划通过此次视觉营销策划，能使产品页停留时长达到 200s 以上，如图 6-14 所示。

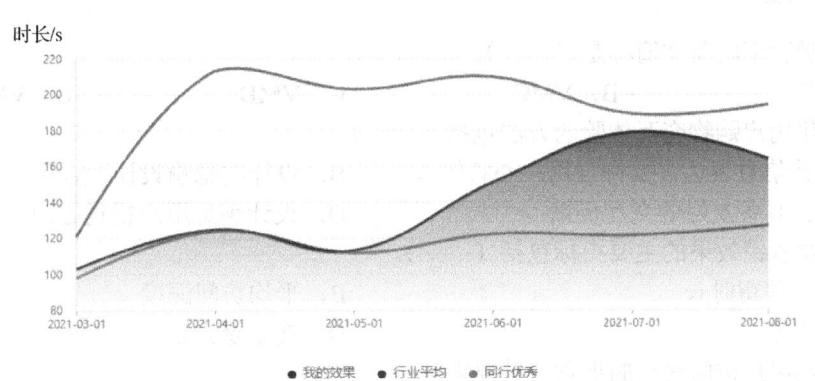

图 6-14　L&C 店铺产品页停留时长

3. 形成视觉营销策划表

经过视觉营销定位策划，形成视觉营销策划表，如表 6-4 所示。

表 6-4　视觉营销策划表（视觉营销定位）

策划人：Coral　　　　　　　　　　　　　　策划时间：20210910

视觉营销要素	要素说明
客户定位	店铺存在两个重点客群，见表 6-3
商业目标	店铺转化率大于 2.5% 首页人均访问时长大于 45s 产品页人均访问时长大于 200s
协助部门及任务	运营部：装修数据监控、测试策略沉淀
审批意见	CMO：同意

确定了该视觉营销目标之后,对页面结构、页面框架、页面元素进行了一系列的配套设计,经过一段时间的数据监控,店铺首页访问时长达到了 51s,店铺产品页访问时长达到了 200s。

本 章 小 结

本章主要介绍跨境电商视觉营销。首先介绍了视觉营销的概念与作用及其在跨境电商中的作用。其次介绍了图片的拍摄与处理,短视频营销的主要形式与关键点,以及如何拍出高曝光的创意短视频,买家视角的购物交互体验(特指人机交互体验,即 UI)的内涵和视觉要素。再次讲解了视觉营销成效的简易评估指标和视觉营销成本测算。最后在了解视觉营销方案策划与实施流程的基础上,给出了一个店铺视觉营销策划案例。

本 章 习 题

一、选择题

1. 视觉营销的英文简称是(　　)。
A. VIS　　　　　　B. VMC　　　　　　C. VMD　　　　　　D. VMS
2. 优化用户购物交互体验的方法包括(　　)。
A. 设计信息表达需要符合用户心智模型　　B. 设计的隐喻设计迎合用户思维模式
C. 设计具备友好的交互反馈　　　　　　　D. 设计满足用户视觉心理
3. 视觉营销效果的主要指标包括(　　)。
A. 页面停留时长　　　　　　　　　　　　B. 平均访问深度
C. 跳失率　　　　　　　　　　　　　　　D. 搜索曝光率
4. 影响用户访问路径的视觉营销要素是(　　)。
A. 店铺页面结构　　　　　　　　　　　　B. 详情页结构
C. 店铺风格　　　　　　　　　　　　　　D. 视觉元素

二、实操题

应用跨境电商视觉营销方案策划思路,评估某跨境电商的视觉营销方案。

第七章　平台营销策划

平台，本质上是市场的具化

案例 7-1

善用平台营销，成就"全球好卖家"

××纺织有限公司（以下简称"公司"）1998 年在上海成立，是服饰行业的知名生产出口企业。阿里巴巴国际站 SKA 店铺月访客超过 2 万人，2020 年出口额破亿，其中 95% 的订单来源于阿里巴巴国际站，回顾这 17 年的跨境电商之路，公司合伙人坦言几乎每个订单都是从"产品被看见"开始，公司在国际站排兵布阵的精髓即是"问鼎+顶展+金品"。

从 2004 年到 2021 年，从线下传统展会到数字化出海，从最早一批金品诚企会员到阿里巴巴国际站 SKA，公司在网站营销策划上紧跟国际站新规，将网站营销工具实现效果最大化，将自己的品牌遍布海外，成为了名副其实的"全球好卖家"。

2020 年，阿里巴巴国际站推出"问鼎"这款营销工具后，公司第一时间购买投放，问鼎广告上线投放的第一个月，访客数从 8 000 人直接增长到 22 000 人，增长率 175%。后受新冠肺炎疫情持续影响，外贸环境进入新形势。为了蓄力三月新贸节，公司第二次购买问鼎，之后月访问人数实现 110%增长，平均 90 天成交 38 万美元。目前公司的询盘数已经处于行业优秀水平，询盘数提升 80%，点击率最高接近 5%。

"客户寻找供应商，搜索关键词后，在阿里巴巴国际站整个搜索页面，客户第一时间看到我们店铺的问鼎和顶展都排在第一位，点击进去看了详情之后，又看到我们是 17 年的金品诚企会员，第一印象就是'这是一家有实力的公司'！"如图 7-1 所示，在公司的营销布局计划里，顶展和问鼎搭配金品诚企，是不可或缺的助力。

正是因为善用了平台营销工具，特别是品牌营销类工具，不到一年时间，公司就成了帽子行业的 TOP 商家。

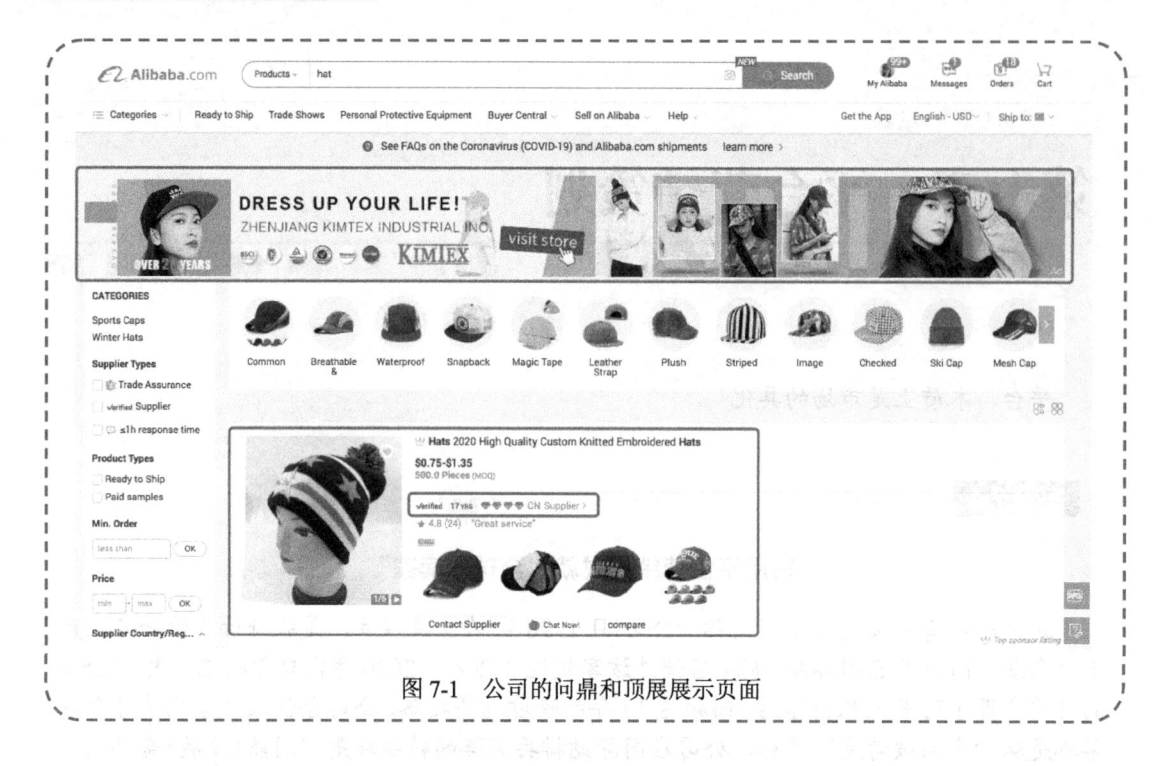

图 7-1　公司的问鼎和顶展展示页面

第一节　概　　述

了解跨境电商平台营销策划是跨境电商平台运营过程中的重要环节，随着客户需求的不断变化，跨境电商平台营销也随之变化，商家需要了解阿里巴巴国际站的营销规则，选择符合自身产品卖点和平台定位的营销工具，以实现营收目标。

一、跨境电商平台营销概念

跨境电商平台营销的概念有狭义和广义之分。

广义的跨境电商平台营销被认为是跨境电商营销"三板斧"之一，指在跨境电商平台上，以满足客户需求为核心，通过平台的视觉、运营、交互、服务等工具，获取更多流量，实现产品曝光、点击、反馈的数据持续提升，从而获得更多订单，最终打造优秀的品牌形象的全部工作。

狭义的跨境电商平台营销指以满足客户需求为核心，应用电商平台提供的各种营销工具，获取更多流量，从而获得更多订单，并打造优秀的品牌形象。例如，阿里巴巴国际站的营销中心。核心解决的还是流量问题，兼顾品牌形象。

相对于其他营销方式，社交媒体营销需要在跨境电商平台之外去经营社交媒体账号，搜索引擎营销需要设置网站、积累数据。跨境电商平台营销和平台融合程度高，操作难度相对较低，门槛相对较低，是一种适合大部分商家使用的营销方式。阿里巴巴国际站商家后台有专门的营销中心一级菜单，提供了不同种类的营销工具供商家选择，分为商业营销中心、活动营销中心、商家自营销中心、工具和服务共 4 个板块。本章节会围绕该模块进行详细介绍。阿里巴巴国际站营销中心页面如图 7-2 所示。

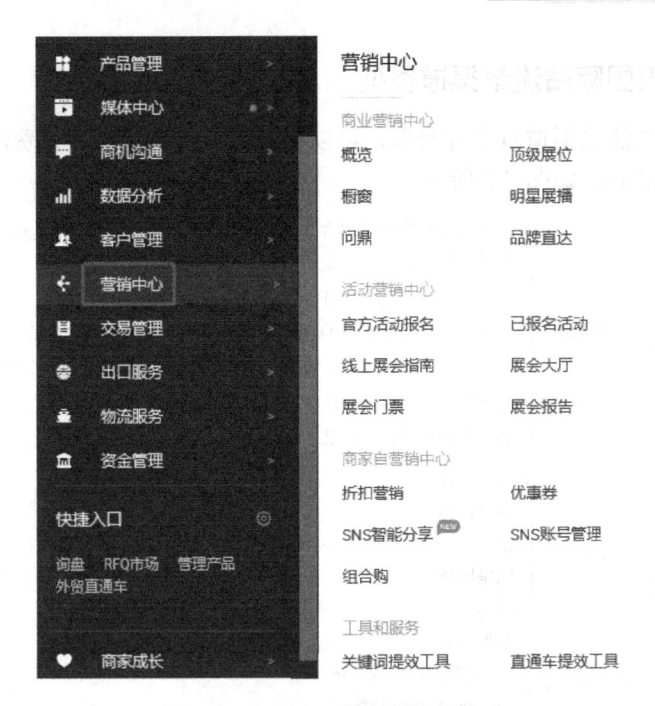

图 7-2　阿里巴巴国际站营销中心

二、跨境电商平台营销的价值定位

跨境电商平台营销的价值，主要包括 4 个方面。

（1）跨境电商平台本身品牌效应的引流作用。阿里巴巴国际站本身是一个巨大的互联网商场，类似于线下的沃尔玛。作为全球最大的 B2B 跨境电商平台，阿里巴巴国际站物流已覆盖全球 200 多个国家地区。利用自己的品牌效应，阿里巴巴国际站吸引了大批流量，平台商家再通过合理的竞争，去获取流量。通过这种方式，减小了中小型企业引流困难的压力，让更多的优秀商家、优秀产品得以走出国门。

（2）相对于社会化媒体营销和搜索引擎营销，跨境电商平台的流量更精准。访问跨境电商平台的用户，本身的主要目的就是购物。而使用社交媒体和搜索引擎，目的就更加多样化，可能是休闲或聊天。因此，跨境电商平台带来的流量匹配度更高，转化率也更高。

（3）跨境电商平台更适合商品陈列，发挥视觉营销和服务营销的价值。跨境电商平台通过数字化手段，将商品数据、交易数据整合在一起，使交易流程更加透明，交易更加高效，降低了交易风险，带给了商家便利。平台多年积累的数据和运营经验，可以帮助商家选择最好的视觉营销工具，并且随时根据市场动态调整变化。同时，除了平台官方的运营手段，商品详情页、店铺主页、跨境直播等功能，也给了商家极大的自主权，让商家可以自由展示企业风貌及产品特色。

（4）跨境电商平台营销工具丰富且有针对性，更适合货品营销。以阿里巴巴国际站为代表的跨境电商平台拥有不同种类的营销工具，有关于变现的，有关于品牌推广的，有关于特定类型产品的。不同的商家可以根据自己的需要进行选择。同时，跨境电商平台还将目前流行的互联网营销手段进行了融合，如社交媒体营销、邮件营销、搜索引擎营销，商家可以利用平台的智能工具，快速完成各类营销活动的设置并统一管理，最大限度优化营销方案。

三、阿里巴巴国际站流量渠道类型

阿里巴巴国际站流量渠道有多种类型，可以将其分为自然流量、付费流量、活动营销流量和自营销流量四部分，如图 7-3 所示。

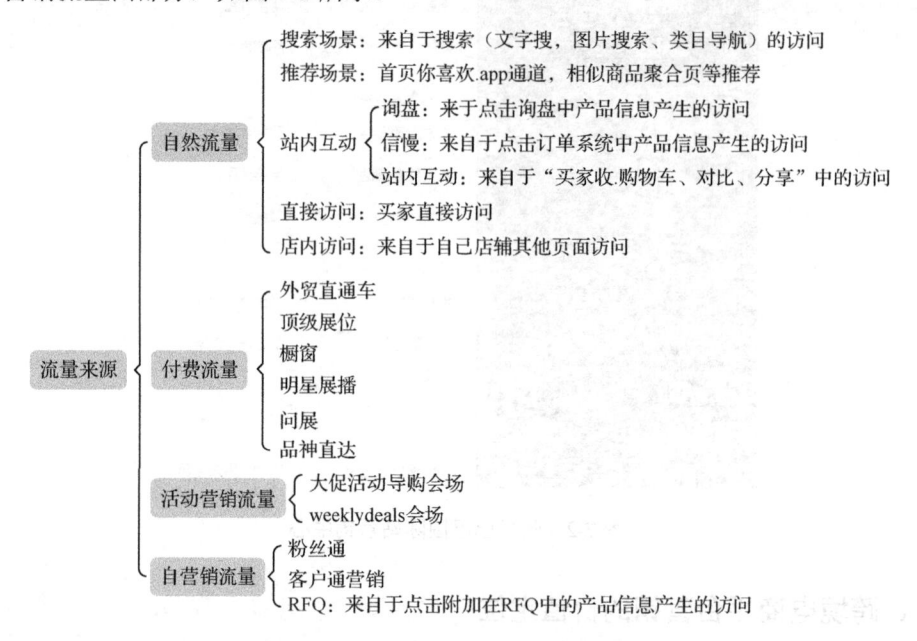

```
流量来源
├─ 自然流量
│   ├─ 搜索场景：来自于搜索（文字搜、图片搜索、类目导航）的访问
│   ├─ 推荐场景：首页你喜欢.app通道，相似商品聚合页等推荐
│   ├─ 站内互动
│   │   ├─ 询盘：来于点击询盘中产品信息产生的访问
│   │   ├─ 信慢：来自于点击订单系统中产品信息产生的访问
│   │   └─ 站内互动：来自于"买家收,购物车、对比、分享"中的访问
│   ├─ 直接访问：买家直接访问
│   └─ 店内访问：来自于自己店铺其他页面访问
├─ 付费流量
│   ├─ 外贸直通车
│   ├─ 顶级展位
│   ├─ 橱窗
│   ├─ 明星展播
│   ├─ 问展
│   └─ 品神直达
├─ 活动营销流量
│   ├─ 大促活动导购会场
│   └─ weeklydeals会场
└─ 自营销流量
    ├─ 粉丝通
    ├─ 客户通营销
    └─ RFQ：来自于点击附加在RFQ中的产品信息产生的访问
```

图 7-3　阿里巴巴国际站流量渠道类型

1. 自然流量

自然流量是商家在阿里巴巴网站上架产品后，产品获得免费曝光而获取的流量。主要包括搜索流量和推荐流量两种。搜索流量是通过买家在阿里巴巴国际站首页搜索产品关键词，网站根据搜索结果展示符合买家要求的产品而获取的流量；推荐流量，是平台在猜你喜欢（见图 7-4）、品类频道展示（见图 7-5）等渠道根据买家购物行为向买家推荐产品而获取的流量。

图 7-4　"猜你喜欢"（JUST FOR YOU）板块展示

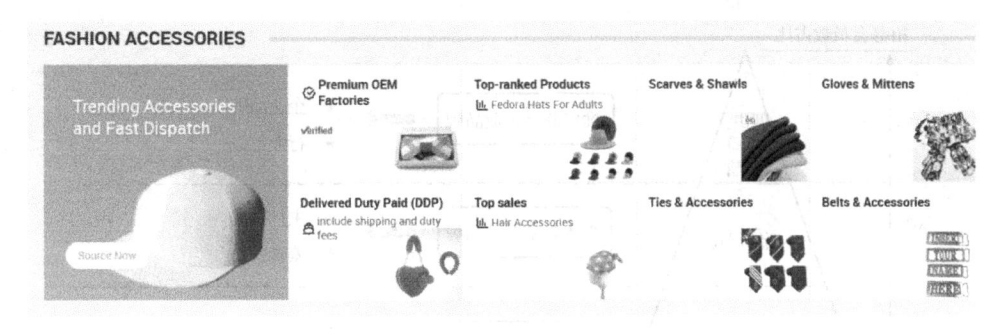

图 7-5　品类频道展示

2. 付费流量

付费流量指商家通过额外付费购买营销资源而获取的流量，主要包括顶级展位、外贸直通车、明星展播、问鼎、品牌直达等。最常见的付费流量形式是付费搜索广告，在阿里巴巴国际站首页搜索关键词，在搜索结果展示页面中右下角带有"Ad"图标的即为付费广告产品，本章第二节会做详细介绍。

3. 活动营销流量

活动营销流量指商家通过报名阿里巴巴举办的各类活动，在营销活动集合页等相关渠道获取到的流量。目前阿里巴巴国际站的平台活动主要有平台大促（三月新贸节、九月采购节）、日常活动（按照行业划分的活动、按照地域划分的活动）、直播活动、Weekly deals 活动四大类。商家可以根据平台的商家星等级，报名参加符合规则的活动，以获取此类流量。

4. 自营销流量

自营销流量是商家对客户主动营销获取的流量。包括 True View 内容营销、客户通 EDM 营销、RFQ 营销等。自营销流量可以精准触达买家，以获得买家关注、新人和老客户的二次回访，促进商机高效转化。

根据流量渠道类型及其特点，商家可以根据店铺实际状况与营销预算进行引流。

第二节　阿里巴巴国际站营销矩阵

阿里巴巴国际站提供了 3 个层次的营销工具，如图 7-6 所示。第一层级是明星展播和问鼎，主要用来推广商家企业品牌；第二层级是顶级展位，用来推广产品并进行差异化营销；第三层级是 P4P 推荐广告，主要用来实现高效获客引流。

一、品牌营销工具

品牌营销是为了提升品牌效益而产生的一系列营销活动。随着跨境电商行业的发展，越来越多的企业从产品出海升级为品牌出海，因此外贸数字营销，更是品牌营销。品牌营销可以降低买家的决策成本、赢得买家的第一印象，从而获得品牌信誉和品牌溢价。

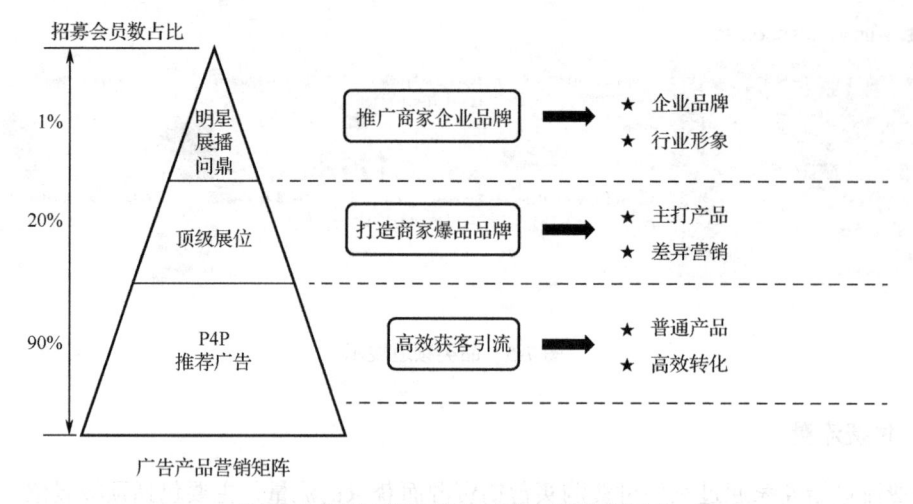

图 7-6 阿里巴巴国际站广告产品营销矩阵

阿里巴巴国际站提供了一系列付费营销工具来协助商家进行品牌营销，主要包括明星展播、问鼎、顶展、品牌直达等。这些品牌营销工具根据买家消费决策链路分为3个部分，如图 7-7 所示。

图 7-7 阿里巴巴国际站品牌营销类型

第一部分是买家在打开网站首页时，在首页可以看到的明星展播广告位，是买家对商家品牌的第一印象，通过首焦强曝光，建立买家的品牌认知。第二部分是搜索场景，当买家有了搜索行为以后，商家可以通过问鼎（搜索结果页顶部通栏广告）、顶展（搜索结果页首页首位）、P4P 搜索位（搜索结果页首页 2-6 位及其他位置）、品牌直达（企业品牌词及品类的关联推广）让买家在第一时间看到品牌产品，增强品牌印象并获取转化。第三部分是当买家结束搜索行为后，商家可以通过回眸、P4P 推荐等营销工具，让自身的品牌产品再次出现在买家的展示页面，进行二次营销，促进转化，通过技术迭代及智能营销让更多买家产生询盘转化的行为。通过持续的品牌曝光，对买家形成长期的陪伴，将买家培养成品牌的忠实粉丝，向更多的终端消费传递品牌的魅力。

1. 明星展播

明星展播的广告位在首页焦点图第二帧，包括 PC、WAP、App 三端英文站，PC 端明星展播广告位如图 7-8 所示。国际站所有品牌包含白名单客户，每月特定时间段内，在营销中心后台可以自助线上竞价明星展播，价高者得。明星展播竞价成功后将于次月投放。推广逻辑是行业类目定向。

图 7-8　PC 端明星展播广告位

明星展播的优势包括三个方面：首先，从明星展播位置来看，是强品牌曝光，通过针对目标行业人群的曝光，可以强化消费者心智；其次，明星展播的展示形式是首页图片，可以较好地展示品牌形象，对买家形成视觉冲击；最后，流量独占，明星展播一期只有一个商家可以投放广告，可以覆盖行业人群。

明星展播的应用场景主要在产品推广、品牌实力展示、主题活动营销 3 个方面。明星展播在产品推广方面的作用包括新产品曝光和爆品助推两个方面。作为首页图片，明星展播可以用来做新产品曝光，以快速建立买家心智；另外，如果是爆款产品做明星展播，可以用爆品带动整体店铺流量。明星展播同样是展示品牌重要信息和事件的阵地，如经销商招募、技术能力展示、行业白皮书发布等内容，也比较适合在明星展播进行推广。明星展播对店铺主题活动同样有推动作用。店铺较重要的活动，可以利用明星展播进行快速曝光，大促、清仓、店庆等活动页同样可以利用明星展播进行引流。

2. 问鼎

问鼎是当买家在进行关键词搜索时，展现在阿里巴巴国际站搜索结果框首位的广告形式，如图 7-11 所示。问鼎采用 CPT 计费方式，直接在搜索首页曝光给对品牌有兴趣的潜在买家。在国际站的 PC 端和移动端均可以看到商家购买的问鼎广告。问鼎广告触发的方式包括产品词、行业词、型号词。问鼎广告样式丰富，并且在搜索结果页的每页均有展示，在英文站主搜投放，会带来精准的品牌曝光。

问鼎广告的优势包括 4 个方面。首先，问鼎广告位置独特、资源独占，展现形式可以充分体现品牌的高端形象。第二，问鼎广告是由产品词精准触发展示的，可以抢占行业先机，并强化买家的品牌心智。第三，根据用户访问网页的习惯，问鼎广告的广告位位置可以吸引买家注意，体现商家的品牌实力。第四，问鼎广告允许商家有丰富的创意设计，可以展示热销单品及多品轮播，可以多场景多品类展示，多元素多品类组合吸引客户点击，如图 7-9 所示。

图 7-9 问鼎 PC 端展示位

问鼎广告可以展示品牌、品类等丰富场景，因此有着独特的访客、展示、沉淀价值转化链路。据阿里巴巴国际站数据统计，问鼎带来的访客流量，可以让 PV 平均增长 260%。在私域沉淀方面，问鼎通过品牌故事营销，可以有效提升订单转化及品牌溢价。

3. 顶级展位

顶级展位是阿里巴巴国际站提供的品牌营销工具，可将与购买关键词相关的产品展现在搜索结果第 1 位，并带有专属皇冠标志和"Top sponsor listing"的字样。顶级展位 PC 端展示样式如图 7-10 所示。

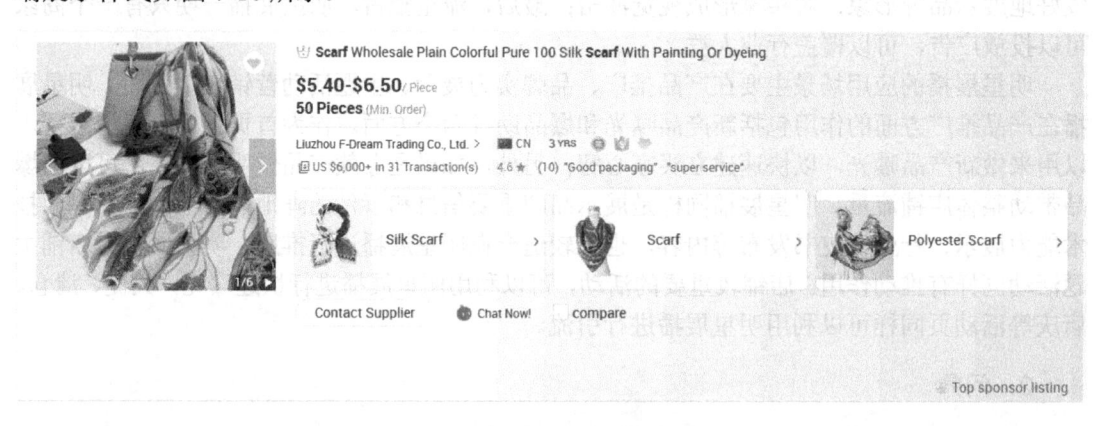

图 7-10 顶级展位 PC 端展示样式

顶展是"整合品牌+搜索+推荐广告价值功能"为一体的 CPT 产品。在需求发起端，通过买家直搜与词包智推，精准匹配买家，再通过首位展示、皇冠标示、经典底色、主品动效等多种形式塑造差异化的买家心智。另外，还可以通过回眸与回闪实现二次营销（目前回眸是购买顶展的附赠权益），以达到智能锁客的目的。

顶展可以作用于买家决策路径的多个步骤，强化品牌心智植入，如图 7-11 所示。首先，在买家首次搜索时，可以用动效样式吸睛，让买家产生兴趣，从而提升点击转化率，增加买家浏览时长。其次，在买家点击浏览内容环节，可以采取多品联展形式，用来增加买家浏览商品的次数，提升多品曝光量和点击总量。最后，在买家进行二次思考决策时，可以用回眸、回闪促使买家下决策，打造营销闭环，提升二次转化机会。

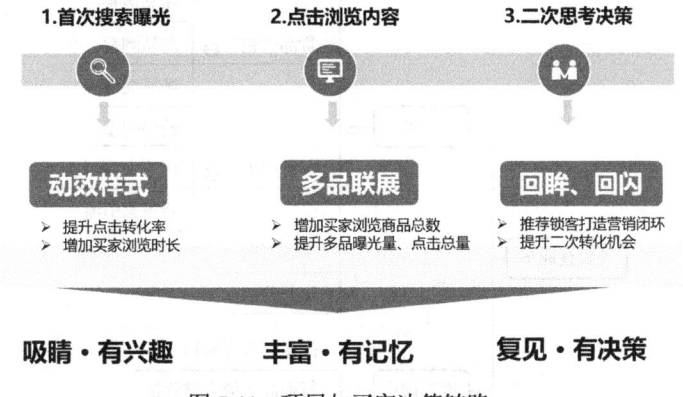

图 7-11　顶展与买家决策链路

4. 品牌直达

品牌直达包括搜索联想、搜索首位、搜索直达三方面。

搜索联想是指当买家搜索品牌词或品牌词+类目词时，搜索下拉框出现"企业 Logo+品牌词+Official Store"的联想功能展示，买家点击此联想功能后，将直达店铺首页；搜索首位是指当买家搜索品牌词或品牌词+类目词时，品牌出现在搜索首位；搜索直达是指当买家搜索公司名称时，无需经过搜索结果页，可直接进入到店铺首页，公司名称在品牌直达首页可以查看。

针对品牌有认知的买家群体，品牌直达可以提升品牌调性和买家信任度。目前品牌直达只送不卖，特邀购买广告品牌方案整包的用户，整体方案金额符合要求，并且 R 标符合要求，即可获得系统"品牌直达赠送"。品牌包售卖金额要求：整包定价≥35 万元。

二、P4P

外贸直通车（P4P）是一种按照点击付费的精准网络营销服务。通过优先推荐的方式，将产品展示在买家搜索或者浏览的路径上。外贸直通车是目前商家选择最多且高性价比的营销工具之一。目前外贸直通车有多个服务种类，如图 7-12 所示，每个营销推广方案独立预算，侧重点不同，商家可以根据自己的需求有针对性地选择。整体来说，外贸直通车可以按照推广方式分为搜索推广和推荐推广。

1. 搜索推广

搜索推广是指当买家在搜索框搜索关键词时，将产品直接展示在搜索结果页的推荐方式，包括常规营销、货品营销、买家引流等类别。

（1）常规营销。

常规营销提供关键词、定向基础营销能力，包括定向推广、快速引流、关键词推广 3 种。常规营销是当前商家使用较多的方式。具体规则可参见本系列教材《跨境电商 B2B 店铺数据运营》第四章内容。

```
                            ┌─ 定向推广
              ┌─ 常规营销 ─┼─ 快速引流
              │             └─ 关键词推广
              │             ┌─ 新品成长
              ├─ 货品营销 ─┼─ 测品测款
              │             └─ 爆品助推
   ┌─ 搜索推广 ┤             ┌─ 趋势明星
   │          ├─ 买家引流 ─┼─ 优选人群引流
   │          │             └─ 新买家引流
外贸直通车 ┤          ├─ 主题营销
   │          └─ 定制营销
   │
   │          ┌─ 搜索人群再营销
   └─ 推荐推广 ┤
              └─ 行业高价值人群营销
```

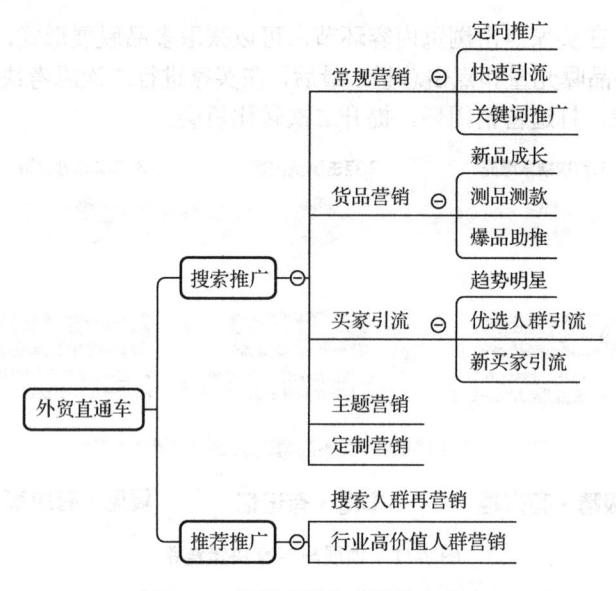

图 7-12　外贸直通车营销推广方案

（2）货品营销。

货品营销是基于"产品"视角，实现新品成长、测品测款、爆款助推的营销工具。货品营销针对产品生命周期，设置特定营销场景。据阿里巴巴国际站数据显示，90%新发布的产品 7 天内访问量为 0。如果要推进新品成长、进行测品测款、快速引爆产品，可以合理利用 P4P 的货品营销计划。具体操作步骤包括产品初筛、测款、爆品助推 3 个步骤。首先，可以将经过初步筛选的一系列产品添加至新品成长计划，借助 P4P 的资源让更多买家看到新品。其次，当新产品积累到一定数据后，对产品进行优化调整，并将产品加入测品测款的营销计划，进行测款，根据数据沉淀来选择产品。最后，将有市场反馈效果的产品加入爆品助推的营销计划，将网站的优质流量引导到该产品，实现效果最大化。

（3）买家引流。

买家引流是从增长角度主动出击，利用行业最新趋势、蓝海市场，从而抓住行业增长点，包括趋势明星、优选人群引流、新买家引流 3 种类型。

趋势明星是根据行业采买的权威数据，根据站内表现、买家偏好、搜索数据、站外 google trends 等投放数据，整合为可视化榜单，让商家了解当前品类风向与趋势。系统可以自动挑选符合当前趋势走向的商品，商家可以根据营销需求，自主设置营销推广，抓住行业最新商机。

优选人群引流，是根据数据分析买家画像中的身份特征、类目偏好、流量来源、采购意向偏好、关键词偏好、网站行为特征、产品偏好、地域偏好等特定维度，结合买家选择的类目生成的优选买家人群。优选人群由算法对应偏好特征，生成对应人群推荐营销推广方案。优选人群可以根据行业人群进行定向精准筛选，买家命中概率高于其他计划 50%以上，可以帮助商家找到真正需要的买家。

新买家引流是基于新客户，精准引流，扩大店铺流量来源的一种方式。

2. 推荐推广

推荐推广是根据货找人的思路，将商家的产品在猜你喜欢、跨店推荐等场景定向推送给潜在买家。推荐推广包括搜索人群再营销和行业高价值人群营销。搜索人群再营销可以锁定历史搜索行为人群，进行定向推送。行业高价值人群，可以锁定行业高转化词、顶展词、品牌词所覆盖的搜索行为人群。

随着阿里巴巴国际站场景流量受到越来越多的关注，海外采购商的心智和行为也在慢慢发生转变，逐渐形成了"逛"的行为习惯。这种采购行为的逐渐转变，影响着商家的营销策略从之前"人找货"的被动营销需要转变为现在"货找人"的主动营销。基于这些情况，推荐广告已成为越来越多商家在推广策略中的选择。

推荐广告有如下4个优势。

（1）推荐广告涵盖了阿里巴巴国际站核心推荐渠道，包括猜你喜欢（无线端首页、无线端购物车、无线端询盘成功页、PC端行业首页频道）、无线端跨店推荐、App消息推送、站外引流等，迎合全球互联网移动化趋势（目前全球移动互联网流量占比达到67%），满足采购商"逛"的需求。

（2）推荐广告相对于搜索广告花费较低。从2017年12月到2019年12月，国际站推荐场景流量上涨366%。推荐场景流量快速增长，且目前推荐广告使用客户数仅为搜索广告的1/10，推荐广告平均点击花费较搜索广告下降15.81%。

（3）推荐广告主打人群标签，因此提供多类人群定向。推荐广告目前针对两类高价值人群，其一是搜索人群再营销，面向曾经搜索过、点击过、购买过本店铺或者同行的买家；其二是行业高价值人群，包括定向顶展词、行业热搜词、品牌禁售词所覆盖的搜索行为买家。

（4）推荐广告利用"搜索+推荐"双引擎，完善了转化漏斗。关键词覆盖第一次精准搜索行为的买家，在搜索广告里点击了页面，但未发生任何交互的买家，可通过推荐广告再次触达，提升商品询盘转化率。

第三节 店铺经营指标体系

一、店铺经营指标及其说明

不同电商平台的规则不同，从而导致店铺经营指标体系也会有所不同，阿里巴巴国际站作为跨境B2B贸易平台，从店铺的流量引入到订单的转化周期较长，因此无法像B2C类网站一样直观统计网站的投入产出比，目前常规将店铺经营指标划分为运营端数据和业务端数据，如图7-13所示。

1. 运营端指标体系

运营端指标体系主要包含从网站流量引入到客户发来询价的前期环节，核心指标分为曝光、点击、店铺访问人数、反馈、点击率、转化率、TM咨询人数、询盘平均回复时长等。这些数据的定义可以参见本系列教材《跨境电商店铺B2B数据运营》中的相关内容。

商家选择各种营销工具进行推广，可以直观地反映在曝光量和店铺访问人数上，店铺的曝光量、访问人数、支付人数指标，像一个倒三角的漏斗，顶端导入的流量越多，那么底端产出的询盘或订单就越多，店铺经营漏斗模型如图7-14所示。因此，运营需要关注各个层级的转化率。

每个行业都会有特定的转化率（行业平均水平或经验值），例如，某行业以点击率大于1%、转化率大于5%作为一个基础的衡量标准。如果某店铺的点击率和转化率比标准高，说明该店铺的产品符合买家需求、效果好；如果点击率和转化率比标准低，说明该店铺产品不符合买家需求，那么前期引入的流量就会大量流失，需要先对店铺的产品进行优化，打好流量承接的基础。

```
                    ┌─ 店铺访问人数
                    │  曝光量
                    │  点击次数
              运营端─┤  反馈量
              │     │  点击率
              │     │  转化率
              │     │  TM咨询人数
              │     └─ 询盘平均回复时长
店铺经营指标体系┤
              │     ┌─ 信保订单数
              │     │  信保订单金额
              │     │  支付买家数
              业务端─┤  支付转化率
                    │  复购率
                    │  按时发货率
                    └─ 买家评价数量
```

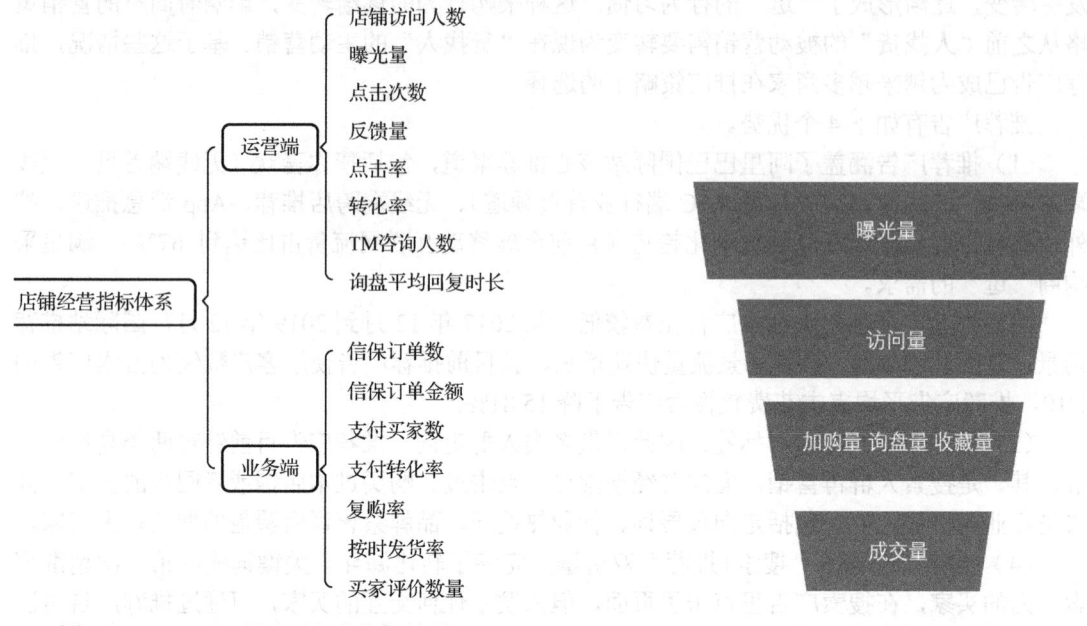

图 7-13　阿里巴巴国际站经营指标体系

漏斗模型：曝光量 → 访问量 → 加购量 询盘量 收藏量 → 成交量

图 7-14　店铺经营漏斗模型

2. 业务端指标体系

业务端指标主要包含询盘到订单成交的环节，主要指标有信保订单数、信保订单金额、支付买家数、支付转化率、复购率、按时发货率和买家评价数量等指标。

支付转化率是店铺的重要指标，用于衡量页面访问客户数与支付客户数的比率。询盘到订单成交的最大影响因素是业务员面对客户时的沟通服务能力，沟通服务能力强的业务员的支付转化率较高。

按时发货率和买家评价主要反映店铺的整体服务能力，若买家对供应商服务、按时发货、产品质量各维度都满意，那么店铺的复购率也会提升，最终将形成较高的客户忠诚度。

二、评估店铺经营成效

店铺经营活动包括行业对比、选品开发、店铺监控、商品分析、营销工具分析等工作任务，数据分析可以在所有运营环节为决策提供依据。分析评估店铺经营成效的指标能够帮助商家找到适合店铺的运营方案，达到销售利润的最大化。阿里巴巴国际站平台常用的评估店铺经营成效的指标主要是上面提到的运营端和业务端的数据体系。店铺需要对这些数据进行收集分析，并有针对性地调整和优化营销方案。

1. 一套简化的店铺经营成效评估指标

上面给出了运营和业务两类指标体系，如果要系统了解运营与业务开展情况，需要全面分析这些指标。很多时候只需要大致了解结果即可，特别是企业在确定 KPI 时，往往是用简单的结果数据定义。下面我们尝试定义一套简化的面向运营与业务的评价指标。

(1) 月单询盘的营销成本。

我们将单询盘的运营成本定义为运营的简化指标,一般按月度考核,计算公式为:

月单询盘的营销成本=单月店铺营销总投入/单月有效反馈数

该数据体现了公司的运营人员利用营销资金获取询盘的能力,优秀的运营人员会尽可能地减少资金的浪费,合理安排各营销工具的资金分配实现效果最大化。显然,这个考核指标单独使用时是有问题的。为了降低这个值,极端情况下,运营人员可以放弃店铺营销投入。无论是否投入营销费,多数店铺都会有一些询盘。故0投入时,月单询盘的营销成本最低。

另外,因为部分营销工具以增加品牌效益为主,需要关注长期的数据效果。简单将品牌营销投入计入某个考核月度不够合理。建议品牌营销费用以年度预算进行控制,按年度预算均分到每个月后计入月营销费。

(2) 月度销售额增长。

月度销售额反映了一个公司业务员将运营所得询盘资源转化为订单的能力。使用月度销售额增长不仅能体现业务员的谈单能力,而且还同时考察了其努力程度。增长需考虑两种情况,一种是环比增长,即相对上月的增长量,另一种是同比增长,即相对去年同一月份的增长量。一般店铺的销售额都会有一定的季节性,故环比增长意义不大,主要看同比增长情况。计算公式如下:

月度销售额同比增长=当年当月销售额-去年当月销售额

当然,还要考虑实际达成销售额与计划销售额之间的差异,这个差值反映了团队的计划能力。

选用以上2个指标作为运营人员和业务人员的核心指标有以下好处。

一是,一般跨境电商企业由运营人员和业务员组成项目组,业务员主动推动销售进程,运营人员辅助其开拓业务,业务员担任项目组组长。业务员核心指标定为销售额增量时,他会推动运营增加新品、增加营销投入。但增加新品和营销投入都会导致单询盘运营成本增长,此时运营人员因必须满足业务员的需要,不得不谨慎选品,并优化营销策略。即前文所述运营人员不投入营销费不会得到业务员认可。

二是,为了让运营人员业绩表现好,业务员也不得不帮助运营人员降低营销成本,而不能一味追加投入,牺牲营销效果(保障了利润率)。如果业务员不能在新增产品上产生新增销售额,则运营人员会主动要求优化产品。

三是,这两个核心指标规避了计算利润的麻烦。很多人认为直接计算团队利润是最好的办法,但实践中,一方面利润计算很难(很多成本,如员工工资是保密的),另一方面可能老板并不希望员工对利润一清二楚,故使用利润考核很多时候并不是最佳选择。

总之,业务和运营属于相辅相成的合作关系,互相成就,又相互制约。运营是成本单元,核心指标引导其关注成本;业务是利润单元,核心指标引导其关注收入增量。这种简化指标的设定让他们紧密协同,既实现了独立考核,又有利于增强团队凝聚力。

2. 店铺经营成效分析的步骤

评估和分析的常用步骤如下。

(1) 收集数据。收集数据有3种途径:①店铺自身的经营数据,可以用Excel表格管理店铺的运营数据和业务数据,固定某个日期定期整理;②收集平台提供的数据,在阿里巴巴国际站的数据分析板块收集行业销售数据和竞品数据，充分利用平台提供的数据工具了解行业、店铺状况；③使用第三方数据工具，监测平台整体数据、行业数据、竞品数据等。

（2）整理数据。

收集到的数据用 Excel 公式和数据透视表功能进行统计运算做成图表，可以直观看到想要的结果。如图 7-15 所示，汇集了常用的店铺数据分析指标，供读者参考。

月份	1月份				2月份			
周	12.27-1.2	1.3-1.9	1.10-1.16	1.17-1.23	1.24-1.30	1.31-2.6	2.7-2.13	2.14-2.20	2.21-2.27
产品总数									
有效产品数									
店铺访问人数									
店铺访问次数									
搜索曝光次数									
搜索点击次数									
询盘人数									
询盘个数									
TM咨询人数									
总点击率									
总反馈率									
PC端曝光									
PC端点击									
PC端点击率									
PC端反馈									
PC端反馈率									
PC端TM人数									
无线端曝光									
无线端点击									
无线端点击率									
无线端反馈									
无线端反馈率									
无线端TM人数									
P4P曝光									
P4P点击									
P4P点击率									
P4P花费									
平均点击花费									
粉丝数									
订单量									
订单金额									

图 7-15　常用的店铺数据分析指标

（3）分析数据。分析数据主要有 3 种思路。首先，是界定一个店铺要达到的标准，分析店铺每周的点击率和转化率是否达标。其次，是从时间维度上，分析最近三个月店铺的数据变化，研究其变化趋势。最后，是与行业数据变化进行比对。

（4）优化经营方案。对数据进行分析之后，可以通过数据的对比找出存在的问题，界定其是流量引入的问题，还是转化率的问题，或是行业趋势等不可控因素引起的变化，从而优化店铺经营方案。

第四节　跨境电商平台营销策划

一、平台营销策划的基本方法和流程

平台营销策划分为 3 个基础步骤：确认营销目的、确定营销预算并合理匹配营销渠道、落实营销安排。

实施平台营销策划的第一步是确定营销目的，明确是为了提高网站曝光点击反馈等运营数据，还是为了培养买家的品牌心智，这决定了营销渠道的选择。

第二步，需要确定营销预算，营销是一种消耗资源的活动，营销预算决定了实际可以使用哪种营销工具。一般情况下，基础营销成本较小，是店铺日常运营工作中必备；付费营销

会根据产品的淡旺季进行推广费用的调整,活动营销根据平台活动节奏进行协调。对每个具体的平台营销场景,进行策划时都需要系统考虑渠道花费与预期效果。平台营销渠道及其特性见表 7-1。

表 7-1 平台营销渠道及其特性

营销类型	营销工具	营销花费	预期效果
基础营销	True View	无	提升客户黏性及留存率
	客户通	无	客群运营,提升复购率、转化
	橱窗	灵活	提升产品曝光量、点击量
	店铺优化	无	提升店铺整体数据
P4P 营销	P4P	自定义	引流变现
品牌营销	顶展	自定义	提升曝光点击率、品牌影响力
	问鼎	自定义	搜索精准匹配,提升品牌知名度,店铺访问量
	品牌直达	自定义	搜索精准匹配,提升品牌知名度,店铺访问量
	明星展播	平台赠送	提升品牌影响力
活动营销	大促活动	无	引流变现
	Weekly Deals	无	引流变现

第三,结合店铺具体情况进行统筹安排,进一步确定营销具体目标、工作安排及责任人,平台营销策划表见表 7-2。

表 7-2 平台营销策划表

基础营销	项目	预计花费	具体目标	工作安排	责任人
基础营销	True View	无			
	客户通	无			
	橱窗	灵活			
	店铺优化	无			
P4P 营销	P4P	自定义			
品牌营销	顶展	自定义			
	问鼎	自定义			
	品牌直达	自定义			
	明星展播	平台赠送			
活动营销	大促活动	无			
	Weekly Deals	无			

平台营销策划并非一劳永逸,一般情况下商家需要在每个月或每个季度根据店铺状况填写平台营销策划案,梳理平台的营销规划。每个月或每个季度结束后,商家还需要及时复盘,对比实际数据和预期目标数据,从而对下个阶段的营销计划进行调整。

在大型平台活动期间,平台会在各类媒体渠道造势,吸引大量海外买家,因此商家需要抓住机会提前布局。阿里巴巴国际站的大型平台活动主要有三月新贸节和九月采购节。平台营销策划一般从基础营销、付费营销、活动营销、自营销4个维度进行考虑。首先，要提前做好网站活动的报名工作，选好参加报名的产品、优化产品链接、确定产品优惠活动，这是准备平台营销活动的必要条件；其次，要充分利用自营销，商家需要提前在TrueView渠道发布热门产品活动信息、产品视频，提前进行活动预热，利用客户通EDM营销，将活动信息和热门产品提前告知网站的新、老买家，做好引流准备；再次，要合理利用付费营销工具。例如，增加P4P预算，选择适合网站定位的营销推广方案，提前秒杀高热度核心关键词的移动端和PC端的顶级展位等，但应注意品牌广告费要根据营销预算量力而行。

对于平台营销活动，需要额外注意两个要点：首先，平台活动有其营销节奏，要紧跟平台营销的筹备期、蓄水期、预热期、爆发期、总结复盘期的时间区间，部署营销活动启动时机；其次，平台营销活动要结合视觉营销以制造氛围，甚至通过其他站外营销增加流量。例如，将旺铺的Banner替换成平台相关的活动预告，在产品的详情页中添加活动信息和优惠券或限时折扣等优惠信息，便于买家实时了解营销活动信息。

二、平台营销策划案例分析

案例 7-2

万国国际贸易公司旗下品牌Amethyst是一家有6年经营历史的珠宝展示企业，主营产品为各类珠宝展示柜。目前公司年销售额为79万美元，成交了45笔订单，收到总共516条询盘，总点击量4 690次，总曝光312 667次。公司2021年计划用50万人民币的营销预算，增加至少50万美元的销售额，请根据其经营目标，策划店铺营销方案。

第一步，拆解经营指标，明确营销目标。

目前公司年销售额为79万美元，成交了45笔订单，收到总共516条询盘，总点击量4 690次，总曝光量312 667次。我们需要进行推算，如果要实现50万美元销售额的提升，在转化率不变的情况下（一般认为转化率提升难度很大），需要增加的订单数量、点击量、询盘量、曝光量等指标，把营销目标进一步落实，见表7-3。

表7-3 Amethyst年度营销目标拆解

	现　状	目　标	预设转化率
年销售额（万美元）	79	129	
年订单量（个）	45	73	
年询盘量（个）	516	811	9%
年点击量（个）	4 690	7 372	11%
年曝光量（次）	312 667	491 466	1.5%
日曝光量（次）	856	1346	

通过计算，当前销售额为79万美元，成交了45笔订单，所以明年的保底销售额为129万美元，如果店铺客单价维持在同等水平，需要将订单增加至73个（每年）。根据店铺当前的转化率，需要将年曝光量提高到491 466次，日曝光量增加到1 346次。当前的日曝光量是856次，所以具体的日曝光量提升目标是1 346-856=490次。

第二步，确定营销预算并合理匹配营销渠道。

根据题目要求可知该公司的营销预算为 50 万元人民币。对于 A 公司来说，结合营销预算，经过市场调研和数据分析后，选择付费营销工具中性价比较高的三款：外贸直通车、顶级展位和问鼎。其中 P4P 分配预算 10 万元人民币左右，品牌营销分配预算 30 万元人民币左右，其他类型营销分配 5 万元人民币左右，见表 7-4。外贸直通车部分，第一季度选择了关键词推广和爆品助推两种营销推广方案，每日预算 300 元。

表 7-4　Amethyst 年度营销渠道及其预算

基础营销	项　目	预 计 花 费
基础营销	True View	无
	客户通	无
	橱窗	无
	店铺优化	无
P4P 营销	P4P	300 元/天
品牌营销	顶展	10 万元/年
	问鼎	20 万元/年
	品牌直达	赠送
	明星展播	10 万元/年
活动营销	大促活动	无
	Weekly Deals	无

第三步，结合店铺具体情况进行统筹安排。

即进一步确定具体目标、工作安排及责任人，见表 7-5。

表 7-5　Amethyst 年度营销工作安排

基础营销	项　目	预 计 花 费	工 作 安 排
基础营销	True View	无	每周两次更新
	客户通	无	每周客户营销
	橱窗	无	每周更新
	店铺优化	无	每周更新
P4P 营销	P4P	300 元/天	日计划+活动营销，增加访客 200 个/天
品牌营销	顶展	10 万元/年	根据竞拍时间更新
	问鼎	20 万元/年	根据竞拍时间更新
	品牌直达	赠送	无
	明星展播	10 万元/年	每月更新
活动营销	大促活动	无	提前策划，按步骤准备
	Weekly Deals	无	提前策划，按步骤准备

最后，对以上的平台营销策划过程进行总结，得出平台营销活动策划表，见表 7-6。

表7-6 平台营销活动策划表

活动编号：2020-137　　　　　策划人：ellian　　　　　策划时间：20201228

要　素	要　素　说　明
策划案名称	年度平台营销活动策划
营销目标	增加至少50万美元的销售额
营销预算	50万元人民币
营销活动周期	2021年1—12月
营销目标拆解	年销售额125万美元以上，订单73个以上，年曝光量在491 466次以上，日曝光达到1 346次以上，日曝光量增加490次左右
营销渠道	免费营销工具及外贸直通车、顶级展位、问鼎付费工具，见表7-4 Amethyst 年度营销渠道及其预算
协助部门及任务	设计部：各类广告图片、视频制作 运营部：推广策略反馈调整、营销执行 销售部：大客户EDM、重点客户引导活动日关单 客服部：活动规则及答疑
执行人	组长：Ellian，组员：Coral，Mandy

经过对营销活动进行统筹安排，该公司目前第一季度总询盘量与去年同期对比增长120%，信保订单交易额与去年同期对比增长89%，基本达到预期目标。

本 章 小 结

本章主要介绍基于阿里巴巴国际站的平台营销策划，第一部分介绍了平台营销的基本概念和目前国际站的流量渠道类型。第二部分介绍了国际站的品牌营销矩阵及按效果付费营销工具（P4P），品牌营销工具包括明星展播、问鼎、顶级展位、品牌直达和超级星厂牌，按效果付费营销工具即外贸直通车（P4P）可分为搜索推广和推荐推广两类多种营销工具。第三部分从运营端和业务端介绍了店铺的经营指标体系，并推荐了"月单询盘营销成本+月度销售额增长"的简化组合指标。第四部分总结了平台营销策划的基本方法和流程，并通过具体的案例进行说明。

本 章 习 题

一、选择题

1. 阿里巴巴国际站的品牌营销工具主要包括（　　）。
   A．问鼎　　　　　B．品牌直达　　　　　C．顶级展位　　　　　D．明星展播
2. 阿里巴巴国际站的流量渠道类型主要包括（　　）。
   A．自然流量　　　　　　　　　　　　　　B．付费流量
   C．活动营销流量　　　　　　　　　　　　D．自营销流量

3. 商家购买问鼎广告后，需要优先重点关注（　　）数据。
A．点击率　　　　　　　　　　　B．问鼎店铺访问数
C．反馈率　　　　　　　　　　　D．信保交易金额
4. 以下属于运营端指标的是（　　）。
A．店铺访问人数　　B．点击量　　C．平均回复时长　　D．复购率
5. 以下可以达到提升复购率的营销渠道包括（　　）。
A．True View　　　B．客户通　　C．明星展播　　D．Weekly Deals

二、判断题

1. 类似于阿里巴巴国际站的跨境电商平台本身品牌具备引流效应。（　　）
2. 业务和运营属于相辅相成的合作关系，互相影响，因此在进行平台营销策划，分析数据时需要结合运营端和业务端的数据进行综合分析。（　　）

三、实操题

九月采购节将至，万国国际贸易公司某店铺的商家星等级为3星，第三季度的营销预算为15万元，请设计该公司的营销策划方案。

第八章　社会化媒体营销策划

网络的社会化不会朝生暮死，也不会昙花一现。

案例 8-1

戴尔：率先在 Twitter 上销售产品

2007 年 6 月，当时，人们还只是把 Twitter 当成一个用 140 字抒发情绪、表达想法的新服务模式。品牌商最多也只是用 Twitter 发布新品信息或其他最新的品牌产品信息。从没有品牌或公司幻想过 Twitter 还能帮助自己盈利。

在世界 500 强公司中，只有 DELL 率先走出了令人难以置信的第一步。他们率先在 Twitter 上销售产品。公司在 Twitter 上的官方账号@DELLOUTLET 随后在 Twitter 大火，人气不断攀升。戴尔用 Twitter 为自己带来了 1 500 万关注者，并且所有这些用户最后都在 Twitter 上产生了消费行为。当年内，戴尔年度销售额近 100 万美元。随后的 6 个月时间里，销售额又激升一倍，达到 200 万美元。

对于 DELL 这样一个大品牌来说，当时，只要付出成本，增加几千台电脑和服务器来运作 Twitter，让自己拥有足够多的粉丝，就可以完成销售业绩指标。这就是大品牌率先使用社会化媒体享受到的甜头。

第一节　概　　述

移动互联网改变了以往作为传统营销关键要素的媒体、用户和渠道，传统的营销方式已经无法适应如今的时代环境，尤其是用户的角色变得活跃、自发和个性，不再是被动和单向地接收发布者的信息，而是可以与发布者及其他网民进行双向交流。敏锐的营销者们认识到，社会化媒体能够极大地提高信息传播的广度和深度，并且成本很低，于是将其运用于营销信息传播，社会化媒体营销应运而生。

一、什么是社会化媒体营销

1. 社会化媒体营销的概念

社会化媒体的概念最早出现在电子书《什么是社会化媒体》中。作者 Antony Mayfield（2006）认为社会化媒体是一种给予用户极大参与空间的新型在线媒体，并总结了社会化媒体 6 大特征：参与、公开、交流、对话、社区化、连通性。2009 年，Daniel Scocco 则认为社会化媒体是各种形式的用户生成内容（User Generated Content，简称UGC），以及使人们在线交流和分享的网站或应用程序的集合。同在2009年，Ron Jones提出社会化媒体是一类在线媒体，人们在这一类在线媒体上谈话、参与、分享、交际和标记。2010年，Susan Ward也给出了自己的定义：社会化媒体是一种促进沟通的在线媒体，这一点正与传统媒体相反，传统媒体提供内容，但是不允许读者、观众、听众参与内容的创建与发展。Andreas Kaplan和Michael Haenlein也在2010年将社会化媒体定义为"一组基于互联网的应用，这些应用建立在Web 2.0（内容的创造和交流来自用户产生的内容）的理念和技术基础之上"。

在社会化媒体覆盖的互联网环境下，信息聚合、去中心化和交互性极强，信息高度共享，并按不同兴趣而产生网络社群，信息的保存与传播更为便捷，这使得一个建设得当的社交账号不仅可以成为"媒体"，甚至能在粉丝群的基础上通过恰当的互动达到"营销"的目的。

社会化媒体营销是利用社会化网络，在线社区，博客，百科或者其他互联网协作平台媒体来进行营销，维护客户关系的一种方式。由于社会化媒体营销的过程主要是依靠"网络社群"的关注，因此这种营销方式所需要的各项成本是较低的，且部分内容出于广告的性质往往会选择迎合最新的阅读习惯、贴近最新的热门话题，再结合应用本身的功能优化，社会化媒体营销可以实现极快的传播速度、精确的营销定位，巧妙地反映现实热点并与产品结合，最大化利用关注度的附加价值。

2. 社会化媒体营销特点

社会化媒体营销是Web 2.0时代的产物和典型代表，具有以下特色。

（1）用户生成内容。这是导致Web 2.0时代网上信息爆炸的主要原因，也因此导致网络话语权向用户侧转移。故社媒营销的一个关键任务是激发用户生成内容，但营销人员应有方向性引导，以防止负面内容传播。

（2）传播的内容丰富、形式多样、创意要求高。社媒营销可以承载丰富的内容，多种媒体形式支持各种奇思妙想。社媒多因兴趣聚集人气，营销活动不能干扰正常的社交，通常要求内容有用、有趣，故对营销人员的综合素质要求也高。

（3）强互动性。社媒营销常常追求指数级裂变，裂变的核心条件是内容和互动，优秀的裂变激励是催化剂，可增强互动，保持社区/社群活跃是营销人员的重要任务。同时，正是因为社媒支持强互动，跨境电商商家常常通过社媒为会员提供服务，效果优于其他营销形式。特别是"流量池"理念广为接受，社媒在整个互联网营销方面的关键地位得以确立。

社会化媒体营销还具有很多其他特点，如可以持续营销，营销主题切换自由，在品牌营销方面的应用优势突出等。也有一些缺点，如渠道过于丰富且升级、创新快，对营销团队综合素质要求高，效果难评估，甚至可能有负面效果，常常让企业主难以下定决心开启社媒营销……

3. 社会化媒体营销的类型

社会化媒体营销可以分为免费和付费两种，按社媒性质可以分为博客营销、社群营销、论坛营销、社交网站营销、虚拟世界营销和合作项目营销等，按媒介类型可以分为文本营销、图文营销、图片营销、视频营销和互动营销等。通过不同标准的分类，可以帮助我们从每个侧面深入了解社媒营销的特点。

4. 社会化媒体营销的基本范式

在本系列教材的《海外社会化媒体营销》一书中，我们提出了社会化媒体营销的基本范式：

$$社会化媒体营销=受众×内容×渠道$$

由该范式可知，影响社会化媒体营销效果的因素是受众（精准度）、内容（质量）和渠道（效率）。

二、社会化媒体营销在跨境电商中的作用

在跨境电商领域，社会化媒体营销的地位已基本明确，越来越多的商家认识和接纳了社媒营销。一般认为，社媒在跨境电商领域主要有以下4个方面的作用。

1. 品牌营销

相对电商平台、搜索引擎营销而言，社媒丰富的信息承载能力，在品牌营销方面具有突出优势。例如，商家可以在YouTube上广泛传播创意品牌视频，配合强互动优势，品牌营销效果更好。通过在Facebook上创建公司账户，可以持续发布公司的动态。社媒也纷纷开发了CPM模式的付费广告，帮助商家快速沉淀粉丝。社媒聚集用户，直接帮助商家构筑私域流量池。一系列优势使得社媒成为品牌营销最有效的阵地。

2. 获客

一般认为社媒的获客能力相对电商平台和搜索引擎而言并不强，社媒的获客模式主要是"流量池"理念的实践。但在跨境电商B2B领域，LinkedIn被广泛使用，主要有直接获客和辅助获客两类应用。业务员会利用LinkedIn丰富的职业属性精准定位海外买家，直接在平台上链接这些买家，这就是直接获客。更多情况是，通过其他渠道获得有限潜在客户信息后，会在LinkedIn上查询其详细信息，使得LinkedIn成为B2B业务重要的辅助获客平台。

3. 再营销提升客户终身价值

从某种程度上讲，社媒最佳应用就是再营销，可以从两个层面理解。一是社媒对"流量池"理念的完美支持，从用户到客户的运营过程可以认为是反复再营销的过程。二是强互动私域流量运营属性，支持商家依托社媒平台运转自己的会员体系，持续再营销以不断提升会员贡献（一般用客户终身价值评估）。

4. 电商直接变现

近年，直播带货模式风靡全球，事实上，在此之前，头部社媒平台如Facebook、Instagram、TikTok等都已开启电商业务，支持购物广告和产品库，直接在平台内完成购物闭环。国内社群电商正在如火如荼的发展，如社区团购等。笔者并不认为社媒电商较电商平台更有优势，但不可否认社媒电商也有其独特优势，社媒电商直接变现必将成为电商平台的重要补充。"字节跳动"公司将其电商模式称为"兴趣电商"，认为是区别于传统电商的创新模式。

受篇幅限制，本书不能详细讨论电商直接变现，有兴趣的同学可以参考其他书籍。

总之，社媒在跨境电商中已经持续发挥作用，对于商家而言，已不是是否接纳的问题，

而是如何快速接纳的问题。

第二节　社会化媒体品牌营销及其成效分析

品牌不仅是企业、产品、服务的标识，更是一种反映企业综合实力和经营水平的无形资产，在商战中具有举足轻重的地位和作用。对于一个企业而言，唯有运用品牌，操作品牌，才能赢得市场。

一、品牌营销基础

品牌营销（brand marketing）是通过市场营销使客户形成对企业品牌和产品的认知过程。把握品牌营销的概念，需注意以下几点。

（1）品牌营销通过各种市场营销手段达成。如讲述品牌故事、建立品牌识别系统等。

（2）品牌营销是一个让客户识别和认可品牌的"过程"，故品牌营销需要持续进行，要得到客户认可不是一蹴而就的。

（3）品牌营销的目的是植入心智模式，这种心智模式往往是比较模糊的感受，故品牌营销需要载体，除产品外，还要有相应的服务，还要有视觉识别，如LOGO。

目前，绝大多数优秀的跨境电商企业都希望能创建自主知识产权的品牌，不再仅仅作为OEM工厂，赚辛苦且附加价值低的加工费。创建品牌是一个系统工程，难度大、风险高，让许多中小厂商对品牌营销望而却步。

品牌营销的主要作用是：一是获取品牌溢价，即提升产品毛利；二是获得客户忠诚，即提升业务稳定性。

此外，品牌营销还有以下作用：

（1）有助于企业适应市场，满足消费者需求；

（2）有助于企业在市场竞争中占有优势；

（3）有助于提高企业的效率。

二、实施社会化媒体品牌营销

传统媒体时代，品牌按照"知道—购买—忠实"的方向运作，让更多人知道，然后让他们买进而成为忠实用户。品牌营销的逻辑在这个时代发生了显著的变化。在社交媒体上，每个人都可能是代言人，品牌传播按照"忠诚消费者（核心体验用户）—扩散知名度—更多消费者"的方向逆向进行。

1. 品牌营销的内容

谈到品牌营销的内容，许多人认为就是品牌故事，实际上，品牌营销的内容非常广泛，几乎所有的素材均可能成为品牌营销的内容，如品牌故事、调研报告、产品外观、性能、功能、服务、活动、互动、访谈、专利、生产能力……品牌营销内容的媒体类型也很广，包括图文、音视频、互动应用程序等。企业在产出品牌营销的内容时要注意以下几点。

（1）品牌营销内容要主题明确，在一个时段内，应围绕一个主题实施营销。这一点并不容易，开始品牌营销时，企业往往有很多可以传播的亮点，如何找到最优的那个主题是一个考验。

(2) 品牌营销内容的主题要用极简的语言表达。这也是很大的挑战，优秀的品牌口号对品牌传播至关重要。

(3) 品牌营销的内容应系统规划，围绕核心内容，可以规划一系列内容，但这些内容应保持品牌一致性。

2．品牌营销的受众

品牌营销的内容应在充分分析受众和渠道特性的基础上产出，在社媒上，用户多数不是来看广告的，社媒用户普遍喜欢展示、互动和传播。要特别留意社媒用户喜欢传播的特点，衡量社媒品牌营销优劣的一个关键指标就是转发率。品牌营销内容转发主要由忠诚粉丝实施，从受众层面实施品牌营销主要考虑以下几点。

(1) 对营销受众进行细致的画像，特别留意喜欢互动和传播的粉丝。

(2) 应努力将普通用户转化为忠诚粉丝，增加品牌内容的传播者。

(3) 针对转发行动，考虑设置一些奖励措施。

(4) 充分重视帮助传播的忠诚粉丝，并重点奖励。

(5) 合适的时候，可以请忠诚粉丝参与品牌营销内容的创造及传播。

3．品牌营销的渠道

渠道有自己的特性，品牌营销受渠道特性制约，主要考虑渠道成本与效率。

品牌营销的成本主要来自广告投放（由营销渠道收取）和内容创作（由营销策划公司收取）。一般投放成本占比很大，大约在70%以上，如果没达到，则需要反思一下内容利用率。品牌广告投放一般选用 CPM 计费模式，Facebook 等社媒都支持这种广告模式。在阿里巴巴国际站上，品牌营销广告也会按 CPT 计费模式（按展示时长计费，就像高速路牌广告一样），这在互联网营销中不太受欢迎（有将广告效果数据模糊化的嫌疑）。品牌广告成本主要通过预算来控制。

品牌营销的效率主要由社媒平台的用户数量、忠诚粉丝数量，以及传播"驱动力"等有关。

4．品牌营销创新

品牌营销因成本高、难度大，往往追求极致创新。例如，农夫山泉在品牌营销时，抓住"水源地"这个点，拍摄了非常优秀的视频，如图 8-1 所示，在央视及各种社会化媒体上传播，强化了"我们不生产水，我们只是大自然的搬运工"的品牌认知。

图 8-1 农夫山泉的品牌营销广告

三、社会化媒体品牌营销成效分析

很多品牌通过社会化媒体营销获得了意想不到的效果。Naughty Monkey（顽皮猴）就是如此在社会化媒体中站住脚的，他们开展的策略是：让用户用照片来展示他们在哪里穿顽皮猴的产品，其他用户为自己喜欢的照片投票，最终胜出者一年内可免费使用 Naughty Monkey 的产品。结果，顽皮猴新增了成千的 Facebook 粉丝，以及成千上万的互动用户，成为了著名的社会化媒体形象，后起之秀纷纷效仿。

1. 社会化媒体品牌营销的主要评估指标

社会化媒体众多，因具有媒体属性，一般都能用于品牌营销，且评估指标有许多是相通的，如 CPM 广告的触达量、受众互动率（点赞、评论等）、转发率（分享率）等。

但在品牌营销方面，建议着重考察以下两项指标。

（1）转发量。这是一个中间指标，主要标识品牌营销的有效性，以及忠诚粉丝的数量。该指标也是直接带来新粉丝增量的关键。

神州租车曾使用双向奖励策略鼓励转发，显著提升转发量，激发了用户在专车账户中的充值行为。但是用户自己的乘坐次数毕竟是有限的，账户储值额很高。为了鼓励用户更多乘坐，提速储值消耗，神州开创了一种新型裂变——亲情账户。主账户只要绑定家人、朋友的手机号码，对方就可以使用主账户的账户叫车、支付，同时在个人允许下，主账户还可以掌握家人和朋友的行程安全信息。当然，被绑定手机号码的家人、朋友需要下载专车 App，才能使用亲情账户，这样也能增加 App 下载量。神州只选用了微信公众号和 App 内部告知两种传播渠道，就在 10 天内收获了 100 多万新增用户。

如果按照一个订单成本的价格为 80 元进行计算，这次营销至少为企业节省了千万元的传播成本。更有趣的是，由于家人、朋友的行程信息可以发给主账户，所以这款产品使用户全家人都对神州的安全定位比较认同。

总结：社媒营销人员都追求内容转发量，没有转发，裂变无从谈起，新增无从谈起，但千万别忘了转发的真正意义。在实现品牌触达的同时，营销人员要时刻反思，我们触达用户的是什么样的品牌。营销人员要追求的不仅仅是转发量，更应追求优质的转发量。无论品牌定位如何，最基础要求是正能量、有温度的内容，还得与品牌主张三观匹配、调性一致，这样的内容转发才是优质的转发，才能给品牌带来正向价值增量。

（2）粉丝忠诚度/留存率。该指标也是中间指标，能指示品牌的价值主张是否植入用户心智。

2021 年 7 月 21 日，一家逐渐淡出大众视野多年的国货品牌——鸿星尔克成为焦点。鸿星尔克在自己生存艰难的状态下，毅然向河南灾区捐赠 5 000 万物资，此举引发了网友热议。网友为了支持鸿星尔克，纷纷涌入直播间野性消费。一方面，是鸿星尔克的主播在直播间劝导大家理性消费；另一方面，是网友"不把鸿星尔克买断货不算完"的力挺。鸿星尔克总裁甚至到直播间劝导大家理性消费；网民则表示"老板少管闲事，我们爱鸿星尔克，我们就要野性消费"。

作为一个民族品牌企业，在国家需要的时候勇于担当，体现出满满的社会责任感，超越一切精妙的策划、精准的投放和精巧的广告。鸿星尔克不仅支援河南，还一直在埋头做公益，扶贫、抗疫、支持新疆棉中都有他们的身影。

通过践行社会责任，鸿星尔克成功获得了品牌美誉度与粉丝忠诚度，把品牌的价值主张植入用户心智，让用户基于一致品牌认知基础上，对品牌产生好感和联想。在这个事件上，鸿星尔克和粉丝的关系，已经不是普通的商品与消费者之间的供需选择之间的关系，已进入到了一种超乎于商品价值本身的情感与情绪层面的互相选择与衷爱。

综上所述，企业社会责任已不再是需要立法强制执行的事情，在提升品牌美誉度方面已经实实在在地为企业创造了价值。

2. 品牌营销成效的品效合一评估法

笔者并不赞同直接用结果指标评估社媒品牌营销，如销售额增长量、客户转化数、利润增长率等。虽然这些是跨境电商企业追求的核心指标，但从品牌营销角度看，一是很难达成，二是很难评估，三是容易导致短视行为，反而伤害品牌价值。我们赞同采用品效合一评估法来评估品牌营销的成效，这也是目前跨境电商领域常用的成效分析方法，具体做法如下。

（1）将品牌营销广告与促销广告组合。如品牌 DM 中嵌入限时折扣链接或二维码。

（2）以品牌营销广告方式（CPM）触达潜在客户。如使用 Instagram 的购物贴。

（3）通过 CPM 广告数据了解触达客户数，用购物贴追踪最终成交人数，并计算出两者的比值，这 3 个数据可以作为该品牌营销广告的成效指标。从而有了与同类品牌广告进行数据对比的价值。

在 Instagram 上，这种量化评估方法很容易实施。例如，某泳装品牌商在设计品牌营销广告 DM 图片时，让模特身着拟推爆款的泳装，在唯美场景中展示品牌 Slogan（口号），突出自由、舒适、阳光的主题。以该图片为品牌广告内容，使用 CPM 广告大量触达潜在客户，品牌广告的点击指向产品详情页。同时，使用基本相同的 DM 开启购物贴，泳装热区也指向产品详情页。这样可获得的数据有：CPM 广告曝光量、点击量，以及购物详情页访问量，订单量等。根据这些数据，可以分离购物贴的订单量和 CPM 广告的订单量，从而评估品牌广告的最终转化效果。

需要再次强调的是，虽然品效合一评估法可以评价品牌广告的转化效果，但要正确解读这一指标，品牌广告的主要目标是覆盖，直接销售额的大小及客户转化率只是为了进一步评估覆盖的有效性，而不能成为品牌广告的追求目标，否则容易走入歧途。

第三节　社会化媒体获客及其成效分析

无论 B2B 企业，还是 B2C 企业，决定销售漏斗起始点数量、质量的获客都是一个值得重点关注的问题。

一、获客基础

获客就是获取客户、获得客户的意思，实际上获客等于增长，是企业的核心目标，是整个企业组织的任务。

狭义的获客指完成一次购买行为，真正实现销售额；而广义的获客则指获得用户，不要求产生交易。为了区分，我们将广义的获客称为拉新，或获取销售机会，而狭义的获客才叫获客。社媒平台首先关注用户数，而对于 B2B 业务，客户转化的影响因素很多，为了更准确地评估社媒营销的效果，主要考察狭义的获客。

社会化媒体营销的 3 个主要作用中，相对品牌营销和再营销而言，社媒获客是商家最不重视的一个作用。商家认为，社媒获客效果不如电商平台和搜索引擎营销，通过社媒营销，商家更希望获得品牌营销和再营销的价值。

但社媒获客是最低成本的获客方式，随着线上获客成本的不断攀升，社媒在获客方面的低成本价值也逐渐受到重视。据统计，社媒由线索转化为成单的周期最短，仅为平均转化周期的 40%。转化率却较高，约 1.5%，仅次于客户/员工推荐和官网推荐，是转化率最高的主动渠道之一。因此，获客已成为社媒营销的四大作用之一。

1. 社媒获客的价值

社媒营销在获客方面的价值主要体现在以下几方面。

（1）因社会化媒体的用户黏性主要源自"兴趣"，故社媒可以对营销受众进行非常细致的画像。

（2）社会化媒体常常允许商家创建公司主页，用于发布动态、组织活动等，商家有机会对潜在客户进行持续的影响，在获客成本高企的时期，这一点尤为可贵。

（3）部分社会化媒体平台，如 LinkedIn，特别适合跨境 B2B 卖家"主动"获客。

（4）社媒获客的平均转化周期相对其他营销形式比较短，这获益于社媒更高效的交互功能。

（5）从长远看，社媒在品牌营销方面的突出优势，会使得社媒获客的摊薄成本较低。

2. 社媒获客成本

获客成本（CAC）是获得新客户所投入的成本总和。因"获客"这个词本身不严谨，故获客成本也有以下多种定义：

（1）获取一个粉丝的成本 CPF（Cost Per Follower）。

（2）获取一条线索的成本 CPL（Cost Per Leads）。

（3）获取一条销售认可的线索的成本 CPSQL（Sales Qualified Leads）。

（4）获取一个成交客户的成本 CPD（Cost Per Deals）。

显然，上述定义与销售漏斗中不同里程碑发生了关联。在跨境 B2B 中，常常以 CPSQL 为获客成本。而在跨境 B2C 中，更习惯以 CPD 为获客成本。优秀的平台会给广告用户提供所属行业的平均 PPC（点击成本）和 CVR（转化率）。企业在广告投放前，就能计算该行业在平台上的获客成本，计算公式为：

$$CPD = PPC / CVR$$

对于跨境 B2B，获客成本计算公式为：

$$CPSQL = PPC / 销售认可询盘数$$

上述公式用于计算付费广告的获客成本，社媒营销中，越来越重视社媒运营带来的自然流量，其成本计算就没有这么简单了。

二、社会化媒体获客策略及成效分析

社会化媒体获客策略非常丰富，大致可以归纳为两大类：基于付费广告的直接获客策略、流量池获客策略。

1. 直接获客策略

直接获客主要通过社媒丰富的付费广告快速定位客户，直接转化购买，或者引导至落地页转化购买。对于跨境 B2B 业务，购买决策难以快速达成时，可以引导至产品详情页，以获取询盘。例如，前面提到的 Instagram 购物贴，如图 8-2 所示。

图 8-2 Instagram 购物贴

另一种直接获客更主动，例如，前文提及的 LinkedIn，因其职业属性清晰，可以直接定位到 SQL（Sales Qualified Leads）买家，非常适合 B2B 业务员使用。如图 8-3 所示，是某商家在 LinkedIn 上查询到的询盘客户，该客户在商家阿里巴巴国际站店铺上发起了一次相片纸的询盘。

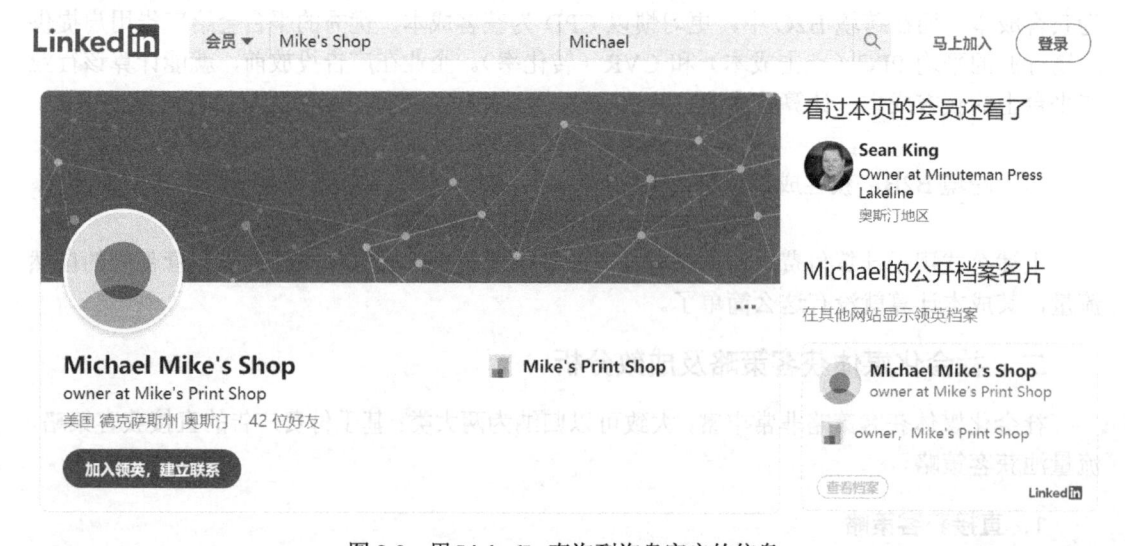

图 8-3 用 LinkedIn 查询到询盘客户的信息

2. 流量池获客策略

直接获客并不是社媒营销的优势，流量池获客才是社媒营销的独特优势，是社媒营销的最大价值之一。流量池获客策略也叫鱼池获客法，具体操作过程可归纳为以下几步。

（1）全渠道引流，获取新用户。

（2）将新用户直接导入社媒，如及时沟通工具的社群，把获取的新用户"储蓄"起来，成为私域流量池。

（3）持续对私域流量池进行运营，利用监测工具对用户进行精细分层。

（4）在追求高留存率的同时，推动用户向客户升级转化。

（5）继续对忠诚客户进行运营（再营销），低成本实现客户裂变或客单价的提升。

对于跨境 B2B 业务，因客单价高，基本每个客户都需要业务员长期跟进，故一般使用专业的 CRM 软件辅助私域流量的深度跟进。通过社媒构建的"流量池"可以认为是企业的公海，显然流量池获客的关键在于持续运营。具体运营策略这里不再展开介绍，有兴趣的读者请参考杨飞的《流量池》一书。这里跟读者朋友分享一个案例，笔者发现的一个很有趣的现象。

A 公司电商平台的运营团队和社媒营销团队相邻而坐，笔者在两个团队对面的房间和该公司老板聊天。笔者的座位正好对着外面的两个团队。整个下午，社媒营销团队都在大声聊天，时常同时发笑、气氛热烈，而电商平台运营团队几乎没有人说话、气氛沉闷。这种情况引起了笔者注意，询问老板。老板说社媒团队可能压力比较小吧，而且其主管性格乐观、平易近人。笔者无意中发现墙上看板中的日复盘数据，看板样式如表 8-1 所示。

表 8-1 看板样式

3月20日运营数据		3月20日营销数据	
曝光量		销售额	
点击量		订单数	
询盘量		询盘用户数	
订单数		互动用户数	
销售额		新用户数	

笔者与两个团队主管沟通后，分析出了团队氛围不同的原因。

运营团队的工作起点是曝光，用经典漏斗模型一直追踪到日销售额。运营数据在一日内不断大幅打折扣，主管每天都在强调各数据间的转化率。严防死守保转化率的结果是运营团队压力很大，而要做的工作又很系统，效果数据往往不是一天努力就能达成的。特别是订单数和销售额，运营团队几乎很难直接用上劲。在这种情况下，运营团队整体比较被动，不确定性带来的心理压力难以用努力工作来缓解。

而社媒营销团队根据历史数据将销售额目标先定下来，再反推订单数，直至拉新数量。然后团队群体策划拉新活动或用户运营动作，主动与用户互动，推动销售进程。团队成员在工作中目标明确，效果反馈迅速，当有用户询盘时，他们会马上分享给队友，说又找到一个机会，如果达成了订单，则整个团队为之喝彩。

对比两个团队可以发现，运营团队是应用传统漏斗模型，工作聚焦在每层的折损率，指标本身就不令人开心，运营人员的性格也容易倾向被动，导致团队缺乏信心进取不足。而社媒营销团队真正贯彻了互联网思想,即长尾理论的提示——每个客户都会有独特的需求,营销人员可以通过深入了解需求,积极拉动用户向客户的转化,这才是跨境电商企业需要的团队精神,也是流量池获客策略成功的秘诀。

3. 社媒获客成效分析

无论是直接获客还是流量池获客,获得的客户数量才是最终的成效评价指标。

为实现更好的获客增量,通常将获客分解为多个细分步骤,每个步骤都有相应的量化评价指标,用于指示该步骤的工作成效。前文已经将每个细分步骤对应的量化指标给出了,见表 8-2。

表 8-2 社媒获客的主要成效指标及优化策略

序 号	步 骤	主要成效指标	常见优化策略
1	拉新	新用户数	增加引流渠道、提升拉新奖励力度
2	社群运营	互动用户数/活跃度	社群运营活动优化
3	社群成员分层营销	询盘用户数/留存率	细分客户,并分析细分客户的需求差异,针对细分客户优化运营活动
4	销售转化	订单数/转化率	优化促销策略
5	再营销	销售额、复购率、裂变指数	客户服务优化、会员权益兑现及升级、裂变策略优化

新用户数可以使用以下公式进行预估:

新用户数=社群活跃用户数×分享率×平均好友数×触达率×转化率

以上公式并不能用于精确计算新用户数,但可以标识新用户数的影响因素。公式提示我们,要提升社群活跃度,鼓励大家分享,特别是某些活跃群友(活跃群友的好友数可能较多),分享页面应专门设计,以提升点击率和转化率。

其他主要成效指标也能给出相应的公式,实践中统计和计算也会遇到困难,需要营销策划人员和社媒团队主管一起确定最终数据统计依据,并商定简化计算公式,此处不赘述。

第四节 社会化媒体再营销及其成效分析

"96%访问你网站的访问者还没有做好购买的准备,你可能只能说服 4%第一次访问你网站的用户购买你的物品。"对于营销人员来说,这是一个可怕的事实。

而再营销可以提供一个向对产品表现出兴趣的用户展示品牌和传达信息的机会,这可以提醒用户最初的兴趣,同时通过出现在互联网上的一些顶级网站来提高信任度和声誉。

一、再营销基础

1. 再营销的概念及工作机制

再营销是向已经对产品感兴趣的用户投放广告的策略。例如,用户可能到访了店铺,或查看了某个产品,但未下单购买,再营销便以此类用户为目标,通过特定优惠和推广活动策略,最终说服他们完成购买。

再营销的工作机制是:潜在客户访问你的网站→因某种原因离开网站且没有产生花费→

过段时间用户上网→看到你的再营销广告→广告吸引他们重回网站→最终在你的网站产生花费。

因跨境电商 B2B 买家采购量大，很多时候涉及定制，故几乎所有的大订单都需要再营销，这是与跨境电商 B2C 的最大区别，因此，外贸业务员在跨境电商 B2B 企业中的价值尤为重要。

2．再营销的优劣势

再营销的主要优势可归纳为以下 2 点。

（1）有助于提升广告的整体投入回报率。主要因为再营销广告较非再营销广告的受众更加精准。其次，对于企业营销人员而言，将注意力分配到再营销广告的效果上，较其他广告效率更高。

（2）有助于提升品牌形象。在第二章已经说明，客户的心智模式容量有限，再营销通过多次展示强化，更容易植入客户心智，成功树立并提升品牌形象。

但再营销也有一个显著的劣势：无法拉新（注意这里不是获客，是拉新）。但对于很多卖家而言，核心诉求却是拉新。因为每个行业都有一个转化率高限，接近或达到转化率上限后，要在私域流量内继续挖潜，保持增长会很困难。当然，目前线上拉新的成本也很高，故再营销的价值最终得以确认。

3．再营销广告的分类

再营销思想已经广为接受，相对成熟的平台基本都支持再营销广告，无论是否叫做"再营销"。再营销广告的主要分类如下。

（1）按渠道/平台类型分。再营销广告可以分为搜索引擎再营销广告（如 Google 再营销展示广告）、社会化媒体再营销广告（如 Facebook 再营销展示广告）、电商平台再营销广告（如阿里巴巴国际站的"回眸"）、Email 再营销广告（如网站邮件订阅、阿里巴巴国际站的访客营销、外贸业务员的开发信等）。另外，之前阿里巴巴国际站推出的"千人千面"功能，也是依据再营销的原理所做的整站优化。

（2）按实施主体分。再营销广告可以分为手动再营销广告和自动再营销广告，读者可以自行分析再营销广告哪些属于手动再营销，哪些属于自动再营销。

（3）按运作机制分。再营销广告可以分为普通再营销广告和高级再营销广告。所谓普通再营销广告就是向已访问用户推送广告。而高级再营销广告的触发机制往往比较复杂，如向访问过 A 产品的用户推送 A 产品的广告信息或 A 的关联推荐产品广告信息。阿里巴巴国际站的"回眸"则要求用户访问过"顶展"，才会触发。触发条件较为苛刻，读者可以思考一下为什么要这样规定。

（4）按广告媒介类型分。再营销广告可以分为文字类、图片类、视频类、互动类（如游戏试玩、直播等）和混合类等。

4．再营销广告的投放目标

与其他广告一样，再营销付费广告的投放目标可以归纳为：品牌认知和订单转化。

二、社会化媒体再营销策略

因为企业对再营销的重视，再营销策略已被充分发掘，搜索广告、EDM 等均被用于再营销场景。

1. 社会化媒体再营销的两大类策略

社会化媒体再营销主要可以分为社媒运营和社媒再营销广告两大类。

社媒运营是指无需向社媒平台付费的各种运营/营销策略,根据流量池思维,社媒运营的目标是构建私有流量池,开辟持续再营销的可控战场。

社媒再营销广告是指利用社媒平台提供的付费广告实施再营销的策略。再营销广告一般不是社媒平台提供的一种广告大类,而是某些有效广告大类中的一部分。例如,Facebook提供搜索广告,这是与展示广告、购物广告等并列的一个广告大类,在这个大类中,可以设置搜索再营销广告。

2. 社会化媒体运营策略

几乎所有社媒运营策略均可以认为是再营销策略。按顺序大致如下。

(1) 在官方账户下或社群中按合理节奏发布公司或产品动态。这个环节分发的是常规营销素材,或者与社群主题相关的知识、经验与新闻动态。关键是要掌握好节奏,让粉丝感觉刚刚好,不多也不少,不急也不慢。目标是充分认知品牌,解决信任问题,最佳效果是粉丝养成阅读习惯,并积极参与互动。

(2) 积极做好与粉丝的日常互动交流。规划好日常互动的方法,如在即时通信工具的社群中发送每日早问候。主要关注及时互动率,如粉丝的问题及时回复、粉丝发布的内容及时点赞等。该环节的目标是活跃社群。

(3) 抓住营销时机,使用站内信、聊天窗口或订阅分发DM广告。如店庆、黑五等节庆日是非常好的营销时机,在这些重要时机,商家一般会定制DM广告,及时分发即可。这个环节已经有比较明确的营销目标,要注意收集和分析数据,努力实现营销目标。

(4) 组织粉丝活动。使用活动营销的策略,提前策划活动,并制订活动计划。要关注营销色彩不浓的活动,真正为粉丝创造价值,这是将客户转化为忠诚客户(或朋友)的过程。

(5) 进一步细分用户,组建会员社群,差别化实施会员运营策略。再营销过程就是对用户不断细分的过程,下一小节还会提及用户细分的具体方法。该环节的目标是推出事先规划好的会员体系,以便实施更精准的会员运营策略。要特别关注头部客户。

(6) 使用合适的社媒工具。上述5个环节不一定在同一个社媒平台完成,这就涉及社媒平台的选择及流量的转移和整合。必要时,还要考虑一些辅助工具。再次强调,对已下订单的大客户,要利用社媒提供优质的跟单和售后服务。

综上,社媒运营策略非常丰富,有关运营策略已在中级教材《社会化媒体营销》,以及本书其他章节,如"服务营销策划"中讨论,这里不再展开,这里只重提下重点。

(1) 社媒运营策略万变不离其宗,营销人员还是要回归社媒营销的基本范式:受众×内容×渠道。需要补充的是"时机",社媒互动频繁,对交流效率要求较高,无论是否即时通信工具,都要关注时机和时间。

(2) 一切运营策略都是为了构建、扩大和活跃私有流量池,并不断提升私域流量池价值。笔者非常推崇流量池思维,它不是西方的某种解决特定问题的"方法",而是具有东方美的一种系统性思维模式(或者说理念),在人力资源管理、项目管理等更广泛的领域均有借鉴价值。

(3) 社媒运营是降低综合营销成本的关键,免费的社媒运营做得好坏,决定了一个企业是否能实现最优营销预算。

3. 社会化媒体再营销广告

多数有效的广告平台均支持再营销设置，如 Facebook 搜索广告、展示广告，YouTube 的视频广告等。重要的是营销人员心中要始终有漏斗模型、有流量池思维，能深入研究数据，执行精细化的数字营销。下面以跨境 B2B 企业常用的 LinkedIn 为例，说明下再营销广告策略的具体实施。

（1）设置目标网站访问者人口统计。在任意一条 LinkedIn 广告系列中开启人口统计功能，需要使用 LinkedIn Campaign Manager 登录 LinkedIn 广告账户，选择"网站人口统计"（Website Demographics），点击设置你的洞察标签（Insight Tag），获取洞察标签的代码，复制并将洞察标签代码添加到目标网站（一般是首页），或目标网站的特定页面（如产品详情页或订单详情页）。建议添加至少两条洞察标签代码在网站的不同页面。已获取的洞察标签代码如图 8-4 所示。

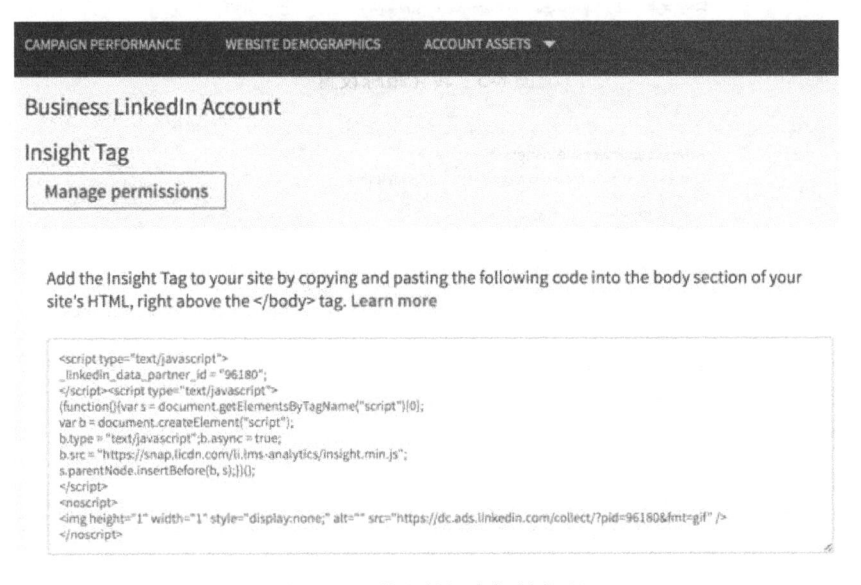

图 8-4　已获取的洞察标签代码

（2）设置转化跟踪，获取访问者人口数据。在上一步设置的广告系列中添加转化跟踪，选择"账户资产"（Account Assets）下的"转化跟踪"（Conversion Tracing），注意给每一段洞察标签代码取不同的名字，以便区分细分访客。设置好 24 小时后即可获得访客数据。转化跟踪设置如图 8-5 所示。

（3）设置 LinkedIn 再营销广告。设置一条新的 LinkedIn 广告，注意 LinkedIn 并没有"再营销"广告类型选项，根据需要选择一种类型即可（如文字广告）。当选择好匹配的受众群体时，就可以通过选择 LinkedIn 洞察标签，将上述步骤中一个洞察标签下的用户选定为该广告的受众。注意使用一般定位选项优化 LinkedIn 广告的目标受众，如图 8-6 所示。

通过以上三步，即完成了在 LinkedIn 上设置再营销广告。可见，LinkedIn 再营销广告可以在任意一种 LinkedIn 支持的广告类型中使用，核心是让 LinkedIn 能捕获目标受众数据。根据这种思维模式，其他社媒平台也可以自主设置再营销广告。关于目标受众的优化请参考下一小节。

图 8-5　转化跟踪设置

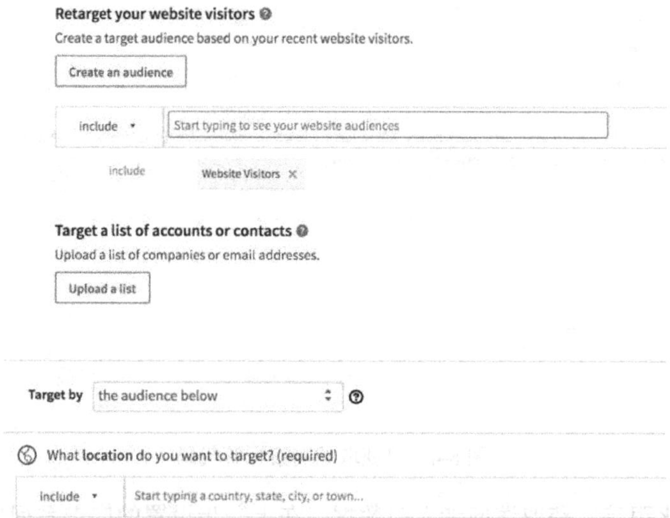

图 8-6　使用一般定位选项优化 LinkedIn 广告的目标受众

三、社会化媒体再营销成效分析与优化

因再营销是一种营销场景，各类运营策略和广告均可以实施再营销，故再营销并不需要独立的成效分析指标，只需要沿用社媒运营类和效果类指标即可。如客单价、转化量/率，以及它们的增量等。在社媒基本范式三要素中，再营销对受众的细分最重视，优化的主要方向是受众细分。

1. 再营销的受众细分基础

首先受众细分是所有广告均要面对的，即社媒广告中的受众定位。除了根据平台提供的各种属性对受众细分外，还可以通过用户行为、用户访问时间等进行受众细分。

其次，受众细分是分步实施、逐层求精的过程，有不断优化的空间。

最后，受众细分策略可以组合应用，实践中有很多技巧，营销人员应多探索，追求创新的同时，注意分析数据、沉淀经验。

2. LinkedIn 再营销广告的精细化设置

前面的 LinkedIn 再营销广告案例中，再营销广告成效与捕获的受众数据质量关系很大，通过再营销广告的精细化设置，可以提升营销受众质量。

（1）利用多条洞察标签实施精细化设置。如果企业在网站首页和订单详情页设置了洞察标签，就可跟踪到访问网站首页的用户数据，而订单详情页跟踪到的用户数据可以理解为已产生订单客户。我们还可以利用 LinkedIn 广告设置中的受众排除选项，实现向访问过网站但未产生订单的用户投放再营销广告。更多的组合可以通过灵活的洞察标签的加、减实现。

（2）利用 LinkedIn 用户属性实施精细化设置。LinkedIn 的用户数据包含很多有用的属性，如职位、年龄、地区等。在设置再营销广告目标受众时，选定了某个洞察标签用户群后，还可以利用 LinkedIn 的用户属性再做细分筛选，如仅投放洞察标签用户群中来自北美地区、职务是采购经理的用户。

（3）手动精选受众实施精细化设置。在前两种精细化设置基础上，LinkedIn 还支持对选定的目标受众进行手动精选。

可以预见，通过上述 3 种精细化设置的组合应用，再营销广告的精准性可以被无限提升。Google、Facebook 等也支持这种精细化再营销广告。这给营销人员提供了巨大的施展空间，优秀的和普通的营销人员在广告 ROI 上可能相差巨大。

3. 再营销广告优化的其他建议

（1）设置再营销广告时，应尽量做到与前置营销策略有一定的继承性，并考察再营销广告在关键指标上的增量，通过再营销与前置营销策略的成效对比，可以为我们提供广告优化的思路。

（2）再营销广告精细化设置的思路适用于大多数数字广告。并非只有再营销广告可以实施精细化设置，实践中，要深刻理解和不厌其烦地进行用户分层分类定义，用流量池思维持续优化运营和广告策略，不断追求 ROI 的提升。

（3）跨境电商企业在开启数字营销的起步阶段，可以委托专业的代营销公司协助实施数字营销，代营销公司沉淀的营销技巧比起交付的营销成效更重要，完全自主探索数字营销技巧或许会事倍功半。

（4）数字营销预算超过 10 万/年时（此值各家可不同），专业的营销管理工具就值得购买。

本 章 小 结

本章主要介绍了社会化媒体品牌营销、获客和再营销在跨境电商领域的应用。相对其他营销方式，社会化媒体最适合执行品牌营销，社媒品牌营销主要关注内容转发量/率和粉丝忠诚度，可以通过品效合一的方法对品牌营销成效进行评估。社媒是综合成本最低的获客渠道，可以直接获客，推荐流量池获客策略。社媒再营销能显著提高营销效率，一般有社媒运营策略和再营销付费广告策略，都要特别关注受众优化。

本章习题

一、选择题

1. 社会化媒体营销的特征包括（　　）。
   A. 参与　　　　　　B. 公开　　　　　　C. 交流　　　　　　D. 连通性
2. 影响社会化媒体营销效果的主要因素包括（　　）。
   A. 受众（精准度）　　　　　　　　　　B. 内容（质量）
   C. 渠道（效率）　　　　　　　　　　　D. 品牌（心智）
3. 社会化媒体品牌营销的主要评估指标包括（　　）。
   A. 转发量　　　　　B. 粉丝忠诚度　　　C. 反馈量　　　　　D. 搜索曝光量
4. 对于跨境电商 B2B，获客成本计算公式一般采用（　　）。
   A. CPSQL= PPC/销售认可询盘数　　　　B. CPSQL= PPC/成交订单数
   C. CPSQL= CPL/销售认可询盘数　　　　D. CPSQL= CPL /成交订单数
5. 在营销实践中，社会化媒体越来越多地用于获取客户，常常采用运营策略和直接获客策略，其中，社媒运营策略应用的典型思维是（　　）。
   A. 流量池思维　　　B. 互联网思维　　　C. 系统思维　　　　D. 迭代思维

二、判断题

1. 再营销广告是一种针对潜在客户，特别是曾经访问过网站、浏览过主页的用户，根据其在线行为投放广告的一种广告形式。（　　）
2. 再营销广告可以将社交媒体上的"橱窗浏览者"转变为真正的购买客户。（　　）
3. 搜索再营销是指当用户再次搜索相关内容的时候，向其展示有针对性的广告。（　　）

三、案例分析题

Adam Saraceno 是 Peak Design 公司的营销主管，他经常与那些试图销售各种营销服务的供应商取得联系。下面是 Adam 描述的再定位和电子邮件再营销之间的区别。

再定位和电子邮件再营销专注于完全不同的细分市场。电子邮件再营销，如果有用户已经在购物车中添加了商品，就已经充分表达了他们的购买意愿。我们有充分的理由相信，这些放弃购买的人是对我们的产品超级感兴趣的人。

那他们为什么没有直接进行购买呢？

我们想要找出答案，因为我们一定可以做些什么来帮助他们做出购买。这就是我们通过电子邮件再营销所要做的事情。通过电子邮件，我们其实是在问他们：我们能为您做些什么？我们要怎么做才能让您购买呢？轮播广告和再定位更适合那些浏览过我们的网站、表现出对我们的东西感兴趣，但还没有把产品添加到购物车的人。

再定位更多的是将我们的品牌留在那些已经去过的人的脑海中。这种做法是在重复地进行消息传递。当有人点击我们的网站并浏览一段时间时，我们希望定期提醒他们我们的存在。当人们说他们准备买一部单反时，这就触发了他们的购物需求，我们想要成为他们的首选。一旦人们再次看到了再营销广告，就会想起，他们最近听到了很多关于 Peak Design 的消息。

电子邮件再营销是针对那些表现出高购买意愿的客户，而广告展示再定位则是提醒那些还没有购买过的网站访问者。

现在，我们对再定位和再营销之间的区别有了更好地理解，让我们来谈谈 Peak Design 是如何使用电子邮件再营销来挽回 12%的弃购者的。

首先，Peak Design 采取了一种非常简单的方法。

一开始，他们担心网站访问者会不喜欢 Peak Design 从未提交的订单中保存访问者的信息，并发送电子邮件跟进。所以他们决定使用一个简单的、以客户服务为中心的方法。他们计划，在访问者弃购半小时后发送第一封再营销邮件，在 30 个小时后发送第二封邮件。他们发送的邮件不是销售信息，而是这样的："嘿，我们注意到你放弃了购买。有什么问题吗？需要我们的帮助吗？" Peak Design 的目标是促使人们去客户支持部门寻求问题的答案。他们还提醒人们，他们有免费和快速的运输。

他们的第一封邮件是这样的：

Hey customer，

We noticed you left some gear behind during a recent visit to Peak Design?

If you have got questions about anything chances are we have got answers. Just reply to this email or visit Peak Design Support.

Also，did you know that all Camera Clips and Bundles ship free in the US?They also ship free globally if you order 2 or more.

Oh，and we guarantee all of our products for life .How about them apples?

Hope to see you soon!

Peak Design

在第二封邮件中，他们提供了折扣。这个折扣不是一开始就提供的，而是在 30 个小时后发送，看看一个小折扣是否会推动潜在客户完成购买。

Hey customer，

We noticed you left some gear behind during a recent visit to Peak Design?

If you are still interested，we would like to offer you 5%off your order，plus free shipping on Camera Clips and Bundles. To redeem，simply enter XX in the promo code field on the checkout page.

If you have got questions about anything chances are we have got answers. Just reply to this email or visit Peak Design Support.

Hope to see you soon!

Peak Design

这是他们发出的最后一封邮件。

大多数电子邮件再营销活动总共会使用三封电子邮件，但 Peak Design 决定只使用两封。

因为他们觉得，客户可没有要求他们发送邮件，过多的邮件会是一种打扰。他们觉得两封邮件是合适的数量，并决定坚持下去。

结果如何？

30 天后，Peak design 发现他们的平均挽回率是 12%，并且这个数字在他们的电子邮件再营销活动的生命周期中一直保持不变。平均挽回价值也大致与平均加车价值相同，这意味着当弃购者愿意回头进行购买的时候，这些客户通常会购买整个购物车的产品。

除了 12%的挽回率，Peak Design 获得了第一封邮件 66%的打开率和第二封邮件 59%的打开率。

第一封邮件的点击率是 14%，第二封邮件的点击率是 18%。在这些被挽回的弃购者中，从第一封邮件中挽回了 59%的收入，从第二封邮件中挽回了 41%。

请思考并回答：

1. 再定位与再营销的区别。
2. 电子邮件再营销时需要注意哪些事项？

第九章　EDM 营销策划

EDM 是最古老的网络营销工具，也是目前使用最广泛的。

案例 9-1

老方法新工具

A 公司是一家专业的中型现代化生产企业，主要产品包括电子电线、电脑配线、高级 AV 线、高频 HDMI 线、USB3.0/2.0、网络线等，集产品设计、生产和销售为一体。产品通过 RoHS 欧盟环保标准要求，广泛应用于各类电子电器、手机、IT、多媒体、通信等领域，并远销欧美及亚太地区。

随着市场压力增大，新客户开发尤为困难，A 公司高层越来越关注客户流失率。老客户的维护跟进效率低，成为了一个急需解决的问题。由于行业原因，A 公司客户群体较小，业务员之间经常出现撞单，团队氛围也变得不太和谐，影响了公司的业务发展。而传统的管理模式难以应付业务扩张带来的规模化发展需要，领导想要实时了解一线业务人员动态比较困难，数据统计分析都得通过 Excel 报表手动进行。

鉴于这些问题，公司尝试了一些方法，但总解决不了全部问题。有一次公司高层无意中了解到某种 CRM 软件，在对比了很多同类软件后，从操作难易度、性价比等方面考虑决定启用这种 CRM 软件。其主要功能如下。

（1）邮件管理。支持邮件群发单显，可以批量覆盖老客户，如节日问候，也可以对"准客户"进行批量营销。一批次可以发 200 个客户，分多批次发送。不但提高了邮件的送达率，而且还可以阶段性地定义新的营销主题。

（2）客户建档。客户建档后，如几个同事利用建档邮箱同时给同一客户发送邮件，系统将自动发送重复客户提醒，这就避免了客户资源管理混乱的现象，解决了业务员之间的撞单问题。

（3）管理人员可以通过销售管理工具进行数据统计分析，详细了解每个下属的客户跟进情况、业绩完成情况、营销邮件发送数及打开率，以实时了解整个公司的业绩进展。减轻了复杂的人工录入工作量，使管理智能化。

使用 CRM 软件后，业务员开发、跟进、管理客户的工作变得更加快捷有效，老客户流失减少，维护客户人力成本降低，公司业绩提升了 30%以上。业务部的团队氛围更加融洽，提升了团队的凝聚力。并且，老板可以随时了解业务部的业绩情况，洞悉业务人员的工作效率，及时发现问题并调整应对，人员管理和业绩把控能力都得以提升。

第一节 概 述

EDM 营销是跨境电商商家获客的主要方法之一。据统计,全球每天发送的电子邮件多达数百亿封,其中约一半为个人通信邮件,其他为各种类型的商业信息。

一、什么是 EDM

1. EDM 的定义

EDM（Email Direct Marketing）是电子邮件直复营销的缩写,简称为邮件营销,是利用电子邮件与受众进行商业交流的一种直销方式。EDM 是网络营销中最古老的一种,但也是目前应用最广泛的。

【知识延伸】　　　　　　　　垃圾邮件

2002 年 11 月 1 日,由中国互联网协会、263 网络集团和新浪网共同发起,中国互联网协会反垃圾邮件协调小组即日在北京正式成立,国内 20 多家邮件服务商首批参加了反垃圾邮件协调小组。中国互联网协会在《中国互联网协会反垃圾邮件规范》中是这样定义垃圾邮件的:"本规范所称垃圾邮件,包括下述属性的电子邮件:

（1）收件人事先没有提出要求或者同意接收的广告、电子刊物、各种形式的宣传品等宣传性的电子邮件;

（2）收件人无法拒收的电子邮件;

（3）隐藏发件人身份、地址、标题等信息的电子邮件;

（4）含有虚假的信息源、发件人、路由等信息的电子邮件。

垃圾邮件不仅会侵犯收件人的隐私权,侵占信箱空间,还可能会被黑客利用成助纣为虐的工具。2019 年第一季度我国产生的垃圾邮件占全球垃圾邮件的 20.43%,排全球第一,这给我国的 EDM 营销环境造成了极大困扰。如图 9-1 所示。

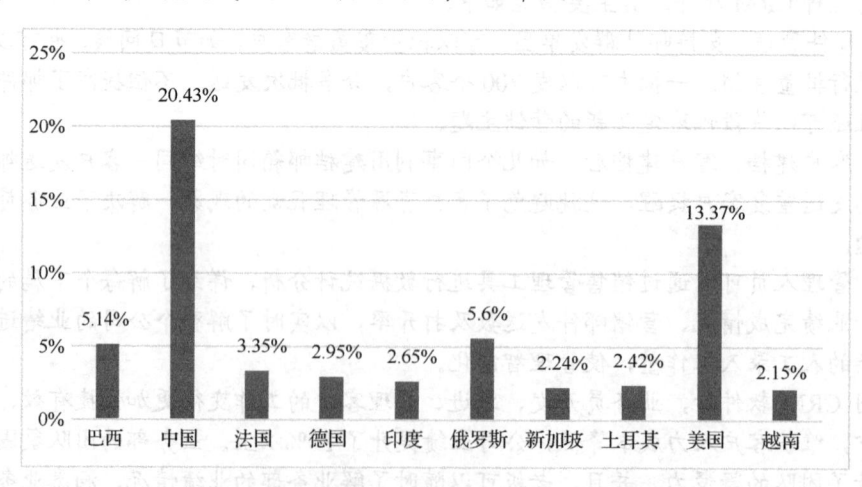

图 9-1　2019 年第一季度垃圾邮件的主要来源国

资料来源：FreeBuf

本书所说的 EDM 营销是指许可电子邮件营销，是在用户事先许可的前提下，通过电子邮件的方式向目标用户传递有价值信息的一种网络营销手段。

2. EDM 营销的特点

一般认为，EDM 营销具有以下特点。

（1）应用范围广。邮件是人们使用最广泛、最频繁的沟通工具之一。

（2）操作简单，效率高。操作 Email 不需要高深的计算机知识，不需要烦锁的制作及发送过程操作简单。如果使用专业 EDM 营销工具，效率会更高。

（3）内容丰富。电子邮件传递信息的形式多样，可以使用富文本，使邮件内容丰富美观，具有信息量大、保存期长、便于收藏和传阅的特点。

（4）精准有效。电子邮件本身具有定向性，可以针对精确筛选出的对象发送特定的电子邮件，如按行业或地域等进行分类，找到精确的目标客户，再进行广告邮件群发，故可使营销目标明确，效果得以改善。

（5）成本低廉。电子邮件营销是一种低成本的营销方式，阿里巴巴国际站提供的外贸邮工具，每天都有 200 封的免费邮件配额。

二、EDM 在跨境电商中的作用

EDM 营销广泛应用于跨境电商领域中，即使社会化媒体在客户运营方面部分取代了 Email，但 EDM 依然是客户开发的主要工具。EDM 主要有以下几个作用。

（1）打造品牌形象。EDM 营销对于企业品牌形象的价值，是在长期与用户联系的过程中逐步积累起来的。规范的、专业的 EDM 营销对品牌形象有积极的促进作用，同时也是一项长期的建设过程。

（2）产品推广和销售。产品推广和销售是 EDM 营销最主要的目的之一。它能在一定程度上刺激潜在客户的购买，老客户的复购，因此具有出色的推销效果。

（3）维护客户关系。EDM 营销是一种互动交流工具，业务人员可以在邮件中跟订阅用户玩一些小游戏，以刺激用户的好奇心，从而提高客户的点击率。

（4）市场调研。利用电子邮件开展在线调查是网络市场调研中最常用的方法之一，具有问卷投放、回收期短、成本低廉的特点。

案例 9-2

如果决定给订阅用户或者潜在客户提供优惠价，可以在邮件最顶端就将消息展示出来，这样用户在打开邮件的第一眼就可以看到信息。如图 9-2 所示，Brooklyn Way 就是将最主要的信息——优惠码放在最前面。

（资料来源：《提高转化率！跨境电商 9 大邮件营销实例：从新店开张到折扣促销》，通途跨境，2018-5-21）

图 9-2　Brooklyn Way 的邮件营销内容

第二节　实施 EDM

实施 EDM 营销需要考虑以下三方面的问题。

一、获取和管理客户列表

1. 获取邮件列表（用户资源）

邮件列表中的用户数量是直接影响电子邮件营销效果的重要因素。获取邮件列表用户资源的途径比较多。下面介绍几种常用方法。

（1）通过注册会员收集邮件列表。通过注册会员收集邮件列表是非常有效的方法。例如，邀请用户注册会员，初次购买可以享受折扣等各种优惠。用此方法获得的邮件列表，可用性比较高。

（2）做广告吸引用户主动订阅。在发布广告时，留下邮件订阅地址，鼓励人们通过邮件与企业取得联系。

（3）在活动中使用奖励措施。可以通过提供奖励，鼓励用户参加某个主题活动，然后留下用户的电子邮件，也可以获得较好效果。

（4）购买邮件列表。通过第三方邮件营销服务商获取企业潜在客户的邮件列表，这些数据一般比较详细，不仅包括邮件地址，还会有性别、年龄、职业、地区等有价值信息。购买时要先明确本企业的客户画像，然后对第三方服务商提供的邮件列表进行筛选后再购买，这样群发邮件的效果会比较好。

除了上述常见的获取邮件列表方法外，随着社会化媒体及其理念的发展，已证明熟人介绍（推荐）的效果远好于其他形式，故在实施 EDM 营销时，要充分利用用户裂变策略获取新用户资源。

2. 管理邮件列表

要提高邮件打开率，不仅要关注发送邮件的数量，更应该关注电子邮件列表质量。要提高质量，就必须做好电子邮件列表管理。

（1）根据列表用户细分推送个性化内容。内容越个性化，收件人阅读体验越好。据调查，细分的邮件列表，点击率和阅读率是普通列表的 9 倍。所以应该将邮件列表按收件人各种信息分成不同的组，进而群发有针对性内容的邮件。如图 9-3 所示。

图 9-3 用阿里巴巴国际站的客群管理进行邮件列表细分

（2）重视活跃度高的用户。邮件列表可以分为高度活跃、活跃、相对活跃 3 个层次。可以让很活跃的用户参与到企业开展的一些活动中。

（3）处理不活跃用户。利用邮件统计报告分离出没有点击阅读的收件人，有计划地执行用户激活策略。

二、制作营销内容

跨境电商中，EDM 营销的目标主要是获取客户（要销售额）和提升品牌形象（要利润率），这里主要介绍开发信和品牌故事两类邮件内容。

1. 开发信

外贸开发信就是外贸业务员把自己公司的产品、服务、优势等通过邮件、信函发送给潜在的国外客户，希望建立合作关系，共同发展。潜在的国外客户收到邮件、信函后，如有意向，则会与外贸业务员进一步沟通、谈判，最终确立购买合同。

开发信的基本结构分为标题、正文和签名三部分。

邮件标题在客户端邮件列表中就会呈现，就像跨境电商产品搜索结果列表页一样，邮件标题对开信率影响很大，应特别注意优化。标题可以是邮件内容的概括，或具有CTA（行动号召）性质的短语。标题还可以是一句话，在句式上可以是假设句、疑问句和祈使句等。拟定多个标题，采用AB邮件模式测试市场反馈，有利于积累撰写优质标题的经验。下列标题哪一个更打动你呢？

（1）It is 36 days away from Christmas, do you remember Karen?
（2）DS-346 Hot sale up to 50, 000pcs from last Oct.
（3）Let me share with you this newest technology.
（4）New Melamine tableware from Yangge.

正文一般包含以下内容：①问候语，②如何获得对方邮件信息的说明、③公司信息、④业务员自我介绍、⑤产品信息（特别是产品质量、产地证书、研发能力等）、⑥其他服务（如定制服务等）、⑦结束语（提前对客户的关注表示感谢）。正文需要传递的信息比较多，要力求简洁。

案例9-3

开发信正文示例

Hi Vivian,

Glad to contact with you.

This is Kathy from ningbo dongsu plastic industry, we are supplier for cleaning products.

We know you from 117th canton fair, and not sure whether you are still in the market of cleaning products?

Pls check below our new design spin flat mop and bucket set DS-366.

And pls see if you have any interested of it?

The most troublesome thing about the traditional spin mop is that the cleaning mop cloth is always washed with dirty water.

Our new design spin mop, smart bucket, smart design, for saving shipping and saving home space.

Automatic separation of clean water and sewage.

Double device, hand pressing for washing and lift to drying.

New microfiber mop head can be rotated freely through 360 degree evenly and easily to clean any comers.

签名部分包含发件人姓名、公司名称和地址、电话和传真号码、电子邮件地址、公司网址，注意附加"退订说明"（不希望再收到此类邮件的操作指引）。签名示范如图9-4所示。在该签名中，有品牌LOGO露出，备注了很不清晰的"退订"链接，整体感觉干净、美观，体现了对客户的尊重。

在写开发信时，还需要注意以下几点。

（1）在写开发信之前要对客户进行认真分析。要区分客户类别，挑选出合适的客户群。同时弄清楚客户的规模、产品需求，然后有针对性地发邮件，否则将收效甚微。

（2）写开发信时最好计算好中国与客户的时差，在客户上班或即将上班的时候发，这样客户读到开发信并回复的概率会大大提高。

图 9-4　精心设计的邮件签名

（3）开发信不宜过长，重点介绍自己的产品。在信的结尾写上自己的公司名字、标志和网站网址，让客户觉得我们就是一家真实存在的、有诚信的公司。

（4）写开发信时可以在标题上直接写上客户的名字，使开发信更加个性化。比如：客户名字+产品名称，客户名字+产品名称+MADE IN CHINA，客户名字+我们是生产"产品名"的制造商，客户名字+假定式开发信标题，客户名字+疑问式开发信标题。

（5）写开发信时要突出自己的优势，比如产品优势、供应商优势等。

关于开发信更多的知识可参考本系列《海外客户开发与管理》中的有关内容。

2．品牌故事

撰写品牌故事的常见方法有 2 种：

一是企业发展历程中的关键事件视角。从企业名称的来源、发展历程、产品研发（设计）等方面的关键事件展开，用强故事性、有品质的文章传递品牌价值。

二是企业品牌主张视角。围绕品牌主张确定推广主题，根据推广主题组织情景故事，在故事中植入企业品牌主张或产品信息，达到品牌和产品推广的目标。

无论哪种品牌故事，一定要注意对客户有用且要有趣。

案例 9-4

品牌故事文案

地区：中国台湾

创建年代：2011 年

创建人：蔡××先生

品牌属性：户外防晒品牌

品牌类别：伞具

品牌简介：

> 由 1959 年出生于台北市的蔡××光先生于 2011 年创立。
> 品牌自创立起就以做工精细、设计简洁、色调清新风靡日韩高端伞具市场。将经典品牌元素注入现代风潮，符合人们的使用习惯。以 Goldbrella 黄金伞系列为代表的高端产品，彰显了风华绝代的黄金传奇，尊贵奢华的定位成功植入客户心智。

三、应用营销工具

有了 EDM 邮件列表和邮件内容，即可执行 EDM 营销，但如果要提升效率和效果，则避不开辅助营销工具。应用 EDM 营销工具的核心诉求是提升邮件营销效率。常见的外贸 EDM 营销工具通常与 CRM 工具整合，见表 9-1。

表 9-1 常见的外贸 EDM 营销工具

工具名称	特点
小满快发	可以快速了解所有关键客户数据，全面了解客户交流历史
孚盟	一站式跨境电商解决方案，帮助企业在 Facebook 上建立类似淘宝的可以直接购买的商铺
Teamface 企典	个性化万能软件，可以用户自由定义功能的软件
AB 客	"多渠道精准获客+极速跨境沟通+智能客户管理+大数据运营"一站式智能外贸营销系统
询盘云	打通外贸客户旅程的全部触点，包括网站等，帮助外贸企业搭建多渠道获客的营销能力和精细化的私域运营体系
Zoho	对销售流程进行全面跟踪管理，从线索生成、商机跟进到最终成交
Salesforce	利用全球首个采用 Einstein AI 的 CRM 解决方案

1. 小满快发

小满快发是小满科技目前的主打产品，其功能如下。

（1）邮件系统：实时收发邮件，智能分流邮件，快速追踪邮件。
（2）客户管理：多维度管理客户，全公司统一调配资源，协同跟进，无缝交接。
（3）企业管理：组织架构一目了然，实现权限和营销分配。
（4）营销工具：采用国际级邮件分发商，以快速的渠道送达邮件。
（5）产品库：专业产品库，3 000 多种产品。
（6）报价单：一键生成报价单，多种模板待选，便捷插入邮件。
（7）云盘：轻松管理和分享工作中产生的文件资料。
（8）统计分析：统计周期精确到小时，统计维度超过 140 种。

2. 锦云外贸 CRM

锦云外贸 CRM 管理软件是小满科技推出的第一款产品，旨在帮助外贸中小企业提升企业管理能力，优化业务流程，挖掘潜在客户和增加订单量。主要功能如下。

（1）360°全方位把握客户。可以快速了解所有关键客户数据，包括分组统计、客户分布、客户跟进频率与效率等。并能全面了解每个客户的交流历史、相关机遇、背景资料。

更为重要的是，可以智能洞察并提醒重点客户，帮助客户提高销售效率。

（2）超级邮件。重要邮件第一时间提醒，及时响应客户需求。智能区分邮件的优先级，让业务员从纷繁庞杂的邮件中抓住商机。使用锦云针对不同场景精心制作的电子邮件模板，轻松吸引客户注意，树立企业专业形象。邮件发出之后不再盲目等待，实时了解对方收到邮件后的动态。同时帮助设定后续跟进策略。

（3）邮件营销。提醒用户在最恰当的时候进行邮件营销活动，方便筛选营销目标。

（4）销售管理。从接触客户开始，到最终成交的每一个环节，锦云都会记录，方便把握所有商机的进展。

（5）公司动态。公司的运营数据将展现在仪表盘上，公司时间轴上将逐条显示团队成员的工作细节。

使用 CRM 系统，业务员开发、跟进、管理客户的工作将更加快捷有效，同时还可以减少老客户流失率，降低客户维护成本。

相对传统工具，许多新业务员不愿意使用或不屑于钻研 EDM，他们认为这项工作艰苦而没有效果，而"流量池"、增长黑客等一些新的玩法则更酷和有效。笔者却认为，EDM 是离客户更近的营销工具，每一个新业务员都应该从这里切入外贸业务，这样才能真实触摸到客户，数字营销才有"根"。

第三节　EDM 的成效评价

EDM 的特点之一是可以对其效果进行量化评估，通过对一些指标的检测和分析，不仅可以用来评价营销活动的效果，还可以发现营销过程中的问题，以便对营销活动进行优化。

一、EDM 成效评价指标

衡量 EDM 营销效果的数据指标主要有：邮件送达率、邮件退信率、开信率、点击率、转化率等。

1. 邮件送达率

邮件送达率是评价 EDM 营销效果的基础性指标，由于垃圾邮件的存在，导致服务器对邮件过滤越来越严格，有些正常的邮件也会被视为垃圾邮件过滤掉。

$$邮件送达率=（邮件送达总数÷邮件发送总数）×100\%$$

假设某业务员发送 1 000 封邮件，其中有 180 封被过滤掉，那么送达的邮件就是 820 封，邮件送达率就是 82%。

需要说明的是，邮件送达率不等于邮件开信率。邮件虽然送达到了用户邮箱，但是有可能直接进入垃圾文件夹，或者用户可能只看到标题就删除了。因此，现实中的送达率是一个必须考虑，但是实际意义不大的数字。

2. 邮件退信率

订阅用户点击邮件中的退订链接后，其 E-mail 地址将从数据库中删除，E-mail 营销后台会做相应记录。

邮件退信率=（邮件退信总数÷邮件发送总数）×100%

假设某业务员发送1000封邮件，其中有180封被过滤掉，那么邮件退信率就是18%。

邮件退信率与邮件送达率都属于获取和保持用户资源的评价指标，它们的关系为：邮件退信率+邮件送达率=100%。

3. 开信率

邮件的开信率/阅读率是衡量邮件营销效果的真实指标。

邮件开信率=（邮件阅读数量÷邮件送达数量）×100%

其中邮件阅读数量由邮件服务系统中嵌入的点击统计系统提供，只要用户点击该邮件，系统就会自动记录点击行为并进行统计。

假设一共寄出10万封邮件，其中5万封曾被打开，则开信率是50%。如果邮件订户是目标用户，应能得到不错的开信率；反之，若开信率过低，则应检查邮件是否送错对象或者是否应该改善邮件标题的写法。

影响邮件开信率的因素有邮件的主题词是否有吸引力、是否有垃圾邮件嫌疑、邮件是否有针对性等。

邮件开信率/阅读率是对发件者了解和信任的一项评估指标，在邮件的标题中使用公司名称或品牌名称有助于获得收件人的信任。

4. 点击率

在邮件中嵌入公司营销站点或营销页面地址链接，因电子邮件的阅读而引导点击进入公司营销站点或营销页面的比例，称为点击率。这是有效评估电子邮件对公司营销站点或营销页面访问量贡献率的重要指标。

点击率=（引导点进次数÷邮件开信总数）×100%

其中，引导点进次数由网站流量统计系统提供，同时，点击率的高低直接受邮件送达率和邮件开信率的影响，三个指标是递进关系。

5. 转化率

转化率指收件人在读完邮件的广告后，愿意接受或购买广告主所推销的服务或产品的数量占发出的总邮件数的比率。这项指标比点击率更具体地显示出广告是否成功刺激到受众并激发其行为。

转化率=（因EDM营销增加的用户数÷邮件开信总数）×100%

案例9-4

某商家业务员在进行EDM营销时，发送1000封邮件，有600人收到企业邮件，其中400人看了邮件，之后有120人点击了其中的广告链接，并且最终有80人购买了该邮件推销的产品。

请分别计算EDM营销的邮件送达率、开信率、点击率和转化率。

解：
（1）邮件送达率=（邮件送达总数÷邮件发送总数）×100%
　　　　　　　=（600÷1000）×100%
　　　　　　　=60%
（2）邮件开信率=（邮件阅读数量÷邮件送达数量）×100%
　　　　　　　=（400÷1000）×100%
　　　　　　　=40%
（3）点击率=（引导点进次数÷邮件开信总数）×100%
　　　　　=（120÷400）×100%
　　　　　=30%
（4）转化率=（因EDM营销增加的用户总数÷邮件开信总数）×100%
　　　　　=（80÷400）×100%
　　　　　=20%

案例分析：
（1）不能仅以某一项指标来评估EDM营销的效果。如有50人收到企业邮件，其中25人看了邮件后点击了其中的广告，那么点击率便是50%。虽然点击率比较高，可是也只是吸引了25人。相反，如果有5000人收到邮件，哪怕只有10%的点击率，那么也是有500人点击广告。同样也不能以开信率评定广告效果，因为即使开信率高，但是如果点击率或者转化率很低，那么能够成功吸引的顾客数量仍很少。

（2）根据不同的EDM营销目标选择相应的评价指标。如果以增加网站浏览人数或销量为主要目的，采用点击率和转化率更能直接反映广告的效果。因为点击率和转化率强调的是如何改变顾客的行为，也就是吸引顾客登录广告主的网站或者产生购买行为。如果是以建立品牌知名度或凝聚力为主要目的，不宜采用点击率作为评价指标。

二、EDM成本分析

EDM营销因成本低廉而被广泛应用，但是其作为经常性的、长期性的一种营销方式，企业在使用时，还是应该核算EDM营销的成本，并和收益进行对比，做到心中有数。EDM营销成本主要考虑两个方面：邮件服务成本和人工成本。

1．邮件服务成本

邮件服务成本主要包括：域名费、邮箱服务费和邮件费。其中，域名费已经非常低，几乎可以忽略不计。如果只需要基础功能，企业邮箱服务费已经基本实现免费，使用付费邮箱的人群已越来越少。邮件费是根据发送邮件数量计件收费的，多数邮箱服务商均支持一定数量的免费发信限额。

（1）域名费用。域名费用包括注册费用和管理费用。

注册com、net域名，需要花费50～100元不等的费用，不同价格主要根据不同的客户资质而定。

注册CN域名，需要花费1～100元不等的费用。主要受国家互联网信息中心的定价影响，同时也受注册商对不同客户区别对待的影响。

一般域名没有另外的管理费用,只是需要每年缴纳年费,不同的域名年费也是不同的,一般 com 与 net 的年费与注册费相当。CN 域名的管理年费用较复杂,根据注册时间不同有很大区别,一般 2006 年及以前注册的域名,年费约 30~100 元。2007 年 3 月 7 日至 2008 年 12 月 31 日之间注册的域名,年费 3~10 元不等。但是如果跨年度续费,则一样需要 30~50 元不等的费用,见表 9-2 所示。

表 9-2 阿里云域名收费标准

单位:元

域名后缀	.com	.net	.cn	.info	.xin
注册 1 年	55	69	29	16	88
注册 3 年	193	207	107	186	264
注册 5 年	331	345	185	356	440
注册 10 年	676	690	380	781	880
续费 1 年	69	69	39	85	88
续费 3 年	207	207	117	255	264
续费 5 年	345	345	195	425	440
续费 10 年	690	690	390	850	880

(2)邮件费用。阿里巴巴国际站规定,在阿里云群发邮件每日前 200 封免费,超出部分收费 2 元/1 000 封。阿里云初始发送限额 2 000 封/天。

2. 人工成本

企业一般会分配几个业务员,要求业务员每天抽出固定几个小时进行 EDM 营销,这就涉及到人工成本。

案例 9-5

一家跨境电商企业每年通过 EDM 营销发送 2 万封邮件,其中有 2 000 封邮件获得客户反馈,产生约 100 张订单。经了解,该公司有 4 名员工专门进行 EDM 营销,每名员工每天用两小时进行邮件营销。这 4 名员工薪资平均每月 6 000 元/人。公司在阿里的域名后缀为 .net,注册期限为 5 年。请计算:该公司的 EDM 营销成本以及 EDM 营销带来的订单客单成本。

答:

(1)域名费用:345 元/年;

(2)人工成本:因是专人,每人 6 000 元/月,EDM 营销成本是 6 000×4×12=288 000 元/年。

(3)则大概的 EDM 营销成本是(域名费用+人工成本)288 000+345=288 345 元。

(4)收益:获得 2 000 封邮件反馈,则一次反馈的成本为 288 345 元÷2 000 封=144.17 元/封。

(5)如果 2 000 封邮件反馈,最终获得 100 张订单,那么客单成本是 288 345÷100=2 883.45 元/单。

要特别指出的是,以上只是一个粗略的计算,旨在让公司及业务人员有成本意识,在进行 EDM 营销时,应努力降低客单成本。

三、EDM 禁忌

EDM 营销因为成本低、方便快捷、无地区限制、传播快等优势，成为商家进行网络营销必不可少的方式。但垃圾邮件日益泛滥，严重影响了正常电子邮件营销的效果。为了 EDM 邮件营销得到最佳效果，以下几条要尽量避免。

（1）发件人签名太随意。前面已经说明发件人的签名影响 EDM 营销效果。用户在浏览邮件的时候，会清楚地看到发件人的姓名，想要做好 EDM 营销就必须大方亮出自己的身份，这样才会给用户一种好的印象。如果你收到的邮件隐藏了发件人姓名或者发件人的签名不专业，你会如何处理这样的邮件呢？

（2）主题不明确。发件人名称后面紧跟的就是邮件的主题，主题的质量也关乎到 EDM 的效果。在编写邮件主题时，一定要注意言简意赅，具有吸引力，让用户看到这个标题就产生点击阅读的兴趣。例如，That Ring Shop 在向客户发送新店开张通知邮件时，主题中直接挑明发送邮件的目的，告知客户"我们的在线商店已经开业，欢迎来访问（Our online store is now open. Come visit us）"。

（3）邮件质量不高。当用户看过你的用户名、邮件的主题，点开邮件查看时，却发现邮件内容质量很差，其营销效果恐怕是负面的。邮件的质量是 EDM 营销效果的重要保障，可以在邮件中用图文混排的形式来增强视觉效果，在邮件中添加一些链接，引导用户到官方网站中查看更多的信息。

（4）邮件发送频繁。EDM 营销作为一种低成本的推广方式，商家当然希望多多益善。但邮件不是电视广告一样，经过多次传达就可以增强宣传效果，邮件发送频繁反而会让用户不悦，即使邮件的内容很精致。特别是收件人不是目标客户时，更会让收件人反感。

（5）内容为附件。很多商家在 EDM 营销时喜欢使用附件，为的是将更加全面的信息展示给用户。但从用户角度来说，下载附件毕竟是一件很麻烦的事情，而且很容易联系到邮件病毒，故很多用户收到不熟悉的带有附件的邮件时会选择直接删除邮件。而且带有附件的邮件很容易被邮箱拦截，直接归档到垃圾邮件中。这些都对营销很不利。

第四节　EDM 策划

一、典型 EDM 营销方案解析

依然使用简易策划表给出典型的 EDM 营销活动策划案如下。

EDM 营销活动策划表

活动编号：2021-08　　　　　　策划人：××　　　　　策划时间：20210812

活 动 要 素	要　素　说　明
活动名称	新款榨汁机转化率测试活动
活动目标	量化目标：新款榨汁机的转化率达到 25%（活动月相比原来的 18% 增加 7%）
活动商品	榨汁机（SKU：ZZJ-2020-002）
客户对象	近 2 个月内有深度访问并询盘，但未下单的客户
活动时间	2021 年 2 月 1 日 0 时～2021 年 3 月 1 日 0 时

续表

活动要素	要素说明
促销工具	（1）折扣：活动商品 9 折，关联产品 9.5 折　　（2）优惠券：指定物流优惠券$5
规则说明	每个客户首次采购活动商品时，同时享受折扣和优惠券两项促销政策，其中，关联商品用下列三种方法定义，由运营部负责。 （1）客户相关：根据客户购买产品，分析既往客户的购买此产品之后的第二单产品系列。 （2）属性相关：首单产品的属性关联产品。 （3）场景相关：首单产品同一使用场景的关联产品
协助部门及任务	设计部：主图海报、详情海报等；运营部：榨汁机及关联产品选品，P4P 推广策略调整；销售部：批量 EDM，重点客户一对一跟进引导
执行人	组长：Lida，组员：设计师弥勒，运营乐乐，销售 Lisa
成果预测	转化率提高到 23%基本合格

这是一个常规的 EDM 策划方案，进行 EDM 策划时还应注意以下几点：

（1）一定要区分客户群，有针对性的进行邮件营销，否则会影响开信率。

（2）在制作营销内容时，电子邮件标题要吸引用户注意，同时要突出企业或产品的名称，否则也会降低开信率。

（3）在邮件中除了要设置广告图片外，还可以给出广告的链接地址，以便客户点击链接访问网站。

二、EDM 策划流程

1．制定 EDM 营销计划

制订营销计划包括内容策划、样式策划和技术策划。

（1）内容策划。依据对营销客户的定位，EDM 营销要体现出企业产品或服务的特色，需要明确营销目的和制订清晰的营销思路。

（2）样式策划。为了更好的体现更多的内容和呈现出美观得体的样式，大多数 Email 页面采用的是 html 形式。

（3）技术支持。在技术方面，企业可以选择自己建设邮件系统，也可以与专业的邮件服务商合作。

2．搜集邮件列表用户资源

用户可以自由退出邮件列表。在选择邮件列表服务商时，列表质量、提供的服务水准、定向能力、追踪和报告反馈的能力、市场信誉等都是需要考虑的因素。

3．制作并发送邮件

邮件内容撰写应结构清晰，语言简练。邮件页面设计要简洁美观，重点突出。通过为用户提供有价值的内容，加入适量促销信息一起传递给客户，从而达到营销目的。

邮件发送步骤如图 9-5 所示。

```
选定邮件主题 → 撰写邮件内容 → 按计划发送邮件
```

图 9-5　邮件发送步骤

4．EDM 营销效果的监测与评估

如前所述，邮件营销效果评价指标见表 9-3。

表 9-3　EDM 营销效果评价指标

阶　　段	指　　标		
获取和保持用户资源	有效用户数	用户增长率	用户退出率
邮件信息传递	邮件送达率		邮件退信率
用户信息接收	开信率/阅读率		
用户回应评价	点击率		转化率

5．EDM 营销的有效性分析

最后，我们可以从以下几个方面给出 EDM 有效性结论。
（1）邮件是否可以送达到尽可能多的目标用户，且开信率是否有提升。
（2）点击率是否超越行业平均水平。
（3）获得的直接收益应大于投入的费用，或是否达到了预设的营销目标。

本 章 小 结

本章主要介绍跨境电商 EDM 营销策划。先介绍了 EDM 的概念、特点，以及在跨境电商中的作用。然后介绍了 EDM 实施中获取和管理客户列表的方法，营销内容的构成及注意事项，营销工具在 EDM 营销中的应用。之后阐述了 EDM 的评价指标、成本分析，以及在实施EDM 时的禁忌。最后在典型案例分析的基础上，介绍了 EDM 的策划流程。希望读者掌握EDM 营销方法的基础上，能独立策划 EDM 营销活动，实现客户的精细化、个性化营销，提高客户的开信率、点击率和转化率。

本 章 习 题

一、选择题

1．垃圾邮件和许可邮件在收益性方面的区别是（　　）。
A．垃圾邮件推广无收益　　　　　　　　B．垃圾邮件推广长期收益
C．推广垃圾邮件会直接被删除　　　　　D．垃圾邮件可实现自动化营销
2．在电子邮件营销评价体系中，获取和保持用户资源的评价指标有（　　）。
A．送达率　　　　　　　　　　　　　　B．用户增长率和用户退出率
C．开信率与转化率　　　　　　　　　　D．点击率和转化率

3. 衡量引导用户点击次数占邮件开信总数的指标是（　　）。
　A．邮件送达率　　　　　　　　　　B．邮件开信率
　C．点击率　　　　　　　　　　　　C．转化率
4. 在下列选项中，有关 EDM 营销功能说法错误的是（　　）。
　A．在客户关系的维护上有价值
　B．是网上市场调研最常用的方式之一
　C．不能完整的完成营销过程，需要其他营销方式配合
　D．是营销推广效果较为突出的方式之一
5. EDM 营销的特点有（　　）。
　A．应用范围广　　　　　　　　　　B．操作简单
　C．内容丰富　　　　　　　　　　　D．精准有效
6. 获取邮件列表用户资源的基本方法有（　　）。
　A．通过注册会员收集邮件列表　　　B．做广告吸引用户主动订阅
　C．在活动中使用奖励措施　　　　　D．购买邮件列表
7. 开发信的基本结构包括（　　）。
　A．标题　　　　　　　　　　　　　B．正文
　C．签名　　　　　　　　　　　　　D．公司印章

三、判断题

1. 邮件营销过时了。　　　　　　　　　　　　（　　）
2. 开信率高，则点击率高。　　　　　　　　　（　　）
3. EDM 中的邮件主题最好隐藏发件人名称。　（　　）
4. 营销邮件不能过于频繁。　　　　　　　　　（　　）
5. 邮件营销要主题明确。　　　　　　　　　　（　　）
6. 邮件营销不需要成本。　　　　　　　　　　（　　）

四、实操题

1. 以 3～4 人为单位，为小米公司制定一个 EDM 营销策划方案。
2. 制作邮件内容。

五、案例分析题

　　G 公司是一家提供男装的零售商，该公司网站拥有可观的访问量。公司为了达到良好的 EDM 营销效果，先在小范围内对顾客进行测试。做法是，将订阅邮件客户分为 a，b 和 c 组。通过比较 a 组和 b 组，将效果好的方案用于 c 组。
　　测试第一个例子是网上的一次促销活动。A 组的 1 000 名顾客收到促销邮件，其中发件人信息中，明确写明公司的名称、地址和联系方式，结果有 300 人阅读邮件，其中 200 人点击进入公司网站。另一封类似邮件发送到相同人数的 b 组，但是发件人信息中没有公司的名称和地址，结果只有 100 人阅读，50 人点击进入公司网站。
　　测试第二个例子是一封 HTML 格式的邮件，邮件中包含一幅图片。首先将邮件发送给 1 200 个顾客，邮件中图片较小，分辨率不高，但是打开速度比较快。结果有 300 人阅读邮件，

100人点击进入公司网站。一周后,一封类似邮件发送给另外的1 200个顾客,只是邮件中图片较大,分辨率较高。结果有500人阅读邮件,400人点击进入公司网站。

请根据以上内容回答:

1. 分别计算第一个测试中,a组和b组的开信率和点击率。
2. 分别计算第二个测试中,两种情况下的开信率和点击率。
3. 这个案例说明了什么?

第十章 服务营销

服务是营销的开始。

案例 10-1

星巴克的服务营销

星巴克可能是过去 10 年里成长最快的公司之一,而且至今增长势头没有丝毫减缓的迹象。自 1992 年在纳斯达克公开上市以来,星巴克的销售额平均每年增长 20%以上。在过去 10 年里,星巴克的股价上涨了 2 200%。星巴克也是世界上品牌价值增长最快的公司之一,是《商业周刊》"全球品牌 100 强"最佳品牌之一。在 2010 年,其品牌价值与 2009 年相比增长 12%,是为数不多的在如此恶劣的经济环境下仍能保持品牌价值增长的公司。

不过,星巴克品牌之所以引人注目并不是因为它的增长速度之快,而是它的广告支出之少。星巴克每年的广告支出仅 3 千万美元,约为营业收入的 1%,通常是用于推广新口味咖啡饮品和店内新服务的,如店内无线上网服务等。与之形成鲜明对比的是,同等规模消费品公司的广告支出通常高达 3 亿美元。

星巴克的员工认为:他们的产品不仅是咖啡,还是一种体验,通过咖啡这一载体,把一种独特的体验传送给顾客。《公司宗教》作者 Jesper Kunde 指出:星巴克的成功在于,在消费者需求的中心由产品转向服务,再由服务转向体验的时代,成功地创立了一种以"星巴克体验"为特点的"咖啡宗教"。星巴克正是通过这种独特的体验,无时无刻都在向目标消费群传递着其核心的文化价值诉求。星巴克的成功之道可以总结为以下 4 个方面。

(1)情境体验。星巴克通过情境尽力去营造一种温馨的和谐氛围。与其说星巴克是在出售咖啡,不如说是在出售一种咖啡体验,让奔波在家与办公室之间的现代人,有了另一个空间,即舒尔茨所倡导的"第三空间"。

(2)产品体验。产品是顾客价值的核心部分,为保证星巴克咖啡具有一流的纯正口味,星巴克设有专门的采购系统,他们对产品质量的要求极其苛刻,将每一粒咖啡豆的风味都发挥到了极致。

(3)服务体验。咖啡只是一种载体,星巴克成功经营的关键是服务。为了保证服务的高质量,所有星巴克咖啡店的雇员都是经过严格而系统的训练的,对于咖啡知识及制作咖啡饮料的方法,也有统一的标准。星巴克除了为顾客提供纯正的星巴克咖啡,还提供了可与之产生良好互动的雇员。

（4）通过关系构建，在顾客心中塑造品牌。星巴克崛起之秘诀，在于添加在咖啡豆中的一种特殊的配料：人情味儿。星巴克自始至终都贯彻着这一核心价值。这种核心价值观起源并围绕于人与人之间的"关系"的构建，以此来积累品牌资产。霍华德·舒尔茨相信，最强大最持久的品牌是在顾客和合伙人心中建立的。品牌说到底是一种公司内外（合伙人之间，合伙人与顾客之间）形成的一种精神联盟和一损俱损、一荣俱荣的利益共同体。

（资料来源：盛张付. 星巴克的服务营销. 企业改革与管理，2010-12）

传统营销 4P 包括产品、价格、渠道、促销。在高度竞争时代，交易中服务的因素越发重要，成了提升业绩、建立竞争力的手段。星巴克正是基于产品，形成了服务体验，创造了品牌价值。在客户追求体验消费的时代，跨境电商又该如何使用服务营销从产品同质化的状况中胜出？

第一节　服务与再营销

一、理解服务营销

服务营销，是指企业在市场细分的基础上，根据个人的特定需求来安排服务营销组合，向顾客输出非有形产品，或者具有便捷、愉悦、省时、舒适和健康等形式的附加价值或利益，以满足每一位顾客的特定需求的经济活动。服务营销包含产品、价格、渠道、促销、人员、有形展示、服务过程等综合要素。

可以从以下两个方面理解服务营销：

（1）"服务"是从区别于有形的实物商品的角度来界定的，服务具有无形性、不可分离性、品质差异性、不可储藏性。正是这样的特性，让服务营销成为商家和顾客之间建立关系的重要方式。

（2）服务营销起源于对客户需求的认识，以产品为中心的营销模式满足的是消费者在生理或安全方面的需求，随着企业竞争的加剧，消费者需要的是这种产品带来的特定或个性化的服务，从而有一种被尊重和自我价值实现的感觉，而服务营销正是满足消费者高阶需求的重要方式。

服务营销在跨境电商营销中日益重要，是出于以下几方面的原因。

（1）跨境电商的出现缩短了国际供应链，使中国在人口红利基础上保持了价格优势，实现了过去 20 多年的高速增长。随着人口红利的消失和产业的转移，以品牌化为导向的产业升级成为必然。在产品同质化严重的情况下，塑造服务的差异性，成为竞争制胜的关键所在。

（2）跨境电商的发展伴随着互联网在世界范围的渗透。发达国家的互联网渗透率普遍高于 80%，继续增长空间有限。流量红利的消失使传统的获取新流量的增长思路，转变为挖掘已有流量。私域运营重要性日益突出，服务营销可以让企业利用存量客户获取增长。

（3）从跨境电商自身的特点来看，跨境电商交易流程长，交易风险大，客户可以自由地对商品进行评价，而评价是产品排名和客户转化的重要因素，所以在可控的范围内做好服务营销对整体运营来说尤为重要。

（4）随着技术的进步，批量定制化服务成为可能，让商家能够在满足每一位客户的特定需求的同时，还能掌控由此产生的复杂性。可以预见，在跨境电商服务营销领域，进行数字化布局的企业与没有涉及该领域的企业之间的差距将会越来越大。

服务的宗旨是客户满意和客户忠诚,而要实现客户满意和客户忠诚,服务营销就必然是一个系统工程。服务很大程度上注重的是关键时刻与过程透明,通过互动、主动服务等多种方式打造客户极致体验。在跨境电商中,服务营销体现在多个场景中。本章首先介绍交易履约中的服务营销;其次介绍针对老客户的精准营销策略,来实现客户生命周期价值最大化;最后介绍通过社群运营、管理和保持客户关系,实现提升客户忠诚度的目标。

【数据】埃森哲研究报告 *SERVICE IS THE NEW SALES: The through line for B2B growth* 披露,在驱动 B2B 数字化转型的成功因素中,采取服务高于销售的领袖企业已经从它们的努力中受益,96%的受访者报告盈利能力提高,97%的受访者报告市场份额增加。

二、交易履约中的服务营销

在交易过程中服务营销触点包括客户服务、订单处理、纠纷处理、促进销售、货物发送等。由于跨境电商交易涉及产品规格、地区文化、思维方式等差异,并且国际物流周期长,因此,保证整个过程的客户体验需要系统设计。笔者建议从客户沟通服务、订单流程的客户关怀、个性化包裹 3 个维度来完成交易履约中的服务营销。

1. 客户沟通服务

客户沟通服务是连接跨境电商企业与海外客户的重要桥梁,影响着成交转化和品牌形象。在系统了解产品知识、物流、支付、通关、平台操作及海外客户需求的前提下,采用个性化的询盘模板、多样的回复方式、灵活的语言沟通技巧、清晰的问题解决思维,可以处理好售前、售中、售后的客户问题,追求沟通专业、高效,适度传递品牌价值,以赢得客户信赖。客户沟通服务策略参考如表 10-1 所示。

表 10-1 客户沟通服务策略参考

策略名称	对象	对策	主要客户区域
欲擒故纵	对下单犹豫不决,一直说等等的客户	① 原料即将涨价 ② 人工工资提高 ③ 汇率变化很大 ④ 海运费要涨价 ⑤ 正有促销活动	阿联酋
若即若离	对产品很满意,非我莫属的客户	① 看透客户的心思,不必总是催促 ② 忽冷忽热地等待客户的最终决定 ③ 重点提醒客户产品的优势和热销度 ④ 产品好,订单多,交货期紧张	日本
紧追不舍	说立刻下单,准备付款的客户	① 趁热打铁,紧盯客户,直到客户汇款 ② 价格谈妥后,兑现交货承诺 ③ 树立良好的服务形象	以色列
穷追猛打	出价低但对产品满意的客户	① 价格低,利润少,但是付款方式要合理 ② 对于客户的承诺不要太过于信以为真 ③ 邮件、电话/传真、WhatsApp 等多渠道触达 ④ 只要客户不说下单,就紧密跟踪	印度

续表

策略名称	对象	对策	主要客户区域
投其所好	来中国拜访，商议合作的客户	① 对客户进行轮番试探 ② 适可而止，又不失礼仪 ③ 招待满意，盼望下次再来中国	土耳其和中东
坚守阵地	在价格上纠缠不断的客户	① 利润已达到极限，没有下降空间 ② 给客户计算一个明细账，告知最低价 ③ 即使客户如何劝说，价格都不能改变	印度
软硬兼施	订单潜力很大的客户	① 精准推断，认定合作前景可观 ② 价格上、包装上及交货期上均给予优先权 ③ 欢迎客户来访，建立业务合作关系	阿联酋
扬长避短	比较价格后，要求降价的客户	① 强调自己的优势，避开自己的劣势 ② 在价格、包装、交货期等方面各显神通 ③ 优势是打动客户的重点	玻利维亚
情同手足	与业务员年龄相仿，爱好和兴趣接近的客户	① 以业务为主，聊天为辅，相互促进 ② 种下友谊之树，等来日长成参天大树 ③ 时常问候，关心对方，友谊牢不可破	波兰和摩尔多瓦
不厌其烦	初次涉入一个新行业的客户	① 客户不懂，正是显示商家专业度的时机 ② 帮客户了解产品，商家也强化了知识 ③ 客户的感激，正是商家接单的动力	西班牙和塞尔维亚

2. 订单流程的客户关怀

订单是客户关注的重点，订单流程的客户关怀通常包括下单关怀、支付关怀、派件关怀、签收关怀等。因为跨境电商购物流程长，每一个环节的疏忽，都可能导致买家做负面评价，影响复购转化，所以做好订单流程的客户关怀，一方面可以保障交易顺利达成，另一方面可以为下一次复购做铺垫。订单流程的客户关怀如图10-1所示。

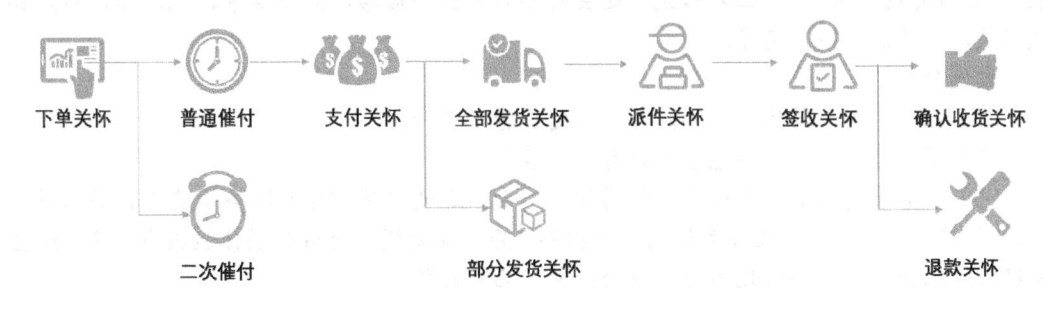

图 10-1 订单流程的客户关怀

3. 个性化包裹

无形的服务可以通过有形的包裹得以展示，个性化包裹是跨境电商服务营销不可或缺的部分。个性化包装、提示卡、赠品、好评返现卡等都体现着企业的服务意识。另外，个性化包裹也可以传递企业文化。

随着数字技术的发展，智能客服在跨境电商中的应用将越来越深入。通过规则设置，智能客服可以实现敏捷响应与自动化回复,完成自动化的订单服务流程,并提供个性化包裹建议,提升交易中的客户体验。

案例10-2

"三只松鼠"的服务营销策略

"三只松鼠"是由安徽三只松鼠电子商务有限公司于2012年推出的一个互联网"森林食品"品牌,代表着天然、新鲜及非过度加工。它率先提出"森林食品"的概念,引发网售新鲜低价安全食品的革命。三只松鼠将品牌目标人群锁定在喜爱网购的"80后""90后"身上,他们个性张扬,追求时尚,享受生活,善待自己,对细节挑剔,注重全方位体验。"三只松鼠"着力塑造、传达属于自己的松鼠文化,无论是产品描述页、服务卡上的文字,包裹箱、果壳袋、附赠的手机挂件、插卡套,还是员工工作环境等各个细节,无一不流露着"松鼠文化"——快乐可爱、绿色天然、关爱环境。

"三只松鼠"创始人张燎原是"三只松鼠"的第一个客服。他积累了客服经验之后,总结写下一本上万字的《松鼠服务秘籍》,推出"客户服务十二招",目的就是教会松鼠客服"做一只讨人喜欢的松鼠",熟悉客户的需求并保证将客户的需求实现到位。"三只松鼠"经常会拿出一部分优质产品进行成本销售,以低价进入市场回馈新老顾客。并且"三只松鼠"还运用大数据,通过对后台数据的分析,精确地识别几个关键指数,以筛选出目标客户。根据这些信息,松鼠客服在与顾客在线沟通时会更有针对性。另外,顾客每次购买"三只松鼠"产品时所收到的包裹或体验品都会不一样。这样的服务不可能规模化,也不容易被模仿。

"三只松鼠"观注消费者购买、食用的每个环节,尽可能给予客户方便和优化。例如,把坚果产品加工得更易剥,采用时尚且有质感的双层包装以突出松鼠形象,提供各种工具,(如开箱器、吃坚果的工具、装果壳的纸袋、纸巾)。在寄给顾客的包裹中还会有一些有趣的提示语。例如,果壳袋上的提示:"主人,我是鼠小袋,吃的时候记得把果壳放进袋子里哦",轻松有趣。另外,"三只松鼠"还会时不时送出小惊喜,如抽奖卡、优惠券、新产品试用装、小玩意、微杂志等。

案例分析

(1)服务附着于具体的产品,与品牌定位密不可分。

(2)服务可以借助个性包裹进行有形的展示。

(3)服务质量从本质上讲是一种感知,是由顾客的服务期望与服务体验比较的结果。"三只松鼠"正是凭借对服务营销的准确把握,为消费者提供全方位的体验服务,将传统坚果经营成独特体验,并以此为卖点成功传递了品牌价值。

三、客户再营销

随着流量时代的结束,新客户的获取成本逐渐增加,老客户的营销成本相对较低,精准的老客户运营对稳定店铺业绩至关重要。从店铺运营角度来说,良好的复购率有助于店铺整体权重的提升。另外,老客户交易流程简单,可以在获取评价、新品推广等方面对店铺经营产生正面影响。

老客户再营销的关键要素包括客户分群/分层、商品分层与选品、触达方式、促销工具、触达时机。如图 10-2 所示。

图 10-2 精准营销要素

1. 客户分群/分层

客户分群是精准营销的基础，从基础信息、行为标签、营销偏好对客户加上标签并聚类，实现客户分群。客户分层是通过客户的消费额度、消费频率、消费时间进行层次化的划分，把客户分为只购买过一次的新客户、一般价值客户、高价值客户。客户分群/分层在第三章有详细介绍，这里略过。

2. 商品分层与选品

对商品的标签化建立商品池，并对商品进行各个品类下流量款、爆款、利润款的结构沉淀，是精准营销的另外一个基础，通过算法建立商品标签与客户标签的匹配，在上新推荐、爆款推荐、系列推广选品、关联推荐选品等场景，进行个性化筛选。

3. 触达方式

触达方式是和客户发生联系的手段，阿里巴巴国际站内的 EDM、Skype、WhatsApp 等都是常见的触达渠道。站内高活跃人群通过站内工具可以便利触达，而低活跃用户则通过电话、短信等方式触达。在客户生命周期的不同阶段，在不降低用户体验的前提下，要选择最合适的触达方式。

4. 促销工具

促销工具是精准营销中的必要因素，常见的促销工具有优惠券、样品、试用等，不同类型的客户对促销工具的敏感程度不同，也可以称之为促销偏好，并可将其分为特价敏感型、折扣敏感型、赠送敏感型、价值敏感型、包邮敏感型等。

5. 触达时机

选择合适的触达时机是提升客户体验、保证复购率的重要因素。促销时机可以是客户的个性化生命周期、平台节奏和节庆日等。阿里巴巴国际站的三月新贸节、九月采购节和"双十一"全球购都是良好的触达时机。

精准的老客户再营销是对于客户、商品、促销工具、触达方式、触达时机元素的匹配和优化，主要包括复购促进、活跃期促活跃、流失客户召回等，目标都是客户价值最大化。

在客户成长期，保证接触频率，但不做促销刺激，所以通过上新通知、精品推荐等促进复购，主要目的是促进客户销售增长。在客户成熟期，保证接触频率，给予少量的促销刺激，除了常规的上新通知，专属小额优惠券和爆款推广可以有效地促进客户活跃度。在客户衰退期，控制有限的接触，通过给予较大折扣、专属中额优惠券和店铺活动来激活客户。在客户流失期，召回的常用方法是大额优惠券和平台大促通知。客户生命周期的常用营销策略如表 10-2 所示。

表 10-2 客户生命周期的常用营销策略

生命周期	成交客户/普通会员	复购客户/高级会员	高价值客户/VIP 会员
成长期	上新通知 精品推荐	上新通知 精品推荐	专场活动
成熟期	专属小额优惠券 上新通知与上新券 爆款推广	上新通知与上新券 爆款推广 专场活动	上新通知 爆款推广 专场活动
衰退期	专属中额优惠券 店铺活动	店铺活动 专场活动（短消息）	客户专场活动（短消息） 专享券（短消息） 店铺活动（短消息）
流失期	大额优惠券 平台大促	专享券（短消息） 平台大促	客户专场活动（电话） 专享券（短消息） 平台大促

注：表中未标注的触达方式推荐站内信或邮件。

CRM（Customer Relationship Management，客户关系管理）系统是支持服务营销的有效工具，通过将策略进行规则设置，可以进行自动智能营销。阿里巴巴国际站的客户通是支撑服务营销的有效工具之一。

第二节 社群运营

一、理解社群运营

社群运营是以企业为中心建立社群关系，以价值服务为基础，通过与客户进行互动，增强客户的活跃度和归属感，以达到促进客户消费行为，进而培养客户的忠诚度的一种营销方式。

常见的社群形式是品牌的客户俱乐部。跨境电商第三方平台运营中最常见的社群形式是店铺会员。

社群运营的价值可以从客户及企业两个视角加以体现。

（1）利用社群运营可以对客户的消费行为进行激励，增强客户关系，维护客户忠诚度，与客户保持长久的关系，提升客户终身价值。

（2）社群运营不仅可以带给企业经济利益，还可以给客户带来精神层面的认可。通过对社群成员的情感维护，可以实现客户对企业品牌的价值认同和归属感。

在跨境电商中,社群运营通过店铺会员运营来实现。通过店铺会员体系和营销手段相结合,留存核心购买力群体,达到促进店铺销量、提升店铺客户忠诚度、传递品牌价值的目的。

二、会员体系搭建

会员体系是流量层面的运营策略,本身是一种客户筛选机制,旨在筛选出更愿意支付的客户群体,并从中挖掘更多收益。会员运营通过划分客户的消费等级,对不同的客户提供不同的服务。会员运营可以提升会员的活跃度与留存问题,还可以提升营销与服务的深度与层次。

1. 会员等级

会员等级一般根据一定统计周期内交易额和交易订单数量来划分。在阿里巴巴国际站,店铺会员默认分为3个级别:普通会员、高级会员、VIP会员。

普通会员是与商家名片交换成功的客户,是潜力消费群体。商家通过交换名片的零门槛入会方式,与潜在客户加强联系,便于主动触达,实现进一步的营销转化。

高级会员是和商家已经成交过的客户,但交易额在一定范围内。高级会员处于忠诚过渡阶段,需要进一步激励,提升其忠诚度。

VIP会员是年交易额大于某个额度的客户,具体额度根据商家的具体情况确定,VIP会员是商家的忠诚客户群体。

2. 会员权益

会员权益的差异化是激励会员采购的有效方式,难以被对手复制的权益是对客户最大的吸引力,黏性的本质是用户切换成本。常见的会员权益类型包括商品优惠权益、物流权益、服务权益。会员专属商品、预付款比例、免费拿样是在阿里巴巴国际站有效激励会员的3种常见方式。

会员专属商品是指仅向指定会员展示的商品。可将企业的最新款式、测试款、超低折扣款、高定款商品的升级款商品设置为会员专享商品,让会员享受到尊享、专属的感觉。

针对不同的客户设置预付款比例,可以体现会员权益差异。预付款比例要根据客户等级和企业商品特征综合设置,定制款商品预付款比例相对高于常规款。

【数据】阿里巴巴国际站假发行业定制款商品的预付款比例一般是75%左右,但是针对VIP会员采购的常规款,一些商家可以接受预付款比例低至30%。

免费拿样可以作为会员特殊权益送达客户,促进会员采购。例如,VIP客户可以免费拿样不限次,普通会员可以免费拿样3次。

除此之外,会员权益还包括会员折扣、会员专享价、优先发货、物流升级等。阿里巴巴国际站店铺会员等级与权益体系示例如表10-3所示。

表10-3 阿里巴巴国际站店铺会员等级与权益体系示例

会员等级	商品优惠权益	购物权益	物流权益	交易权益	服务权益
VIP会员	免费拿样不限次 会员专享券500元/月 VIP指定商品95折 VIP场活动	专属商品	样品包邮	预付款比例30%	VIP专属节日及常规礼品

续表

会员等级	商品优惠权益	购物权益	物流权益	交易权益	服务权益
高级会员	免费拿样10次	专属商品	样品包邮	预付款比例40%	个性化节日礼品
	会员专享券200元/月				
	高级指定商品98折				
	高级会员专场活动				
普通会员	免费拿样3次	—	—	预付款比例50%	—
	会员专享券50元/月				
	普通会员专场活动				

笔者建议读者在设计会员体系中的权益体系时,要从店铺的实际情况出发,从客户角度去考虑,看会员体系是否对本店铺特定的会员群体有足够的吸引力,是否足以驱动会员的采购行为。

案例10-3

亚马逊Prime会员

Amazon Prime是亚马逊在2005年推出的付费会员服务,最初仅包含2日免运费送达服务,目的在于鼓励消费者增加购买量。在Prime会员推出早期,其功能性仅强调快递服务,经过十多年的发展,亚马逊不断将新业务加入Prime体系,使Prime形成了完善的权益体系,主要包括物流权益、流媒体权益和购物权益等,共有30多个权益内容。

Amazon Prime成功的会员权益设计带动了Prime会员数量的持续增长,并且具有高续订、高留存的特点。截至2018年4月,Prime会员数量已超过1亿人。在2019年,51.3%的美国家庭是Prime会员。Prime会员的忠诚度及交易活跃性极高,交易占比达50%以上。Prime会员单用户交易金额更高,且随会员年限不断增长。

(资料来源:东方证券.亚马逊会员体系研究.2018-8)

案例分析

(1)对会员体系的重视是流量红利到达拐点的必然结果,会员体系设计和运营的重要性在激烈的市场竞争中将持续凸显效果。

(2)Amazon Prime会员的高留存、高黏性、高消费和高忠诚度,证明会员体系可以使客户产生排他性的留存和复购,产生极大的客户黏性。

(3)从亚马逊Prime会员体系的发展来看,会员权益从单一功能到多重性功能的扩展是必然趋势。

3. 会员招募

在浏览、购买、收货等多个场景展示会员权益有利于会员招募,利用内容营销进行会员招募也是有效的途径。会员招募通常以新会员礼包、新会员专享优惠券等利益点来吸引客户入会。

三、会员运营

会员运营是以会员为中心进行的关系维护,会员制和精准运营相互促进。笔者建议从会员活动运营、内容运营、服务关怀 3 个维度进行考虑。

1. 会员活动运营

会员活动运营以会员的促活、转化、复购为基础，目的是增加会员活跃度、提升会员转化率和复购率。

会员专属周期活动是会员促活的有效方式，活动需要搭配其他会员权益，如会员专享券、会员专享礼包、会员专享价/折扣。可以采用会员折扣，来提升会员转化，使用会员满返来提升会员复购率。

会员活动运营与会员权益可以参考表 10-4。需要注意的是，活动运营的大部分内容需要使用企业级 CRM 系统进行，阿里巴巴国际站后台暂时没有相关功能。

表 10-4　会员活动运营与会员权益

运营目标	会员权益
提升会员活跃度	会员专享券
	会员专属商品
	专享折扣
	免费拿样
	专属活动
提升会员转化	会员专享价/折扣
	会员优专享券
	会员满折
提升会员复购	会员满返

2. 内容运营

通过内容营销可以与会员实现差异化沟通。根据阿里巴巴国际站客户调研显示，49%的大型买家对行业新闻、行业趋势、贸易数据感兴趣。除了产品宣传，还可以通过内容运营定期传递品牌理念与服务提示。True View 视频是在阿里巴巴国际站进行内容运营的重要渠道。

3. 服务关怀

服务关怀是会员运营不可或缺的部分，商家可以通过专业解答、个性节日关怀、直播互动等形式，加强与会员之间的情感联系。融洽的人际关系会鼓励买家保持和店铺的业务关系，而且情感联系一旦建立，竞争对手就难以用价格刺激抢夺客户了。

需要注意的是，当前大多数公司不具备差异化的产品与服务能力，会员运营可能在短期会提升运营效果，但是长期竞争仍然取决于供应链效率。

案例 10-4

小米的社群运营

小米成立于 2010 年，目前已经成为全球第四大智能手机制造商与全球最大的消费级 IoT 平台，主要业务为智能手机销售、互联网服务、IoT 与生活消费产品及其他产品的制造和销售。小米众多高性价产品成为相关领域的重量级参与者。

小米是通过第一款智能手机来建立起市场知名度的，以"高配置、低价格"的市场定位，短时间内就吸引了大批年轻人的注意力。依靠这批粉丝，小米开始拓展其他相关品类，完成了在智能硬件领域的全生态布局。

小米在创立之初就十分重视与粉丝的互动，专门为"米粉"建立小米论坛，并提出另类的宣传口号：为发烧而生。通过小米论坛"米粉"可以进行自由沟通，为小米未面世的新产品提出用户意见，并参与到小米营销方式设计中来，这样使小米更能了解用户需求，加强新产品与用户之间的联系。另外，小米在一系列社交媒体上的运作维护也吸引了大量手机用户关注点赞。

此外，在线下渠道方面，小米在各大城市举办同城会、爆米花节、粉丝年会等一系列线下活动，以增进企业内部人员与用户之间的情感联系和沟通频度，以培养用户的认同感、依赖感和参与感。

这种与用户直接进行沟通和联系的方式，为小米赢得了极高的社会关注度和流量。事实表明，这种关注度既能转化成相当丰厚的经济收益和社会效益，又能为小米的多元化多层次的战略式发展提供便捷通道。

（资料来源：罗俊杰.基于社群营销视野下的小米营销模式探讨.现代营销，2018-2）

案例分析

小米是依靠社群运营高速发展起来的典型互联网企业之一。虽然小米主要是面对国内客户群体运营粉丝，但给跨境电商的社群运营带来了以下具有前瞻性的启发和思考。

（1）除了物质激励，参与感也是社群运营中非常有效的激励方式。

（2）商品价值一般经由厂商产出，通过深度的社群运营，可以使客户参与到商品价值创造的进程中，这一进程非常利于提升客户忠诚度。

（3）线下活动可以补充线上用户体验缺失，在维护客户忠诚度上有不可替代的作用。

第三节　服务营销评估

服务营销评估一般包括对服务质量和服务效益的评估。定性评估用于了解客户的主观感知服务质量，理解客户服务期望，反馈服务营销策略的有效性。定量评估用于了解服务营销策略带来的实际效益。

一、服务质量评估

对服务质量的评估，务必要从客户角度去评估，而非商家视角。跨境电商交易过程中存在多个客户触点，所以顾客对服务质量的感知是多个要素的综合感知。笔者建议从可靠性、可信性、响应性、可接近性、有形性5个维度来评估跨境电商的服务质量。

（1）可靠性。可靠性是商家精确履行承诺服务的能力。这要求商家能够兑现先前做出的商品、物流、售后等服务承诺，按时完成服务任务及保证服务结果与客户期望一致。

（2）可信性。可信性是指客户感知到的商家信用，与客户服务人员的真诚服务态度和专业的服务水准密切相关。如果商家和客户建立了信任关系，就会大幅提升销售达成率。

（3）响应性。响应性强调商家在处理客户问题时的速度及响应愿望，一般包括询盘回复速度及交易相关问题解决效率。

（4）可接近性。可接近性是商家在服务时间等方面考虑客户要求，并给予顾客关怀和个性化服务，使顾客感受到商家对客户需求的理解和关注。

（5）有形性。有形性强调交易过程中与顾客实际接触到的可视交互因素。由于服务的无形性，顾客往往会通过一些可视的有形因素对服务水平进行感知。因此，店铺视觉交互、包裹等有形展示部分，会给客户感知服务质量带来影响。

明确了服务质量评价维度之后，我们需要掌握评估服务质量的方法，笔者开发了跨境电商服务质量评估量表（见表10-5），供读者参考。

表10-5 跨境电商服务质量评估量表

评估维度	测量问题	非常不同意	不同意	一般	同意	非常同意
可靠性	*商家的商品描述比较准确	1	2	3	4	5
	*商家能及时发货	1	2	3	4	5
	*商品在承诺运达时间内送达	1	2	3	4	5
	*商家提供了所承诺的售后服务	1	2	3	4	5
可信性	*与商家交易是安全的	1	2	3	4	5
	商家的问题回复比较专业	1	2	3	4	5
	*客服人员值得信赖	1	2	3	4	5
响应性	商家可以及时回复客户问题	1	2	3	4	5
	*商家有明确的问题解决时间	1	2	3	4	5
	客户的交易相关问题得到了有效解决	1	2	3	4	5
可接近性	*考虑时区差异，根据客户的工作时间提供服务	1	2	3	4	5
	商家给客户提供了及时的交易通知服务	1	2	3	4	5
	商家理解客户的个性化商品需求	1	2	3	4	5
	商家给予客户应有的优惠等相关权益	1	2	3	4	5
	商家会给予客户个性化关怀	1	2	3	4	5
有形性	*商家的包装可以有效保护商品	1	2	3	4	5
	包裹能让客户感受到商家的关怀	1	2	3	4	5
	通过商品详情页可以得到足够的信息	1	2	3	4	5
	*店铺装修清晰合理且能引导客户找到商品	1	2	3	4	5
	店铺装修风格且具有吸引力	1	2	3	4	5

注：

（1）量表采用5分制，5表示完全同意；1表示完全不同意；中间分值表示不同的程度。

（2）总分值100分，测试结果在80~100分的区间表示服务水平优秀，在60~80分的区间表示尚可，在60分以下表示需要改进。

（3）标注"*"的维度，可以筛选出来为最简测试方案使用。

在使用量表的过程中，需要注意以下几点。

（1）量表的评估维度可以根据不同行业、不同层次的商家经营环境进行调整。

（2）量表可以为提升服务水平提供方向。例如，测量两个不同商家的服务水平，找到对客户感知服务质量影响较大的关键维度，对应具体的服务营销措施，以优化服务营销策略。

（3）测量结果要区别对待。将不同客户的得分进行归类，评估群体特征，如客户忠诚度与价值水平，可以将资源倾斜给高价值客户群，提升该客户群的满意度。

（4）量表是从客户视角进行定性、主观测量的，没有考虑客观评价指标，如实际的响应时间、询盘转化率等，因此可以结合定量指标进行综合评估。

二、定量评估服务效益

服务营销是系统工程，包含诸多环节，难以从整体上进行评估，本节选择会员运营的具体场景，给读者以定量评估服务效益的思路。

1. 评估指标

会员运营从3个维度考虑：会员规模、会员活跃度、会员贡献。

1）会员规模

会员规模的衡量指标是累积加入会员人数，会员规模越大，可以触达的客户数量越多。

2）会员活跃度

会员活跃度可以用活跃会员数和活跃会员占比来衡量。

在跨境电商 B2C 交易中，常用的活跃会员数衡量方法是，在统计周期内，统计有加购商品、收藏商品、购买、领取会员权益任一行为的会员人数。在跨境电商 B2B 交易中，活跃会员是指进入价格谈判、推荐产品、确认图纸、待付款、下订单及领取会员权益任一环节的会员。

活跃会员占比是一定统计周期内的活跃会员与总会员人数对比值。按照统计的时间周期分为日活跃度、周活跃度、月活跃度。一般，会员月活跃度用以下公式进行考察：

$$会员月活跃度=（近30天活跃会员数/累计会员数）\times 100\%$$

3）会员贡献

会员贡献可以用会员成交金额占比来衡量，即会员人群购买金额占当期总成交情况的比率。

$$会员成交金额占比=（当期会员支付金额/当期店铺总支付金额）\times 100\%$$

2. 评估方法

（1）制定策略。评估当前状况与具体场景，具体分析是哪个层次的会员群体，在招募、促活、复购的哪个环节需要具体解决问题。根据精准营销的5个要素，即客户对象、产品、促销工具、触达手段、触达时机，来制定营销策略。

（2）策略执行与数据监控：分阶段有节奏地执行策略。并使用企业级 CRM 工具或阿里巴巴国际站后台的客户管理工具，为特定会员建立一个特定的客户群，定向监控跟踪该群体的访问、询盘、下单行为，统计数据。

（3）复盘评估与沉淀迭代：分析对照统计周期初的会员运营指标和统计周期结束的各项指标，复盘活动完成效果，总结经验与不足，沉淀策略。

3. 评估案例

> **案例 10-5**
>
> 阿里巴巴国际站某手机配件厂商发布新产品——一拖三快充数据线，该商家之前的新品推广方式是做站内广告，但效果不理想，于是结合会员运营进行了服务营销。

（1）制定策略。在正式交易前，部分客户会先下样单，商家把免费拿样设置为VIP会员权益，并通过各种渠道传达给VIP会员。然后，在成功领样的会员中做精准营销，促成该群体的转化。商家根据精准营销五要素，制定了面向该群体的运营策略，如表10-6所示。

表10-6 会员运营策略

营销要素	运营策略
客户对象	免费领样的VIP会员
商品	新产品样品
触达时机	样品送达1～2周
触达方式	邮件
促销工具	满减、定向优惠券

（2）策略执行与数据监控。在阿里巴巴国际站后台，使用客群管理，按照客户名称进行逐一添加，对领样客户建立固定客群。进入该客群的分析洞察阶段，得到最近31天的会员指标。会员124人，访问店铺124人。根据业务员的客户标签进行统计，进入价格谈判、推荐产品、待付款阶段的会员32人，支付会员13人。

活跃会员数=32+13=45（人）

活跃会员占比=（45/124）×100%=36.29%

根据后台统计数据，会员支付金额为店铺总支付金额的32.12%。

（3）复盘评估与沉淀迭代。策略执行后的数据是评估策略的基础。因样品寄送大概需要1～3周的物流时间，并且交易达成需要一定的周期，所以这里的数据统计周期开始时间为样品发送时间的30天后。

通过统计周期期末得到数据：客户规模124人，访问店铺111人。进入价格谈判、推荐产品、待付款阶段的会员39人，支付会员15人。

活跃会员数=37+18=54（人）

活跃会员占比=（54/124）×100%=43.55%

根据后台统计数据，当前会员支付金额为店铺总支付金额的33.53%。

经计算得知，策略执行使活跃会员占比有所提升（43.55%-36.29%=7.26%），会员支付金额占比提升（33.53%-32.12%=1.41%），因此该营销策略对于整体业绩提升是有效的，如表10-7所示。

表10-7 会员数据对照表

会员数据		期初数据	期末数据	数据变化
会员规模/人		124	124	—
会员活跃度	活跃会员数/人	45	54	+9
	活跃会员占比	36.29%	43.55%	+7.26%
会员支付金额占比		32.13%	33.53%	+1.41%

【示例分析】

（1）商家选择的客户群体是 VIP 会员，所以转化潜力较高，作为重点运营的思路是正确的，建议同时考虑普通会员群体、高级会员群体。

（2）建议营销策略执行之后，连续监控 2~3 个统计周期，取结果的平均值，数据结果可能更精确。

（3）运营策略较为简洁，如果能同时考虑活动运营、内容运营、服务关怀，并且使用多种促销工具、多重触达手段，或许能达到更好的效果。会员运营策略优化如表 10-8 所示。

表 10-8　会员运营策略优化

运营维度	运营策略
活动运营	定向折扣、定向优惠券 EDM 发送
内容运营	通过 TrueView、WhatsApp 等渠道定向推送与新产品相关的行业趋势分析与数据信息
服务关怀	与客户电话交流，收集客户对商品的看法

我们可以参照这样的评估框架，来分析其他类似的服务营销活动。需要注意的是，每个商家所面临的行业、客户群体不同，所以并非所有策略都适用。在实际应用中，我们要用评估框架多次测试并分析数据，才能最终沉淀出有效的策略。

第四节　服务营销策划

一、服务营销策划流程

跨境电商服务营销体系包括以下 3 个部分。第一，交易履约中的服务营销，在交易过程中通过客户沟通、包裹、订单处理等客户触点进行服务设计，重点是保障客户体验。第二，老客户群体的再营销，重点是各种场景下的精准营销，以促进客户复购。第三，通过会员运营，增强客户忠诚度，提升品牌价值。因此，从短期目标看，进行服务营销策划可以保证交易履约中的客户体验，提升客户满意度，提高会员活跃度。从长期目标看，服务营销维护客户忠诚度，传达品牌价值，所以服务营销对店铺经营意义重大。

在实际工作中，服务营销策划可以分为以下两种情况。一种是新店铺，需要从整体上进行服务营销体系的构建。另一种是已经在运转但没有系统考虑服务营销的老店铺，需要进行服务营销的梳理，去做一些体系化的建设。这两种情况都可以参考下面的服务营销策划流程。

1. 了解公司状况及客户状况

首先，了解公司状况。在进行服务营销策划之前，需要了解行业情况、公司基本情况、品牌定位与特色、产品特点，还要注意店铺运营人员配置。

其次，了解客户状况。了解客户状况一般从以下 3 个指标入手：客户数量、客户复购率、会员活跃度。客户数量决定了服务营销的体量，客户复购率反映客户再营销活动的有效性，会员活跃度反映会员运营的效果。相关数据可以通过阿里巴巴国际站店铺后台获取。

2. 服务营销渠道搭建

一般情况下，商家都会采取多渠道和客户进行互动。常用的服务营销渠道可参见表10-9。沟通渠道有核心渠道和辅助渠道。核心渠道是我们要重点运营的，如站内消息、EDM、WhatsApp、旺旺。

3. 梳理交易履约中的服务营销

可以从客户沟通服务、订单流程的客户关怀、个性化包裹3个维度来梳理交易履约中的服务营销。一个正常运营的店铺，一般已经具有某些服务营销策略。我们需要分析哪些策略比较好，哪些策略有进一步优化空间，再根据实际情况进行体系化。

4. 客户再营销

客户再营销需要从客户生命周期出发，结合公司商品实际情况，从客户对象、商品、促销工具、触达手段、触达时机5个维度进行适配，策划营销方案，并通过策略执行和复盘，来沉淀符合实际情况的落地策略，可参见表10-12。

5. 会员体系搭建与会员运营

核查当前的会员体系，包括会员等级、会员权益设置。如果当前店铺没有会员体系，需要设计会员体系，招募会员。会员权益体系设计可参见表 10-11。会员运营分为活动运营、内容运营、会员服务关怀，在一个具体的营销场景中，一般综合运用这 3 种方式。会员运营要结合各种权益激励进行促活、促转化、促复购。

6. 整合服务营销体系

最后，需要把上述内容整合成一个框架，这是服务营销策划的关键。店铺一般有以下四大流量来源：潜在客户、老客户、社群、粉丝。服务营销体系的搭建会影响到老客户流量、社群流量及交易履约的客户体验。只有完善整个服务营销框架体系，在交易各个环节实现协调和配合，才能让整个店铺的私域流量实现闭环运转，如图10-3 所示。

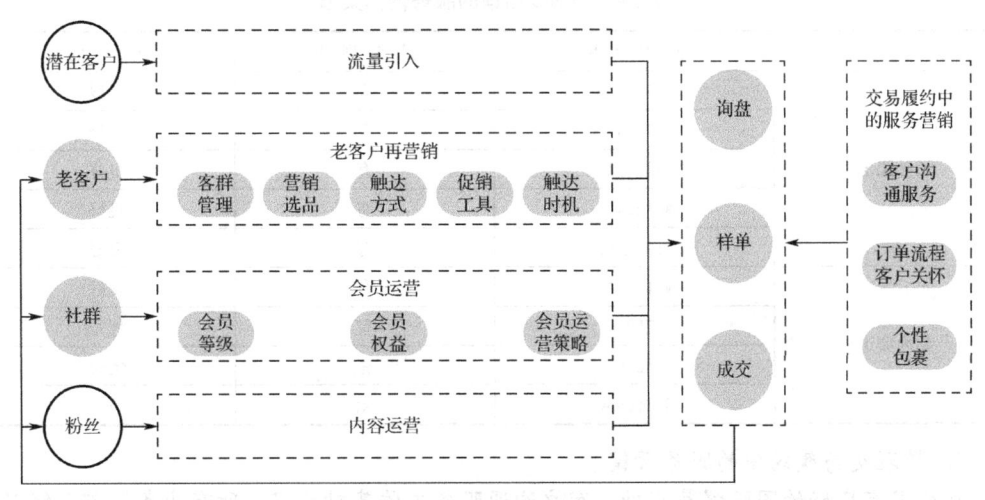

图 10-3 服务营销框架体系

服务营销策略需要长期沉淀和优化。如果我们完整搭建了整个框架，并形成了机制，就可以让服务营销体系固化下来，为持续优化奠定坚实基础。如果有企业级 CRM 的支持，就可以把响应策略进行自动化设置，实现智能营销。在此情况下，服务营销体系将发挥出意想不到的价值，不仅可以实现持续沉淀，当出现人员流动时，整个框架也可以正常运转。

二、服务营销策划案例

案例 10-6

品牌 L&C 的服务营销策划

全球跨境电子商务公司旗下品牌 L&C 创建于 2011 年，致力于成为全球新兴市场中最受欢迎的智能设备和移动增值服务供应商。公司以其在东南亚地区和中东地区的领先解决方案服务而闻名。L&C 的优势产品是高度定制的智能手机和功能手机，手机产品带动其手机配件及 3C[Computer（计算机类）、Communication（通信类）、Consumer（消费类）]产品的发展，形成了以手机为主、手机配件和 3C 智能产品为辅的多元化发展态势。请和策划经理晨光共同完成该公司的服务营销策划。

1. 公司状况及店铺客户状况

L&C 的优势产品是高度定制的智能手机和功能手机，从该公司产品结构来看，智能手机在新兴市场已经告别高增长时代，增长率已接近个位数，而新兴智能产品成为当前市场热点，但该公司的智能产品尚未形成足够的竞争优势。

A 店铺是该公司在阿里巴巴国际站的多个店铺之一。通过阿里巴巴国际站后台的数据统计得知，该店铺累积客户 593 个，累积成交 2 单以上的客户 153 个。店铺流量来源主要是搜索渠道。该店铺老客户访流量占比仅为 11%。

2. 服务营销渠道搭建

进一步梳理服务营销渠道，该店铺除 TrueView 渠道尚未开通权限外，其他相关沟通渠道均建设完毕。L&C 店铺的服务营销渠道如表 10-9 所示。

表 10-9 L&C 店铺的服务营销渠道

渠道类型	渠道名称	是否现有	评估
站外渠道	呼叫中心	有	一般
	电话	有	良好
	短消息	有	良好
	私域运营	有	良好
	社媒平台	有	良好
站内渠道	站内消息	有	良好
	EDM	有	优秀
	旺旺	有	优秀
	TrueView	无	—

3. 梳理交易履约中的服务营销

该公司有良好的国际贸易基础，客户沟通服务工作基础扎实，所有业务员都已经沉淀了询盘回复模板库、报价单模板库。但平台客户信息管理薄弱,没有统一的客户分类分层体系,客户标签处于混乱状态,订单处理与评价跟踪流程不完备。除了订单催付,其他订单流程的客户关怀没有执行。通过调研得知,该公司的 CRM 系统和阿里巴巴国际站后台无法贯通,导致订单信息无法使用工具主动推送。该公司样单打包使用常规方式,未启用个性包裹服务,且经常遗漏公司介绍,个性包裹服务流程没有固化。L&C 店铺交易履约中的服务营销评估结果如表 10-10 所示。

表 10-10 L&C 店铺交易履约中的服务营销评估结果

服务营销类型	具体措施	是否已有	评 估
客户沟通服务	询盘话术	有	优秀
	客户信息记录	有	一般
	售后处理	有	一般
	评价跟踪	有	一般
订单流程客户关怀	订单催付	有	一般
	发货提醒	无	—
	到达提醒	无	—
	签收提醒	无	—
个性包裹	内外包装	有	优秀
	感谢信	无	—
	小礼品	无	—
	DIY 惊喜	无	—

梳理完交易履约相关的服务营销状况后,晨光对该模块给出了如下优化方案。

(1)建立统一的客户分层标准,业务员在阿里巴巴国际站平台给客户打标签,执行统一的标准,便于理解和内部交流,客户信息管理实现了规范化。

(2)规范订单服务流程,申请公司配置可以对接阿里巴巴国际站的 CRM 系统,待新系统启用时,就可以把订单流程的客户关怀自动化了。

(3)对样单采取个性包裹服务,制定个性包裹规范。要求每个包裹均包括商品说明书、公司介绍、关联商品介绍和小礼品。在内包装盒的设计上,选取符合当地文化特色的风格。

4. 客户再营销

该店铺没有系统的客户再营销策略。常规的客户再营销措施有新产品推送、打折促销活动及平台大促活动。通过阿里巴巴国际站后台数据分析得知,该店铺客户对优惠券促销并不敏感。晨光计划在接下来的 1 个月内,根据客户生命周期的常用营销策略表,并结合店铺运营节奏,逐一进行测试和沉淀。

5. 会员运营体系

该公司没有会员体系,并且没有 CRM 支持,所以晨光根据阿里巴巴国际站后台的自动规则,设计了简单的会员体系,如表 10-11 所示。

表 10-11　L&C 店铺会员体系设计

会员等级	商品优惠权益	购物权益	物流权益	交易权益	服务权益
VIP 会员	免费拿样不限次	会员专属产品	样品包邮	预付款比例 25%	VIP 专属节日及常规礼品
VIP 会员	VIP 会员指定商品折扣	会员专属产品	样品包邮	预付款比例 25%	VIP 专属节日及常规礼品
VIP 会员	VIP 专场活动	会员专属产品	样品包邮	预付款比例 25%	VIP 专属节日及常规礼品
高级会员	免费拿样不限次	会员专属产品	样品包邮	预付款比例 30%	个性化节日礼品
高级会员	高级会员指定商品折扣	会员专属产品	样品包邮	预付款比例 30%	个性化节日礼品
高级会员	高级会员专场活动	会员专属产品	样品包邮	预付款比例 30%	个性化节日礼品
普通会员	免费拿样 2 次			预付款比例 35%	
普通会员	会员专享券 50 元			预付款比例 35%	
普通会员	普通会员专场活动			预付款比例 35%	

6. 服务营销体系

最后是整合之前梳理的服务营销框架，形成服务营销体系。因为缺乏技术支持，所有的服务营销仍需要人工完成，并且策略测试与优化也需要一定的时间，所以该公司的服务营销体系建设仍然任重道远。最终形成的服务营销策划表如表 10-12 所示。

表 10-12　服务营销策划表

策划人：晨光		策划时间：2021-09-14
服务营销要素		要素说明
服务营销优化目标		提升服务质量水平 5%，提升整体商品交易总额 3%
服务营销提升策略	交易履约	建立统一的客户分层标准，客户标签规范化
服务营销提升策略	交易履约	建设统一的询盘话术库、报价策略库（参见表 10-1）
服务营销提升策略	交易履约	规范订单服务流程，固化订单流程客户关怀（参见图 10-1）
服务营销提升策略	交易履约	样单实施个性包裹规范（参见表 10-10）
服务营销提升策略	老客户	优化客户分群沉淀再营销策略（参见表 10-2）
服务营销提升策略	社群	构建会员体系，搭配会员权益（参见表 10-11）
服务营销提升策略	社群	监控会员运营数据，测试会员营销策略（参见案例 10-1）
协助部门及任务		运营部：运营数据监控、策略沉淀
协助部门及任务		销售部：客户分层与标签统一
协助部门及任务		客服部：话术库整理与优化
审批意见		CMO：同意，着重关注服务营销在品牌价值提升方面的意义及相关数据采集

本 章 小 结

本章主要讨论跨境电商服务营销。

首先让读者了解服务营销的定义，理解服务营销是源于对于客户需求的深刻认知。其次通过对跨境电商宏观经营环境的分析，阐述了服务营销在跨境电商中的作用。再次提出服务营销在跨境电商中的 3 个应用场景：交易履约中的服务营销、老客户再营销、社群运营。

从客户沟通服务、订单流程的客户关怀、个性包裹策略 3 个方面来阐述交易履约中的服务营销，随后提出了老客户再营销的策略框架及精准营销五要素，并阐述了跨境电商的主要社群形式店铺会员体系的搭建及会员运营的 3 个维度。介绍了定性测试服务质量的评估量表和定量评估服务效益的思路。最后，阐述了服务营销策划的流程，提供了服务营销策划参考案例。

希望读者在理解服务营销相关知识的基础上，能参照服务营销策划流程，设计和执行服务营销框架，优化客户体验，提升客户满意度，改善客户忠诚度。策划服务营销要从了解公司及客户情况出发，梳理系统、规范的服务营销策略，提出优化建议。注意，所有优秀的服务营销体系都是在务实的经营过程中反复分析与复盘沉淀的结果。

本 章 习 题

一、选择题

1. 跨境电商服务营销的作用不包括（　　）。
A．增加客户忠诚度　　　　　　　　　　B．提升客户满意度
C．直接产生效益　　　　　　　　　　　D．产生客户信任
2. 交易履约中的服务营销可以从（　　）入手。
A．订单流程的客户关怀　　　　　　　　B．客户沟通服务
C．个性包裹　　　　　　　　　　　　　D．粉丝运营
3. 下面对会员运营的描述不正确的是（　　）。
A．活动运营可以增加会员的活跃度　　　B．周期性活动提升了会员的满意度
C．通过内容可以与会员实现差异化沟通　D．会员情感服务会增加客户黏性
4. 下列选项中哪些是评估服务质量的因素？（　　）
A．可靠性　　　　　　　　　　　　　　B．响应性
C．可信性　　　　　　　　　　　　　　C．可接近性

二、问答题

会员体系为什么可以提升客户忠诚度？

三、实操题

应用跨境电商服务质量评估量表，评估店铺服务质量水平，提出服务质量提升措施，然后执行措施，并监控数据，评估措施实施的效益。

第十一章　跨境电商营销创新

营销创新的本质，是深度聚焦客户核心价值。

案例 11-1

价值 4 美元的"宠物石头"

加里·达尔（Gary Dahl）在 1970 年将一块普通石头以"宠物石头"（见图 11-1）的概念卖到 4 美元一块，最终共卖出 150 万块这样的石头。

图 11-1　宠物石头

把石头当成宠物卖已经很离谱了，更离谱的是，加里·达尔还卖出了长达 32 页的培训手册来指导用户，让他们的宠物石头通过滚动来保持健康。

当然，这个石头对我们来说毫无用处，但是通过这一离谱的事件可知，如何提升产品的价值，以及提升产品价值所采取的营销方式是值得我们关注的。

这个产品面对的客户群体，是想要饲养宠物但没有足够的时间来照料和陪伴宠物的人群。饲养宠物是一种基于关怀与陪伴的情感需要，这个产品在眼下看来似乎有点荒诞，但是在那个西方社会高速发展的时代背景下，是有其现实意义的。

1. "红人"营销和创新

通过平台的广告工具投放广告来进行营销是最常见的营销方式，同时社交媒体上有无数拥有大量粉丝的"红人"，这些"红人"的流量如果能够符合你的产品定位，那么通常会有较高的转化率。除了直接让"红人"发布营销视频和信息，还可以通过创建一个活动话题来找一批"红人"去一起带动这个话题的热度。

例如，Gymshark 是健身行业中的一个品牌，在 2019 年年初，Gymshark 在 TikTok 上发起了一项"66 天改变生活的挑战"，用户自己设定一个目标，然后记录这个过程。最后这个活动抽取完成者并送出一年的 Gymshark 的产品。他们找到 6 位拥有大量粉丝的健美"红人"使用#gymshark66 标签来预热这个活动。现在这个标签有 4550 万次的浏览量。

用户自发的参与和传播的效果是非常好的，而且 UGC（用户原则）内容更有说服力，这也是这种营销策略能够成功的原因。

2. 线上试妆

欧莱雅是一家法国化妆品公司，在全世界范围的化妆品行业中占有重要地位。化妆品公司推销产品的一种方式是在线下让用户免费体验产品。为了在这个数字化时代里接触到更多的客户，欧莱雅开发了一款能够让用户在程序里就能够试妆的 App。这个应用程序让用户足不出户就可以自由地尝试欧莱雅的各种产品。

在技术快速更新的今天，各种各样的营销方式和营销渠道一个个地出现了。如果能够抓住机会，发现全新的营销赛道，那你可能赢得很轻松。就像在早期的社交媒体营销和"红人"营销费用都非常低廉但转化率却不错的时候，即使你的产品再平庸，你的 ROI 也不会差。因此，创新营销为什么重要，就显而易见了。

第一节 营销创新概述

创新是思维的跃升和技术手段的更新，但是从营销的角度来说，依然是对客户的深度认知。

一、什么是营销创新

1. 创新的定义及特征

创新（innovation）即创立或创造新的。在经济学中，创新是指以现有的知识和物质，在特定的环境中，改进或创造新的事物（包括但不限于各种方法、元素、路径、环境等），并能获得一定有益效果的行为。因此，创新常常产出新的产品、服务或方法等，并且通常能够带来积极、有益的效果。我们可以认为，创新需具备有用、新颖和应用 3 个特征，如图 11-2 所示。

创新发生在社会、经济、哲学、科技等各个领域，由多种因素驱动，而其根源性的驱动力是人与物质本身的发展需要，激发了对已有方式、方法的否定，从而出现对既往的超越。在经济领域，创新最重要的驱动因素是科技进步。

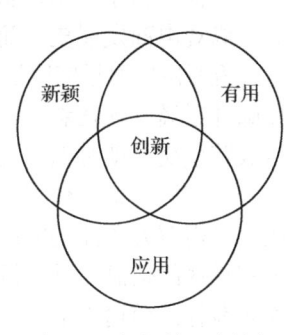

图 11-2 创新的 3 个特征

2. 营销创新的定义

营销创新就是在营销领域的创新，既包括从无到有的创造，也包括在已有方法上的改进。例如，本书提出的 13N1 模型，就是在跨境电商营销这个细分领域（特定的环境），在以科特勒为代表的西方营销管理学基础（现有知识）上做出适应性改进，并构建一套营销框架体系（新方法），以用于指导跨境电商企业建立自己的营销体系，使之营销工作系统化（有益效果）。因此可以说，13N1 模型是一种营销框架体系的创新。

当出现全新的市场，或者需要主动开拓新的市场时，旧的营销策略在全新的领域里不再有效，这时就会有营销创新的需要。例如，曾经铺天盖地的纸媒，现在已鲜有人问津；曾经为缓解电梯里的尴尬而出现的电梯液晶屏广告，在智能手机普及的今天，也已显颓势。又如，通过营销可以卖出一些看起来毫无价值的东西，如案例 11-1 中所提到的石头。其实也不能完全这么说。因为从严格意义上来说，钻石也是石头，直到戴比尔斯的那句经典的钻戒广告语出现（见图 11-3）。其实，无论是案例中的石头还是这里的钻石，均满足创新的 3 个特征，因此都是营销创新。

图 11-3　戴比尔斯的钻戒广告语

二、在跨境电商中坚持营销创新

在 13N1 模型中，营销创新并未归入 3 层框架中，而是一个超然的存在，笔者的用意很明确——在跨境电商中坚持营销创新，所有的营销任务，无论是战略层还是战斗层，均要创新。我们同时强调，战略层任务需要相对稳定性，这并不代表不需要创新。相反，战略层任务是由战斗层和战术层任务的持续创新、微创新和小创新的凝聚所构筑起来的大创新。

1. 从创新视角再谈跨境电商营销

当前，科学技术日新月异，为跨境电商营销创新提供了技术保障，促进了电商的快速发展。纵观电商发展史，简直就是一部营销创新史。

互联网的最早应用是 E-mail。正是在商业营销方面的应用，E-mail 面临了第一次挑战——垃圾邮件泛滥。现在看来，跨境电商也最早因 E-mail 而诞生，因为从广义上讲，使用 E-mail 达成跨境交易就可以定义为跨境电商。

万维网的诞生使得线上信息展示更为丰富，人们开始把商务信息汇聚编纂成网络黄页，成为供需双方关注的网站。网络黄页的盈利模式就是收取部分商家的赞助，帮助其呈现更为丰富详尽的信息，以赢得买家的关注。电子商务在纯文字版的 BBS，以及后来的图文论坛上摸索前行，前途未卜。

门户网站大发展时期，其主要收入来源就是网络广告费，相信当下 40 岁左右的人还对满屏跑广告的新浪网首页记忆犹新。这个时期，亚马逊开始在网上卖低货值、无保质期、信息相对结构化的产品——图书。做网络黄页的马云也激动地喊出了"要么电子商务，要么无商可务"的口号，并开办了阿里巴巴国际站，开启了电商平台引领新商业发展的时期。

很快，搜索引擎成为门户的门户，几乎是所有人上网的入口，点击付费广告得到大发展，自此，按效果付费的理念逐步深入人心。

之后，加密算法、数字签名技术使得网上银行和电子支付得以广泛应用，电商终于迎来了大爆发，对此，美国的 PayPal 和中国的支付宝功不可没。

互联网和电商的发展，让人们总结出长尾理论、平台理论、六度分隔理论等一系列新规律，这些又进一步指导产业实践，支持了社会化媒体高速发展，新的 UGC 模式让普通网民拥有了话语权，创新的速度进一步提升，电商新业态不断出现，社交电商、社区电商、兴趣电商层出不穷，有流量的地方就有电商，朋友圈几乎被电商霸屏。

视频应用随着 4G 技术的普及站上了新风口。需要注意的是，通信技术发展到第四代时，中国才取得这种新技术的普及应用优势。巧合的是，在这个时期诞生自中国的短视频应用——TikTok，其一度进入某国负面清单。此前，无论是四大门户，还是之后呼风唤雨的 BAT（百度、阿里巴巴、腾讯）都没有得到这一"殊荣"，可见在当今世界技术领先具有多么重大的意义。

基于智能推送算法的 TikTok 于 2021 年正式在国内招商启动跨境电商项目，以美团、携程、滴滴等为代表的互联网新贵也祭起了"服务电商"的大旗，这些项目均受益于伴随社媒兴起的裂变营销。杨飞总结的流量池理论也将是中国互联网电商高度发展背景下，在营销创新方面对世界的重要贡献。

新冠肺炎疫情的暴发，使刚刚崛起的直播电商一夜爆红，俨然成为一类传统电商、二类社交电商之外的第三类。营销创新向着更精准、更快捷的方向不可遏制地突破着。

2．跨境电商营销创新的一般方法

我们无法穷举跨境电商领域的各种花式创新，但可以应用创新思维，总结出几种跨境电商营销创新的一般方法。

（1）新技术的应用。例如，前面提及的智能推送算法让网民有刷视频上瘾的嫌疑，上网时长大幅增加，这种算法本身就有"营销"属性，是在人们不知不觉下的营销。随着智能语音识别技术的成熟，智能客服机器人已广泛应用于电商领域。因此，跨境电商营销人员应密切关注新技术的应用，做好终身学习的准备，通过新技术应用不断创新营销。

（2）跨界融合。跨界思维是互联网思维的一部分。所谓跨界，就是融合原本认为属于不同行业领域的技术或模式，实现创新。直播电商就是典型的跨界产物，直播本来是电视、广播的术语，网络直播已经是跨界，直播电商又是传媒与电商的融合。传媒之所以能和电商融合，是因为它们共同的特征是以流量为王，所以有流量的地方就有营销，也就有电商。直播电商详见本章第二节。

（3）已有营销方法的整合和活用。相对前面两类营销创新，已有营销方法的整合与活用似乎更简单些，是跨境电商营销人员的主要创新模式。整合营销详见本章第三节。

（4）它山之石。当然，最简单的方法是参考同行优秀的营销案例（它山之石），结合自身特点，进行微创新。但这种创新有两个问题：一是容易被指抄袭，对品牌形象不利；二是受众可能已无新鲜感，营销效果打折扣。即使如此，这种参考同行的微创新还是当前跨境电商领域最常见的，毕竟创新很难，成本很高。

毫无疑问，创新是营销的命门，"无创新，不营销"。

第二节　直播营销

电商进入视频流量时代。网红直播顺应时代变化，率先迎来爆发，薇娅、李佳琦的成功，推动影视明星、企业高管纷纷上线直播，一时呈现全民带货的热闹场面。谁能尽快适应变化，谁就能更加充分地享受创新营销模式：直播营销的巨大红利。各大平台积极布局争夺新的直播流量入口，谁也不敢在当前步步紧逼的形势下落后于竞争对手。

一、直播营销简介

直播营销与直播电商并不能等同。但本书是电商领域的专业教材，故有时会将直播营销和直播电商混用。直播电商是由网络直播与传统电商融合而成的一种创新模式。直播是形式，电商是变现模式。

一种观点认为直播电商诞生于 2016 年，至今已发展成为重要的文化与经济现象。2020 年 4 月 6 日，央视"段子手"朱广权与淘宝"带货王"李佳琦组成"小朱配琦"组合，以"谢谢你，为湖北拼单"为主题，进行了一场湖北产品直播带货的公益跨界合作。该场直播 2 小时就吸引在线用户数量 1 091 万，累计卖出 4 014 万元的湖北产品，实现了经济和社会效益"双丰收"。

相对直播电商产生的社会效益，其"造富神话"更让人津津乐道。2015 年，张大奕年收入达到 4 600 万美元，2016 年销售额达到 3 亿元。2018 年，有 81 名淘宝主播年销售额过亿元。2020 年，薇娅的年销售额达 202 亿元，收入超 30 亿元。

1. 直播营销在跨境电商领域的特点

在跨境电商领域，一般认为直播营销具有以下特点。

（1）商品与服务展示充分。通过直播的方式展示产品本身的尺寸、颜色、形状、属性、使用方法，让客户能够有一个非常直观的认识，尤其是一些使用比较复杂的、功能性较强的产品，或者需要装配的产品，能够消除客户的购买疑虑，对产品转化非常有帮助。

（2）受众精准。无论是平台基于大数据的推送，还是直播前发布短视频等进行预告，都能够使进入直播间的客户更加精准，因而使营销更有效，从结果来看就是获得了更好的转化。

（3）互动交流深入，有温度，有情感。直播间的即时信息交互，在解答产品疑惑的同时，还使客户获得了更加深度的参与，具有商业甚至娱乐属性，相比传统电商方式更有温度和情感，非常有利于提升客户信任度、黏性和忠诚度，同时更具传播属性。

（4）促进销售变现快。直播对于冲动型消费群体和产品更为适合，在获得充分的产品信息的同时，饥饿营销、限量销售、秒杀等营销方式比较容易激发客户的消费欲望。相对传统电商来说，直播营销在这方面优势相当大，一些头部主播不断拉升单场直播销售额就是明证。

（5）对主播及其团队，甚至对整个企业的经营管理能力要求高。因一场直播涉及众多产品，所以许多主播通常都有专业、庞大的选品团队，选品所耗费的资源也很大。选品团队还需要快速学习产品知识，并传递给主播。如果主播对产品专业度不够，对粉丝忠诚度和黏性会有很大影响。对营销引流团队要求高，直播可以为店铺引流，但直播本身也需要引流，层层推进的引流计划可能从直播前很久就开始了。毋庸置疑，对主播的要求是最高的，因为主播是直播企业的核心资产。客户服务团队要及时处理客户问题，及时发货，一场上亿产值的直播活动，通常有上百款商品，当这些订单集中爆发时，只有优秀的客服团队才能确保服务满意度，否则对于主播口碑也有很大的负面影响。而这些团队的主力大多非常年轻，很多人刚刚毕业甚至还没有毕业，团队协作能力有限，这就对企业的整体管理能力提出了极高的要求。据说，薇娅团队在 2019 年就达到了 800 人规模。

总之，直播营销具有以往其他模式无法比拟的优势，也对从业人员提出了很高的要求。在该领域中，我国已走在世界前列，作为一种杀伤力很大的电商新模式，必将为我国跨境电商产业发展做出积极的贡献。

2. 直播营销对跨境电商的作用

与其他营销模式一样，直播营销对跨境电商的作用主要可以归纳为以下几点。

(1) 引流。通过直播为店铺引流，从而达到促进销售的目的。直播是给店铺或产品带来流量的一种方式，但要注意，直播电商的本质其实是私域流量变现，除非平台为优秀的直播场次推送新的流量。就跨境电商而言，存在跨文化交流问题，因此选品和受众群体分析要更加深入，最好选用国外网红做主播。变现方式推荐直接在直播室变现，也可以将直播流量导入电商平台促成购买。进行营销的前提是流量，所以引流是直播的第一个作用。

(2) 品牌提升。我国有完整的工业体系，是全世界最强大的供应链，能够生产出各类性价比极高的产品。但我们各项成本在提升，国际商业环境在恶化，唯有大力打造品牌，才能保住国际竞争力，才是"中国制造"的根本出路。直播营销直接面向受众，强互动非常有利于传递品牌价值，同时又能收集客户需求，持续改良产品，以进一步提升品牌价值。

(3) 增加销售。直播让客户更加容易和全面地获得产品信息，消除信息差，特别是直播间的情感传递较传统电商强很多，非常有利于刺激消费，短短几年的时间，直播销售套路已经非常丰富。在当前阶段，人们认可直播的主要原因是强大的销售转化能力。

二、实施直播营销

在中级教材中，我们已经介绍了直播营销六要素，下面做简单回顾，然后说明直播营销与其他营销任务的联动（流量整合、变现），以及直播营销的一般流程。

1. 直播营销六要素

直播营销六要素，即人、货、场、牌、剧、阵。

(1) 人。这里的人，主要包括主播、商家和消费者。主播是商家与消费者的纽带，是直播营销最重要的因素，其人设和风格要能够匹配产品。如果是乐器产品，那么最好请一位乐手做主播；如果是母婴产品，那么最好请一位年轻妈妈做主播。主播对产品的熟识度、对节奏的掌控、对客户的引导要能够匹配客户需求。从消费者的角度而言，能够通过主播充分获取产品信息，获得性价比高的产品，获得满意的购物体验，这也就是从直播营销中受益了。

(2) 货。刚需产品、高知名度产品、高质量产品、高产品折扣，这类因素的叠加，对于直播的效果必然有着极其积极的影响。直播团队在选品时，要综合考虑这些因素。特别是产品质量，对于主播的人设和口碑，具有长期、积极意义，要追求万无一失。

(3) 场。场地的选择和直播间的布置也要考虑产品的属性和用途。运动类的产品适合户外，居家类的产品通常放在室内。尤其是一些室内外的装饰品，应该现场进行应用场景展示，以激发客户的购买欲望。

(4) 牌。直播带货通常只考虑品牌商品，对于跨境电商B2B，大多是定制类产品，则要传递工厂能力，把工厂的品牌宣传出去。直播营销本身是品牌打造的重要渠道。当前以带货为主要目的的直播电商，只是直播营销的初级阶段。未来，直播更多的应用场景是品牌宣传。直播从业者也应该有意识地探索直播在品牌打造方面的价值。

(5) 剧。直播带货的目标明确，需要在很短时间内达成目标，这就必须精心策划直播过程，在直播前写好全过程脚本，甚至包括直播前、直播后的执行方案。从某种程度上说，直播"剧本"的设计,是直播带货成功的基础保障。例如,产品的导入不能太生硬,产品介绍要逐步深入,不同产品之间的跳转和衔接要自然。当前,在直播带货领域,从业者已经总结了大量的经验和技巧,很多是围绕"剧"展开的。我们常说直播带货套路深,主要也是指"剧"的设计。

(6)阵。直播需要团队配合。一个优秀的直播团队是直播企业的最大财富。通常,一个团队以主播为中心,副播、助理、编导、场控、选品运营、活动运营、客服等各种角色分工合作且紧密联动,只有精心地策划、一丝不苟地准备、有条不紊地执行、有节奏地互动、及时应对突发状况、快捷提供客户服务,才能给观众呈现一场高质量的直播。直播团队不应以拍几百集的慢节奏连续剧的心态来做直播,也不能用拍大投入的商业电影的心态来做直播,最好用办2008年奥运会开幕式一样的心态来做直播。在保障不混乱、不出错的前提下,尽全力给观众呈现一场完美的直播。

上述六要素是直播营销的成功因素,知易行难,需要大量实践,用心研究,才能在直播营销中做到游刃有余。

2. 直播营销与其他营销任务的联动

作为一种营销工具,直播营销本身也需要引流,而且直播就像个满身孔洞的大水缸,不仅容量大,并且在持续漏水。从开始直播到直播结束的整个过程都需要不断引流,以保持一定的场观,对于漏掉的那部分,还得想办法处理,故直播营销必然与其他营销任务有联动关系。

(1)为引流而联动。对抖音头部主播的视频引流情况统计如表11-1所示。显然,几乎所有的主播均会选择使用视频引流,部分主播仅在直播前12小时发布引流视频,其他主播会在整个直播进程中发布视频,甚至一旦开始直播便会密集发布引流视频。可见,视频营销与直播已经有着非常好的联动,并且被业界认可为一种套路。直播营销几乎可以和所有的营销任务有联动关系,要么是为其他营销任务导入流量,要么是其他任务为直播导入流量。

表 11-1 对抖音头部主播的视频引流情况统计

抖音头部主播	直播前 12 小时发布视频数/个	开播后发布视频数/个	直播开始时是否密集发布视频	简单总结
罗永浩	1	无	—	未准备直播过程中的引流视频
陈赫	1	无	—	
人民日报	6	无	—	
毛光光	无	无	—	
韩国媳妇大璐璐	2	无	—	
衣哥	2	2~4	否	重视视频引流,前后都会一直发,均匀分布
唡唡兔	2	1	否	
王祖蓝	2	5	否	
大狼狗郑建鹏夫妇	2~3	5~8	否	
张庭	1	5	是	理解深刻,视频引流节奏精准
苏宁易购	1	8	是	
陈三废	4	4~5	是	
朱瓜瓜	21	10	是	

（2）为促进直播带货效果而联动。除了引流，与直播电商联动的主要目的是促进销售，通常是短期促销策略，如发放优惠券、限时秒杀、大幅折扣等。电商是直播营销的主要变现方式之一，直播是电商的又一种重要形式。相对其他模式，直播电商具有前文所述的各种优势。当前，各种渠道积攒流量池，择机使用直播电商变现已是重要的电商形态，商家应充分重视这种形态，保持与会员的情感链接，以防止客户流失。

3. 直播营销的一般流程（以阿里巴巴国际站直播为例）

直播营销通常可以按时间进程分为以下几个步骤。

（1）前期规划。

首先要明确直播营销的目标。

在确定定性目标的前提下，进行充分的、有针对性的市场调研，对调研数据进行分类整理，根据产品大类确定意向类别和产品，以及受众群体。

对目标消费者的偏好习惯进行初步分析，从流量入口、消费能力、产品客单价、支付与物流方式等方面进行分析，进而清晰定义直播营销的定量目标（如带货销售额）。

根据确定的目标进行受众画像，结合产品大类进行受众需求分析，进而完成选品，并分解直播营销的目标（如各种产品的销量和产值）。

最终将前期规划落实在纸面上，形成直播的整体策划案。

（2）播前执行。

在整体策划案的基础上，细化直播前的相关工作，包括播前执行计划、物料准备、直播平台的选择、主播选择及团队组建、引流营销方案及实施、试播、数据跟踪分析与优化等。

物料准备主要包括产品（明确定位的产品清单、产品测评或相关培训材料、展示或试用产品备货，并按销量预测的一定比例备货）、直播设备与耗材（拍摄设备与灯光设备，计算机与 Mic 音响设备，直播专用设备如云台、提词板、背景板、贴纸等）、直播软件（根据平台的不同，安装并测试直播软件）、宣传物料（引流用海报、H5、短视频、长图等）、促销工具（提前生成优惠券/码、赠品、物流代金券等）。直播团队中，应安排专人负责物料相关工作，包括计划、筹备、分发和管理等。

直播平台的选择要根据产品、目标群体和平台特性进行，好的平台能够与直播带货衔接顺畅，也能够获得平台分发流量支持。如果是以带货为目的的直播，则电商平台是首选。目前，阿里巴巴国际站支持两类直播：店铺直播和活动直播，如图 11-4 所示。店铺直播是店铺每周可以在店铺首页或商品详情页分发的直播活动，活动直播是在已报名且通过审核的展会/大促/行业活动排期的直播。注意，阿里巴巴国际站要求，开启直播前，需要完成主播认证考试并绑定店铺账号，这个过程需要消耗一定的时间，应提前安排。活动直播报名成功后，平台会进行排期，一旦排期完成，则必须要按时进行直播，并且必须是真人直播，不能播放提前录制的视频，否则将触发违规条款。

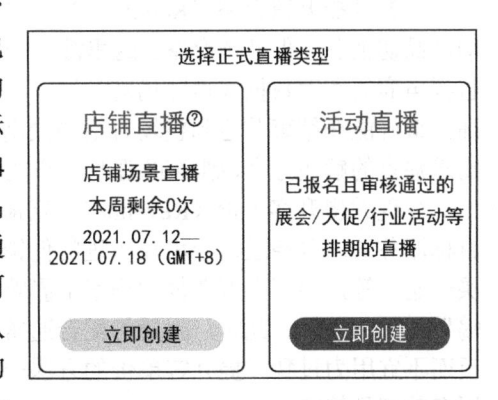

图 11-4 阿里巴巴国际站支持的直播类型

主播均有所谓的"人设"，因此要根据目标、产品、平台、受众群体的特性进行选择，可以是经主播认证的内部员工,也可以从MCN(Multi-Channel Network,多频道网络)机构挑选。其他团队成员也要明确下来,并完成团队组建和培训的相关工作。

引流是相对比较复杂的工程,一般需要提前足够长的时间进行推动。在阿里巴巴国际站有以下两种主要的引流形式:一种是创建直播预告(广而告之),客户可以在直播会场看到直播预告;另一种是通过内容营销渠道,如TrueView、站内EDM或其他社媒渠道有针对性地主动邀约客户参与。例如,在TikTok发布引流视频。多渠道引流基本已经成为直播电商的标配,有时,甚至会将线下的流量导入线上直播。2020年,董明珠为了做好直播数据,要求数千家线下门店预告直播优惠,并暂停线下销售,把一段时间的线下订单全部转化到线上直播,使得一次直播销售额达到数亿元。

试播相当于正式开播前的彩排,重要的活动直播最好执行试播,以利于在正式直播前发现和解决问题。阿里巴巴国际站的活动直播也支持试播,试播与正式直播一样需要创建直播预告并审核(一般1小时即可得到审核结果)。

数据跟踪分析与优化是播前执行阶段的总结,应根据引流和试播反馈的数据,及时优化前期规划阶段的策划案,并确认各项准备工作已经完成。

(3)开播及现场执行。

前两步工作完成后,直播会得到较好的流量保障,接下来就可以按计划进行正式直播带货了。该步骤主要包括开场、营销、促销、互动、结尾及引流等几个环节。整个过程基本可以套用AARRR模型来进行。

获取客户(Acquisition)。开场环节主要有主播自我介绍、问候、介绍直播主题、预告对用户的价值、与用户互动等,目的均为抓住客户眼球。主播人设、与受众的情感链接、产品吸引力、活动优惠等能有效吸引进入直播间的客户的注意力。

激活并提升活跃度(Activation)。获取客户的时间要尽可能短,就像老师敲黑板提醒昏昏欲睡的学生一样,只要吸引到客户的注意力,就马上执行激活并提升活跃度的动作。从客户需求痛点入手是激活的常用策略。例如,脸部皮肤常见问题的处理办法,脸部护肤产品选择的纠结等。此时,专家型主播能发挥很大的作用。活跃的直播间大多有许多点赞、送花、留言、发弹幕等互动。

保持并提升留存率(Retention)。直播电商常用一场直播推荐多款产品来保持客户数量,即产品切换利于保持留存率。这里涉及一些技巧,如憋单,通常在无产品切换时使用。因此,直播电商的留存数据(累计场观)通常呈现波浪式变动,策划会尝试将曲线一浪又一浪地推高,最好能在结束前达到整场直播的最高峰。在这个阶段,主播的专业度至关重要,要给出需求痛点的解决方案,副播/助理与客户的及时互动也很重要,产品切换的节奏对留存影响大。

变现并提升客单价(Revenue)。直播电商的核心目标是变现,前面所有的工作都是为此目标服务的。直播通常会用较激进的促销策略,如大幅度折扣、优惠、赠品、第二件半价、买一送一等,促销力度在很大程度上影响最终变现数据。这也是直播常常被质疑"赔本赚吆喝"的原因之一。此时,副播的配合通常会非常重要。主播,特别是专家型主播在变现环节反而不宜用力过猛。提升客单价的方法一来可以用精准的促销策略,如买一送一;二来可以用多款商品策略。

转介绍/自传播(Referral)。整个直播过程需要持续引流,其中质量最佳的是转介绍吸引来的流量。主播可以直接要求受众转介绍,或通过一些激励策略来鼓励受众转介绍。一般认为,要实现转介绍,产品价值、转介绍的便利、转介绍行为的奖励三者缺一不可。

虽然我们用 AARRR 模型对直播现场执行进行了分解，但在实践中，可能不会严格按照这些步骤进行。例如，在受众保持这一步，直播电商常常会跳过；转介绍也不一定会执行。由于直播时间短暂，所以更重要的是将现有受众转化。

（4）播后执行。

直播营销并不是一次性活动，播后执行对后续直播营销活动影响很大。我们常说，直播主要是经营私域流量，如果没有把客户服务好，那么丢掉的很可能是老客户，这个损失是非常大的。直播后的主要工作包括确认订单、发货及物流跟踪、客户回访等，必要时（特别是 B2B 销售）还需要跟进生产、安装调试、客户培训等。

直播带货的有效订单一直饱受业界质疑，因为商家可能主动安排刷单行为，而在短暂的直播期间，部分客户是在引导下做着冲动型消费，所以直播带货的订单往往需要确认。

直播订单非常集中，且波动可能很大，而播前执行阶段的备货只能按保守预测进行。在这种情况下，发货并跟进物流的相关工作非常考验一个直播团队的整体作战能力，其中的难点是在高强度的工作压力下保障准确、及时。

客户回访是本次直播带货的终点，也是下次直播带货的起点，一定要评估客户满意度，获取客户的直接反馈。

（5）复盘总结。

每次直播活动均需要进行复盘总结、沉淀经验，对直播过程中的各类工作进行评估，并结合客户反馈等其他信息，为下一次活动的营销方案提供支持。要特别关注一些量化指标，下一小节将详细介绍这些量化指标。

三、直播营销成效分析

直播营销虽然发展时间不长，但已经具有极强的可度量性。下面以一个抖音电商的案例来说明成效分析指标与优化策略。

> **案例 11-2**
>
> **抖音电商再现黑马：阿怀**
>
> 2021 年 8 月，美妆类目，护肤方向为主，6 小时销售额破亿元！这一数字可以说让罗永浩团队和抖音一众头部主播汗颜。不同于我们常见的叫卖型主播，憋单、秒杀、砍价、断货……阿怀的直播没有任何套路。她是如何做到的呢？让我们来复盘一下。
>
> 阿怀这个账号起号起得非常快！从 5 月起号开始发视频，到 3 个月后接近 150 万个粉丝。粉丝质量高、人群画像精准、购买力强，同时极度认可阿怀的 IP。因为起号非常快，所以当直播销量破千万元的时候，群里有些人都在质疑是不是在"做数据"。
>
> 通过观察起号的过程，尤其是近期的视频连续上大热门，内容都是几分钟的护肤美妆长干货，懂行的人可能就看出阿怀的实力了。从易涨粉、易上热门、长干货、没有任何短视频流量技巧可以看出，阿怀的人设和内容确实足够强大。2021 年 7—8 月，该账号部分视频的关键指标如图 11-5 所示。

图 11-5 阿怀 2021 年 7—8 月部分视频的关键指标

我们再通过抖查查看阿怀首场直播的数据，将近 6 小时的直播，有很多可圈可点的地方。平均观看时长 6 分 21 秒（一般水平是 2 分钟），场观 400 万人次（达到 S4 级别，这样的带货直播间一天也就几个，最多十几个），总 GMV 是 1.12 亿元（当天第一），UV 值更是达到 27.57（一般直播间为 2～3，头部达人可达到 10）。最关键的是，阿怀是首场直播，在这之前甚至连抖音违禁词都没背全，整个团队最担心的是因触发了平台违禁规则而导致直播中断。如图 11-6 所示为阿怀 2021 年 8 月首场直播带货诊断结果，足以证明其强大的实力！

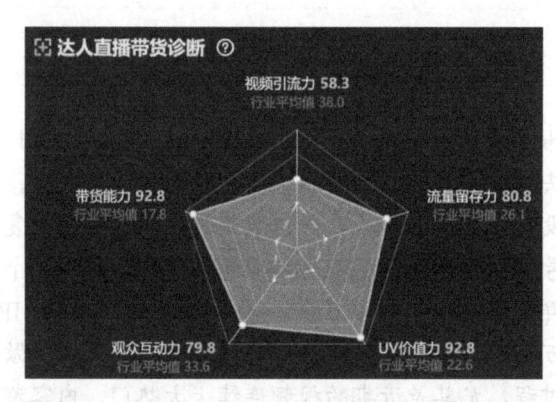

图 11-6 阿怀 2021 年 8 月首场直播带货诊断结果

阿怀在 2021 年 7 月开始预告自己的首场直播带货，让粉丝们心中有一个记忆点。在直播开始前 2 小时和 1 小时，发了两条直播引流视频。让正在刷抖音的粉丝准备好，进入即将开始的直播间。最终，这场直播达到 400 多万人次的场观，粉丝占比 21.21%，引流视频带来 16.16%，加起来有 150 万人次，也得到了平台 200 多万的直播自然推流（一般由直播间停留、互动、成交数据激发）。

阿怀在本场直播中，没有采用经典的直播套路。不憋单，没有"3、2、1上链接"这种吆喝式的叫卖，也没有砍价、抢单、断货等套路，只是以美妆行业专家的身份，讲解每个产品的优势和细节，中间还穿插了很多使用手法、原料配方等干货内容，展现了主播对各品牌和产品的深刻理解，以及个人的爱恨情感。给看烦了直播套路的粉丝和用户比较好的直播体验。用户愿意留在直播间看内容买产品，离不开阿怀专家人设的成功，离不开20多年积累的产品知识和行业经验。

套路虽然好用，但那是在弥补团队人、货、场本身的差距。阿怀则完美地给出了不一样的答案：在绝对的实力面前，套路就会显得非常苍白。

1. 直播营销的评价指标

基于上述案例，我们把直播电商的评价指标分为3类，如表11-2所示。

表11-2 直播电商的评价指标及其说明

指标类	指标项	指标说明	案例数据
流量类指标	观看人次	一场直播总的观看人次	407.5万人次
	平均在线	直播间平均在线人数	7.3万人
	在线峰值	直播间在线人数最大值	9.5万人
	平均观看时长	所有人观看直播的平均时长	6分21秒
流量转化指标	涨粉数	一场直播增加的粉丝数	3.3万人
	转粉率	涨粉数/观看人次	0.82%
	点赞数	直播过程中的点赞总数	1 194.6万次
销售效果指标	销售额	一场直播总的销售额	1.12亿元
	销量	一场直播获得的订单数	66.1万笔
	商品数	一场直播上架的总商品数	69SKU
	GPM	千次播放产出的销售额，在直播电商中为"销售额/观看人次"	2.75万元
	UV价值	每"观看人次"产出的销售额，即"销售额/观看人次"	27.5元
	客单价	评价每个订单的金额，即"销售额/销量"	170元
	购买转化率	购买转化率，即"订单数/观看人次"	16%

表中将案例11-2的各项指标数据罗列了出来，便于后面做数据分析。可见，直播电商的评价指标非常丰富，读者可以将3类指标和已经比较熟悉的阿里巴巴国际站的曝光率、点击率、询盘率、销售额等数据进行对照，理解其意义即可。

2. 直播营销的成效分析与优化

如前所述，直播营销的评价指标很丰富，在精细化复盘时，几乎每个执行事项均能找到对应的指标数据，这对沉淀经验和有针对性的改进非常有帮助。另外，为了简化和可比较，直播平台还会定义一些综合指标，反映更宏观的情况。例如，抖音采用流量层级来评价一场直播在获取流量方面的大致水平，用留存指数来综合评估直播留存受众的水平。下面还是以案例11-2来说明直播营销的成效分析与优化方法。

（1）引流情况。首场直播观看人次数量达到 400 万，这和前 5 个月的运营密不可分，150 万个粉丝的贡献达到 21.21%，引流视频不容忽视，贡献 16% 的流量，平台自然推流达到 63%，这个数值非常值得细致分析。抖音平台直播的自然推流一般由直播间停留、互动、成交数据激发。直播间停留与直播内容的专业度密切相关，内容有价值，观众停留时间就长。该场直播平均观看时长是 6 分 21 秒，是一般水平的 3 倍多，反映直播的内容价值很大，观众受内容吸引，愿意持续观看直播。这是非常难能可贵的，这就提示我们要特别关注直播内容。这个数据也给我们带来了希望，追求专业的直播，传播有价值的内容才有未来。

（2）流量转化情况。经过一场直播，主播涨粉 3.3 万人，而前期 5 个月的粉丝累计是 150 万人，可见这场直播的涨粉效率很高，相当于 10 天的涨粉量。这些新增粉丝是平台自然推流而来的，这就相当宝贵了，因为后期这些新增粉丝还有很大的裂变空间。该场直播的互动情况也很棒，总计 1194.6 万次点赞，平均每人次达到 3 次赞，进一步说明了本场直播的质量非常高。

（3）销售效果。从前面的数据可以推测销售情况应该不会差，实际情况不仅不差，甚至极其亮眼，UV 值达到了 27.57（一般直播间为 2~3，头部达人可达到 10），说明粉丝对主播的信任度极高，购买转化率达到 16%，也是很高的水平，综合反映本场直播商品选择好，整个直播带货过程非常专业。在这些指标中，GPM 是抖音提出并重视的，综合反映直播带货的质量，是抖音自然推流的核心依据。

通过上述分析，可以大致总结直播电商的优化方向如下。

（1）直播内容质量应持续优化。内容质量主要由主播传递，由主播的专业度决定，因此主要应在两方面下功夫，一是持续提升内容策划能力，二是主播要深耕专业方向。虽然直播的基本技巧有用，但专业度更有用。

（2）播前执行应持续优化。直播前的粉丝积累，构建私域流量池，是直播场观人次的基本保障，平台喜欢"锦上添花"，不喜欢"雪中送炭"，没有基础场观人次，很难得到平台的自然推流。引流视频可以保持直播间的场观人次，也需要合理规划。另外，选品及其定位也很重要，这会直接反映在销售数据上。直播电商常常出现"翻车"现象，一些流量明星的带货直播场观人数、互动点赞数、平均观看时长可以很高，但购买转化率低、订单支付率低、收货率低，这种"三高三低"现象就是典型的"翻车"现象。其直接原因就是选品不当。事实上，直播电商对产品要求很高，并不是所有品类都适合直播营销。即使产品选对了，与主播人设或专业技能不符，也会"翻车"。

（3）要根据渠道特点优化直播营销。例如，抖音直播带货很重视 GPM 值，很大程度上影响了平台的自然推流，如果在抖音上做直播，则应根据 GPM 的影响因素进行优化，如提升粉丝质量（而不是购买或低关联度增粉）、提升直播内容质量（而不是只关注"技巧"，憋单、砍价、断货、低俗的吆喝等）。

总之，直播、短视频带货已成为重要的电商模式。目前头部网红主播主导市场，未来更专业的主播将蜂拥而至，直播不仅在促进销售方面大有可为，在品牌宣传上的巨大潜力还远远没有发掘出来。但直播电商也存在费用高、留存低、复制难等瓶颈，"赔本赚吆喝""翻车"等现象每天都在发生。随着行业越来越标准化，从网红带货到全民带货、从信任主播到信任商品，是未来必然的主要发展方向。

第三节　高阶营销技巧

在13N1营销框架体系下，本书介绍了10项典型营销任务，受篇幅限制，每项营销任务都只能介绍基本知识与技能，实际上每项营销任务都有许多高阶营销技巧。本节介绍的高阶营销技巧是整合营销，主要有3层整合：线上流量整合、线上与线下协同营销，以及多模式整合营销。

一、流量IP及其价值

1. 流量IP概述

IP是Intellectual Property的缩写，是"知识产权"的意思。各种智力创造如发明、外观设计、文学和艺术作品，以及在商业中使用的标志、名称、图像，都被认为是某一个人或组织所拥有的知识产权。

随着商业的发展和繁荣，IP的价值会越发凸显，IP有概念泛化的趋势：从传统意义上的漫画、电视剧、小说、游戏作品，到如今某个人、某个角色、某个金句，或者某种商业现象、某种商业模式、某种思维方法……在网络营销领域，我们大致可以认为流量IP是具有较大流量的某种独特的东西，一般还需要有较大的变现价值。例如，《盗墓笔记》是网络小说类的流量IP，阅读量大，且付费阅读的量较大。在电商领域，如薇娅，也是流量IP，她自带大流量，具有极强的变现能力，常见某种商品标题会写明"薇娅推荐……"。网络营销领域的流量IP有如下特点。

（1）拥有较大的访问流量或引流能力；
（2）具备较强的变现能力或已有较大的变现价值；
（3）独一无二，有知识产权或更广义的物权保护，他人不能随意用于商业领域。

所以说，IP与品牌的内涵是比较接近的。一个塑造得好的IP能给品牌带来长久的生命力。例如，被咬了一口的苹果标识，几乎是极优质的标识，如果某耳机厂商是苹果的供应商，那么其品质就可以得到极大的信任背书。

2015年之所以被称为"IP元年"，是因为那年大量的网络文学IP被搬上了荧屏，并取得了非常好的票房和收视率，如《琅琊榜》《鬼吹灯》等，之后又有不少IP被应用到游戏中，同样受到了追捧。

随后，IP概念在互联网、商业领域迅速火热，开始延伸解读。很多互联网成功案例被归为IP化的成功，如三只松鼠、罗辑思维、小米、乐视等。

2017年，那些被传颂的IP经典案例多数出现下滑。庞麦郎（我的滑板鞋）、小马云、光头强等因各种原因，一度站在了流量顶端，但是由于缺乏持续的输出，没有强有力的产品加持，最终无法摆脱止于草莽、泯然众人的结果。从营销的角度看，流量并非终极目标，优质的产品与客户体验、品牌的塑造与强化是营销必须思考的。

2. 品牌与流量IP

21世纪的第3个10年，应验了某个"先知"的预言，世界目光聚焦在中国，属于中国龙的世纪终于明确了。国人以前所未有的自信融入世界，企业界广泛认同接下来的10年将是新国货出海的"黄金十年"。一轮波澜壮阔的"品牌出海"潮流在中国大陆拉开序幕。

是否打造品牌已不是问题,企业家思考的是应该打造什么样的品牌,且如何快速打造品牌。几十年前,国货品牌会取诸如"蒙娜丽莎""欧陆经典""奥克斯 AUX"等"洋气"的名字,这样更容易打开国内市场。近年,"鸿蒙""问鼎""在水一方""十里桃花"等名字似乎越来越受国人欢迎。从名称的变化可见,人们期待打造具有中国特色、具有中国文化积淀的品牌。

无论流行风如何,打造品牌必须思考如何高效传播并快速获得顾客关注,品牌 IP 化正是有效方式之一。海尔、小猪班纳均选择投资拍摄同名动画片,是比较早的品牌 IP 化案例。互联网品牌"三只松鼠"从诞生之日起,一直在品牌 IP 化方面投入精力,卡通形象、动画、创意包装,"三只松鼠"总有"故事"在网上流传。互联网丰富的传播渠道,使品牌 IP 的应用场景更多了,很多时候也更有效了。信息越多,互动越频繁,感性沟通就越有优势。通过一个 IP 做载体,或者把品牌 IP 化,效果比之前更喜人。

品牌必然追求流量,有故事的 IP 化品牌显然更容易吸引眼球和获取情感链接,故品牌打造的最终结局似乎都指向流量 IP,或者说品牌传播的目标是成为流量 IP。我们应尽快定义 IP,承接品牌流量,并持续运营品牌流量 IP,推动品牌价值的提升。

3. 跨境电商品牌流量池的布局

跨境电商品牌通常善于全网营销。所谓全网,就是有多种营销渠道,每条渠道均为品牌贡献流量。本书倡导应用流量池思维持续沉淀流量,则每条渠道均会有一个流量池,品牌流量池布局包括跨境电商平台官方旗舰店、品牌在社媒(如 Facebook)上的官方账户/主页、官方自媒体/微商城、品牌自有独立站/App。

这些流量池各有特性,那么有主次吗?能整合吗?哪一个更适合 IP 化?

如前所述,对跨境电商企业而言,目的不是流量,而是变现,故流量必然要整合,以便变现,问题是如何整合。一般而言,因各渠道均有规则制约,故最佳的整合方向是品牌自有独立站/App,这是可控性最强的流量池,是真正私有的。目前,炙手可热的安克、SheIn 等均已完成自有独立站/App 的流量整合进程。相对而言,安克的独立站流量占比已过半数,但在移动流量占优的大环境下,SheIn 的 App 流量整合看起来更胜一筹。

但多数跨境电商企业并不能支持自有独立站商城/App 的建设和推广,安克、SheIn 是标杆,值得跨境电商企业学习。笔者建议根据品牌发展阶段,合理选择一个主流量池,用于整合各渠道流量。一种可能的发展过程如下。

(1)以跨境电商平台官方旗舰店为主流量池。品牌建设初期可以将跨境电商平台的官方旗舰店作为引流目的地。这并不是说只做平台营销,站外 EDM、展会、社会化媒体等渠道的流量完全可以导向线上店铺。这样做的好处是便于快速变现,但电商平台与用户的互动性不够好,难以做复杂的流量运营操作,此时私域流量的运营主要依靠 CRM 软件,通过邮件订阅形式实现。当前,大部分阿里巴巴国际站的 B2B 商家均处于这个阶段,品牌 IP 化的道路还很漫长。

(2)以社会化媒体官方账户/主页为主流量池。当社会化媒体的主页/账户沉淀了足够多的粉丝后,可以将主流量池迁移到社媒上。社媒强交互性非常利于做私域流量运营,且流量沉淀更便利。社媒流量池和 CRM 软件流量池可以分层定位,即社媒沉淀用户,CRM 软件沉淀客户。到这个阶段时,品牌企业一般已构建会员体系,是时候加强会员运营了。电商平台主要承担流量变现的职能，只是一个产品和订单管理的系统。当前，阿里巴巴国际站的一些头部商家已经开始这样转型了。降低电商平台营销成本，但平台的交易数据并不下降，这就是客户沉淀的结果。

（3）以官方自媒体/微电商为主流量池。这个阶段的突破是利用社媒提供的接口开设了自有商城，同时具备媒体和电商属性。这一突破看似不大，但有转折意义。自此，电商闭环是在自有商城完成的，摆脱了第三方电商平台的制约，但对供应链管理、商城管理都提出了新的挑战。商城所依附的社媒只是流量的入口，此外，与自建独立站商城/App 已没有多大区别。当前，能做到这个程度的跨境电商企业并不多，但必然是相对比较有影响力的品牌，否则官方自媒体/微电商无法成为主流量池（流量、销售额占比小于电商平台旗舰店）。

（4）以品牌自有独立站商城/App 为主流量池。此时，品牌影响力已足够大，独立站商城/App 的流量及销售额已占据绝对优势，全网营销的流量，包括线下流量均可以导流到主流量池。

上述过程是笔者近几年通过观察跨境电商产业的发展而推荐的一种品牌发展路径，但并不是唯一路径，在实践中，品牌发展的阶段并不会如此泾渭分明。这里需要注意以下几点。

（1）即使达到第四个阶段了，也要做好电商平台店铺或社交电商，高阶发展阶段是向下兼容的。

（2）上述四个阶段不一定要一步一步地走，可以跨越式发展。特别是传统强势品牌，数字化转型可以直接从第四个阶段起步。4 个阶段也不一定只能按上述顺序依次出现。从微商城起步，或先不做电商变现，从社媒品牌营销起步都是可行的。

（3）流量有线上线下之分，主流量池应是数字化的。

总之，这只是一种可能的流量整合路径，提示我们实施多流量池策略时应有意识地培育主流量池。然而，有的企业不选定主流量池，而是同时发展多个流量池，只在需要整合的场景才进行导流操作，如直播电商，这种情况也是可行的。跨境电商企业应基于自身特点，找到适合自己的流量整合方法和承接地。

4. 三层整合营销策略

本书提出的 13N1 模型将营销划分为 3 个层级 10 个典型营销任务，它们不是孤立的，而是一个有机整体，也会有一个整合的过程，对应着流量的整合和品牌的发展。跨境电商营销框架体系 3 层整合策略见表 11-3。

表 11-3　跨境电商营销框架体系 3 层整合策略

整合层级	整合策略	策略说明	主导力来源	涉及组织范围
战斗层	线上流量整合	三大类（电商平台、社会化媒体、搜索引擎，本书称之为主动获取流量的"三板斧"）线上流量的整合	营销经理	营销团队内
战术层	线上线下营销协同	线上流量与线下流量（如展会、客户服务再营销、客户推荐等）的整合，并实现与客户、产品运营的营销协同	事业部总经理	事业部内
战略层	模式整合	企业存在多个业态模式时，通常会划分事业部，多个模式也需要协同发展（如 B2B 电商、B2C 电商、社交电商、直播电商等）	CEO/CMO	企业内（多个事业部）

具体整合策略在后续小节分别介绍。下面简单讨论3层整合营销与品牌发展阶段的关联。

战斗层的整合营销在品牌起步阶段就要推动，以保障线上营销时的品牌一致性，表现在各营销渠道的视觉、EDM、服务营销等要素的一致（品牌识别），完成整合标志着品牌外部竞争力的基本确立。也就是说，品牌在外部看来已经成形，具备参与竞争的能力，能赢得客户的青睐。

战术层的整合营销在线上成功构筑主流量池的时候推动，具备了将线下流量导向线上的条件，完成整合标志着实现品牌全面数字化，产品（含定价）、渠道、客户战术三要素能较好地协同，品牌的内在竞争力基本确立。也就是说，品牌内化完成，品牌竞争力已不再只是"看上去"成形，而是有了企业内部力量的强有力支持，品牌价值将在客户心目中持续提升。

战略层的整合营销在两个以上事业部均能盈利时推动，此时能在统一品牌下实现多模式协同，B2B电商、B2C电商、社交电商、直播电商，以及传统外贸等能相互促进，品牌的"事业结构竞争力"（根据战略事业单元的定义，每种模式均是一个独立的"事业"，多个事业的组合能提升企业经营的综合竞争力）基本确立。也就是说，品牌赢得可持续发展的机会，多事业结构轮动发展将不断刺激品牌焕发新的活力，品牌生命周期大幅延长，品牌价值也有望持续攀升。

营销的终极目标是打造优质品牌。品牌建设的一个有效方法是流量IP化，这就必然涉及流量整合。从外部流量渠道看，流量整合的方向是流量池，多流量池运营时，在品牌发展的不同阶段可定义主流量池（通常是水到渠成的）。从内部营销框架体系看，可以通过3个层级的营销整合策略汇聚流量，有力支持优质品牌建设，持续提升品牌价值。

二、线上流量整合策略

流量整合是以客户为中心，构建不断增长的、活跃的流量池，最终构建营销闭环。流量整合是战术层营销创新的重要方式。

1. 线上流量类型及其特点

线上流量可以分为直接流量、第三方平台流量、搜索流量、社会化媒体流量、邮件流量、推荐流量等。直接流量，是直接访问品牌网站或落地页的流量，是对品牌已经产生认知的客户或消费群体，是企业通过跨境电商平台获取的流量。跨境电商平台带来的流量，以购物为目的，匹配度更高，转化率也更高，故不少商家选择直接进驻第三方平台，利用平台的自然流量迅速打开海外市场。搜索流量，是来自于搜索引擎的流量。这类流量可以分为SEO流量与付费广告流量，搜索流量覆盖人群比较广。社会化媒体流量，用人口统计特点来进行用户画像，可以让商家在营销时进行渠道、受众、内容的精准匹配。邮件流量，是通过邮件营销获取的流量，覆盖范围广，操作方便，来源比较广泛，成本相对较低。推荐流量，是客户主动分享产品或服务而获得的流量。

其中，电商平台、社会化媒体、搜索引擎，是主动获取新流量的主要来源，本书称之为主动获取流量的"三板斧"。不同类型的跨境电商企业根据其经营特点，有着不同的流量结构。据SimilarWeb在2021年2—7月对近50个知名跨境电商独立站进行数据监测的结果显示，跨境电商独立站企业的流量结构中，搜索流量占比39.19%，直接流量占比37.47%，社会化媒体流量占比10.65%。

2. 线上流量整合策略

在了解各类流量渠道特点的基础上，商家可以从整体上合理分配资源，进行流量整合。流量整合即对所有流量来源进行合理统筹和布局，在资金和资源分配、统筹安排和资源投放节奏上，达到"1+1>2"的效果。图 11-7 所示为线上流量整合路径。

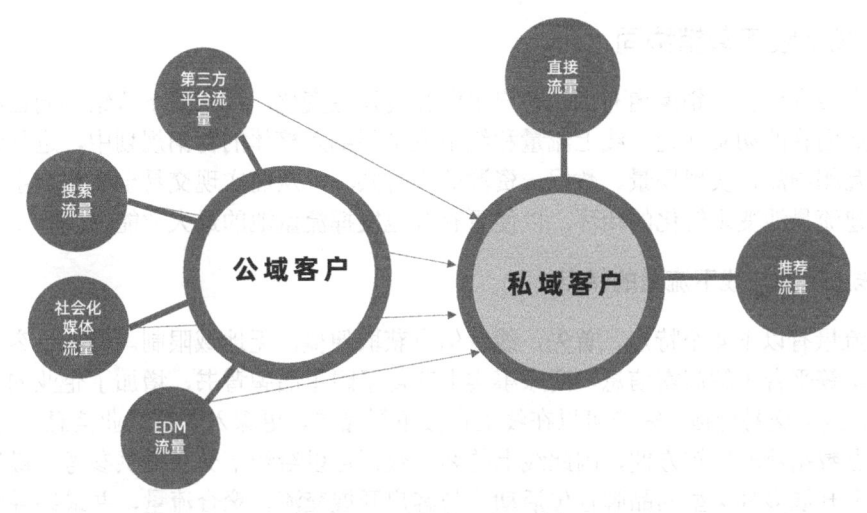

图 11-7 线上流量整合路径

根据客户行为路径，流量整合有 3 个基本策略。

（1）积极获取流量，构建流量池。根据企业实际情况，把握流量渠道的特点，构建引流矩阵，全网多渠道获取流量，构建持续增长的流量池。

（2）运营流量使其价值最大化。构建私域流量池，对流量进行运营，通过营销自动化，提升客户转化/复购率。流量运营的主要对象是私域流量。私域流量是属于企业的、无须付费、不受第三方平台的规则约束，在营销渠道和营销方法的选择上灵活度相对较高。可以重复利用反复触达，在此过程中可以反复进行用户及其行为分析，根据分析结果调整营销策略，快速提升用户体验。虽然企业私域流量池的建设前期需要投入一定的成本，但是一旦积累了一定基数的忠实用户，探索到适合企业的营销方法，后期的营销成本就可实现大幅下降。

（3）进行流量挖掘，用现有流量获取更多流量。当流量积累到一定程度时，可以挖掘"老带新"模式，获取推荐流量，直接流量占比持续提升，并最终实现品牌自身即流量 IP 的目标（品牌价值最大化）。

3. 线上流量整合的组织实施

线上流量整合属于战斗层任务，由营销团队负责人组织实施，对应的组织方法即第一章介绍的 DR 循环。

每天下班前，营销主管首先应组织复盘，听取团队成员今日的工作要点清单完成情况及其原因分析，对各团队成员的当日工作情况进行点评；其次应要求团队成员描述如何帮助其他成员改善业绩指标，引导团队成员之间形成交互，最终让大家将流量向主流量池归集。各营销渠道向主流量池贡献的流量数量及质量也可以设定为团队成员的考核指标。

复盘了解的相关数据应同步制作成每日业绩看板，保留一周后汇总记录在案，作为团队成员业绩考核依据。注意，考核本身不是目的，日复盘过程中分享的业绩完成经验、互助策略比考核数据更重要。鼓励团队成员及时记录可行的改进策略，形成工作要点清单，要求其在下一日实践检验，并追踪效果，用数据驱动团队成员不断成长。

营销团队主管应对每周数据进行记录，与上周实际数据和本周目标进行对照，分析差距及其原因，并在本周结束时，能抛出下周的关键指标的增长目标。

三、线上线下营销协同

随着企业立体化营销渠道布局，客户采购行为发生变化，线上线下营销协同已经成为跨境电商企业面临的切实问题。线上流量和线下流量要纳入整体的营销规划中，进行统一的渠道管理，互相导流，实现场景、数据、资源的实时共享，从而实现交易全流程数字化的营销协同，构建流量池变现转化的闭环，以便更有效地发挥流量池的最大效能。

1. 线上流量与线下流量的特点

线上流量有以下 4 个特点。首先，线上信息获取便捷，无地域限制。例如，客户从阿里巴巴国际站等平台了解商家信息，商家事实上获得了阿里品牌背书，增加了企业的可信任程度。其次，线上交易便捷。客户可以在线上直接下样品单，更深入了解企业信息，拓展商机。再次，线上数据获取比较方便，因此线上的客户数据可以给线下交易提供参考。最后，品牌可以在线上开展多种类型的品牌宣传活动，与客户开展交流，聚合流量，并最终导流到线上或线下的交易闭环。总之，线上流量具有信息获取便捷、交易便捷、数据获取方便、品牌宣传简易等特性，线上可以赋能线下，使营销更有针对性，并向线下导流。

线下流量的特点主要有两点。首先，通过线下服务可以与客户面对面交流，给客户提供真实的场景体验，从而丰富客户对品牌的印象。其次，线下可以为客户提供更多的服务，建立情感链接，进一步加深与客户之间的关系。总之，线下流量可以反哺线上流量。

2. 线上线下营销协同策略

线上线下流量的营销协同主要包括 2 个基本策略：流量转化和客户体验。

线上线下流量协同体现在跨境电商业务流程上。从跨境电商的业务流程来看，交易、信息获取等环节是线上进行的部分，物流、售后客服等环节是线下服务的部分。线下的数据反馈给线上，可以支持前端的产品、视觉等的优化。通过线上线下流量协同在流量池中汇聚信息，实现全流程的数字化，从而提升流量池转化的能力，反馈到选品将形成支持。

从优化客户体验角度来看。品牌可以全面建设线上营销渠道，进行流量聚合。并通过线下展会、海外体验店，形成对线上渠道客户体验缺失的补偿。通过建设企业级 CRM 系统，建设会员体系，整合各个营销渠道，形成有效的信息沟通与资源共享，发挥协同效应。

3. 线上线下营销协同的组织实施

线上线下营销协同属于战术层任务，由事业部负责人组织实施，对应的组织方法即第一章介绍的 DCA 循环。

事业部负责人应按时召集团队主管周例会，听取各团队主管汇报周行动目标达成情况及相应的原因，给定周工作情况的评价。之后，要求销售团队主管提出下周增长目标，逐一确认营销团队、视觉团队、客服团队、产品与供应链团队等如何贡献力量，帮助各团队主管明确周行动目标，并由专门的会议记录人员记录在案。

此外，一定要提问线上营销如何与线下营销协同，要特别关注运营/营销团队与销售的配合，是否有良好的互动，如有问题，则一起讨论解决方案，如合作良好，则要求共同商议增长目标。

关键增长目标和周行动目标构成的周例会纪要，应及时发送到各团队主管，作为下一周例会的参考依据。事业部负责人应对每周数据进行记录，与月度计划分解到每周的目标数据进行对照，分析差距及其原因，并于月度业绩回顾会之前，总结本月每周情况，绘制数据报表。报表中需要体现计划与实际情况，并提出下月核心业绩指标及周分解数据。

四、模式整合

模式整合是企业在不同的电商模式、电商类别进行整体统筹的，以实现整体经营的最佳效果。

1. 商业模式整合

利用多种商业模式进行企业整合可以取得最佳效果。当前，常见的跨境电商模式有 B2B、B2C、S2B2C、D2C，不同的模式会依托不同类型的平台进行经营，如图 11-8 所示。企业在业务战略层的整合与企业自身的具体情况、不同类型商业模式的特点、渠道发展状况相关。

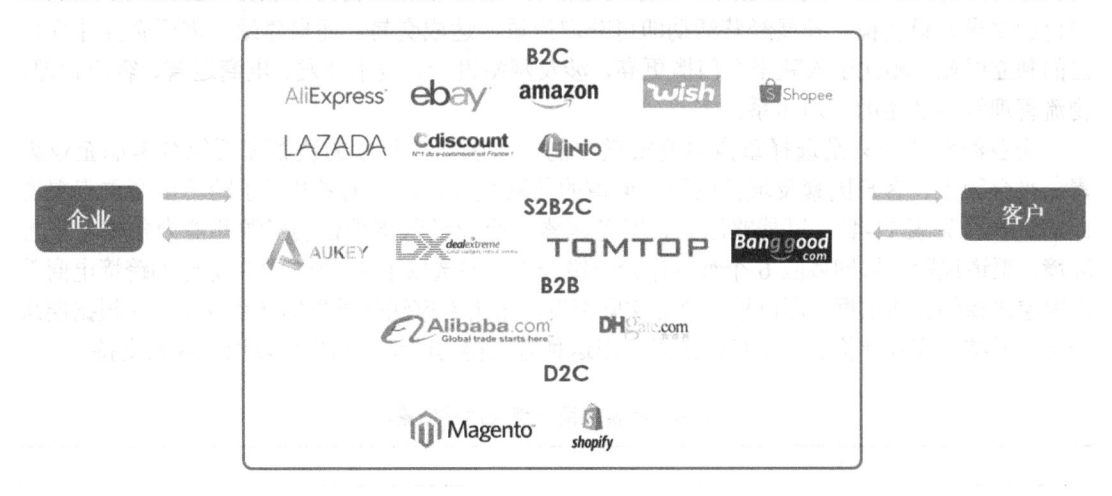

图 11-8 常见的跨境电商模式

B2B 是大部分工贸一体企业进入跨境电商赛道的第一选择，跨境电商 B2B 让商家在跨境电商平台上与国外采购商直接交易，利用平台流量快速扩展海外市场。

B2C 是出口企业与海外最终消费者之间通过 Aliexpress、eBay、Amazon 等第三方跨境电商平台完成交易的一种模式。跨境电商 B2C 让企业在跨境电商中面向海外终端消费者进行交易，因跨境电商平台提供营销、物流等全链路辅助服务，故经营跨境电商 B2C 店铺有便捷、灵活、轻量化的特点，降低了商家开展对外贸易的门槛。

S2B2C 是企业将货物供应给跨境电商企业，通常是独立站平台（如 SheIn 等）或供应链整合企业（如赛维、通拓等）。在这种模式下，不需要企业具备跨境电商平台运作能力，业务更轻量化，操作更简单。

D2C 是商家自建跨境电商平台，直接面向海外消费者的品牌经营模式（如 SheIn 等），是在品牌出海浪潮中，最适合品牌发展的商业模式之一。

企业在业务的发展过程中，只有以品牌定位为导向，整合利用多种商业模式，才能获取整体效益最大化。模式整合应考虑以下策略。

(1) 多种商业模式共同建设。跨境电商全渠道建设已经成为我国大部分企业品牌出海过程中模式整合的选择。不同的模式、平台一般面向不同的国家市场与买家，全渠道建设可以覆盖所有的流量渠道，全渠道建设是充分利用跨境电商渠道价值的有效方式。但全渠道建设的成本控制是难点。理论上说，全渠道建设必然导致成本上升，通常建议当营销费、人工投入不足时，不要拓展新渠道。但如今电商平台不断涌现，流量趋于分散，多渠道运营几乎成为品牌出海的必然选择。有效控制成本的策略包括以下几个。

① 首选经营准入成本较低或者零成本渠道。

② 利用第三方服务工具，可以有效实现多平台产品统一管理、智能客服、多平台订单处理。

③ 培训员工新技能，争取在模式增加的情况下不增加过多的人力。

(2) 选择重点模式进行资源投入。因企业资源有限，当企业选择多渠道发展策略时，建议选择重要的模式和平台进行重点投入。

从企业自身的经营能力要求来看，建设不同的渠道需要具备不同的能力要求。亚马逊、速卖通、eBay 等第三方跨境电商平台有较完善的引流、营销、物流等服务，企业只要按照各平台的要求开设店铺、开展经营活动即可获取流量、达成交易。而自建站，需要企业建立自己的独立网站，相比于入驻平台门槛更高，涉及网站设计、技术开发、电商运营、客户管理、物流管理等多链路的管理体系。

企业经营能力只是选择重点电商渠道中的一个因素，科学的决策需要综合考虑企业因素、平台因素、客户因素及项目风险和渠道的关联交互影响。笔者开发了跨境电商重点渠道评估量表（见表 11-4），以战略因素、财务因素、企业经营该平台的资源和能力条件、平台环境、渠道风险、协同效应 6 个维度作为一级分类，并选取了 17 个二级指标作为跨境电商重点渠道选择的评估依据。可以根据企业实际情况，采用专家法赋予指标体系权重，并根据层次分析法或综合模糊评价法得出量化结果。用这种方法得出的量化结果可以用于决策支持。

表 11-4 跨境电商重点渠道评估量表

一 级 指 标	二 级 指 标
战略因素	战略符合程度
	高层支持程度
	战略贡献度
财务因素	投资回收期
	投资回报率
企业经营该平台的资源和能力条件	产品特性
	跨境电商平台运营能力
	人力资源条件
平台环境	平台定位及影响力
	平台信息系统质量
	平台服务
	平台市场环境

续表

一级指标	二级指标
渠道风险	交易风险
	市场风险
	宏观环境风险
协同效应	平台间的关联程度
	平台间资源的竞争

2. 电商类别整合

在不同电商类别之间的整合是模式整合的另一个重点。

一般认为，当前的电商模式可以分为一类电商和二类电商两种。一类电商是指在线支付型的电商平台店铺经营形式。例如，在 Amazon 等平台开通一个店铺，通过上架商品、客户下单、在线支付、签收回款等流程完成交易。二类电商是指货到付款形式的单品推广经营形式。例如，在 Facebook 的商品单页广告中，上架单款商品并主动推广该商品，客户下单，快递送达同时代收货款，就是典型的二类电商。

这两种模式的相同之处在于，都是售卖商品，都通过线上平台进行推广。它们的不同之处在于，就支付方式而言，一类电商是先付款后发货，由第三方支付公司向商家结算，而二类电商则是通过先发货后付款，由物流快递公司向商家结算；就推广方式而言，一类电商通常由平台导入流量，提供电商运营工具，同时经营多款产品，而二类电商则主要是通过投放单页广告，有意去打造爆款产品。因此，一类电商更看重复购率和经营口碑，二类电商更看重运营爆款；就消费人群而言，一类电商的消费人群主要是已经养成网购习惯，不太在乎信任问题（信任问题已有电商平台保障）的网购人群；二类电商则覆盖那些几乎没有网购经验，或是没有见到实际产品而存在信任顾虑的消费人群（年龄偏大，多为男性）。因此，一般来说，二类电商注重短线，稳定性弱；一类电商注重长线，稳定性较强。二类电商是一类电商的补充。

一类电商与二类电商整合的基本思路是充分利用两类电商的特点。常见的整合方式是，一类电商可以提供丰富的产品。通过直播和二类电商培养用户、粉丝或首次购买客户，将成熟的客户导入一类电商平台上的店铺。而一类电商的店铺和品牌，也为二类电商与直播进行背书，提升客户信心和关注度。整合的最终目标是，通过短期的产品和流量爆发，完成客户的培养和积累，带来长期的稳定收益。

3. 模式整合的组织实施

模式整合属于战略层任务，由企业负责人组织实施，对应的组织方法即第一章介绍的 PDCA 循环。

企业负责人应按时召开事业部负责人月度计划会（或月度业绩回顾会），听取各事业部主管汇报月度业绩达成情况及相应的原因，给定月度工作情况的评价。之后，要求各事业部主管提出下月业绩目标，并由专门的会议记录人员记录在案。

此外，一定要确认各事业部如何协同，要特别关注增长最快的事业部，鼓励其他团队说明如何帮助该事业部保持快速增长，以便达到更快的成长速度。会议纪要应将具体的配合方法记录下来，月度业绩目标、每周分解数据及相应策略的月度会议纪要等应及时发送给各事业部主管,作为下一月业绩考核的依据。

企业负责人应要求助理对每月数据进行记录,与季度计划分解到每月的目标数据进行对照,分析差距及其原因,并于季度业绩回顾会之前,总结本季度情况,绘制数据报表。报表中需要体现计划与实际情况,并提出下季度核心业绩指标及月度分解数据。

第四节 营销创新环境与激励

一、新技术、新模式与营销创新

1. 技术驱动跨境电商营销创新

跨境电商作为数字经济时代新型商业模式,新技术是其发展的基础支撑,也是重要驱动因素。从跨境电商发展历史来看,网络的普及带来了 PC 端电子商务的高速发展;网速的提升、信息交互的便捷又带来了移动端电商的爆发;如果说 4G 推开了移动互联的大门,5G 则凭借其高带宽、高速率、低延时的特点有望实现万物互联,让 AR、VR 这些需要较高数据吞吐量的技术应用具备可能性。

网上店铺可通过 VR 技术给消费者营造身临其境的购物体验,人们足不出户就可以逛购物中心。例如,Amazon 用 VR 技术给用户提供了 View in Your Room(见图 11-9),允许消费者使用可视化工具设计一个房间,使消费者获得更具沉浸感的购物体验。消费者不仅可以想象自己梦寐以求的房间,还可以将其形象化,从而做出更明智的购物决定。这种参与和互动能大幅提升购买转化率。

图 11-9 Amazon 用 VR 技术给用户提供的 View in Your Room

除了 AR、VR,大数据分析和人工智能是跨境电商领域应用较多的新技术。相对于线下交易,线上交易的数据更容易获取。因此,数据分析可以让企业制定更具洞察力的营销战略。人工智能技术的应用也在逐渐深入,战略决策、定价、促销、客户服务等各方面均出现了人工智能的应用场景。

可以预见,随着区块链、人工智能、大数据等技术赋能跨境电商各环节,有望在全球范围内共建信任网络与开放平台,从而带动全球创新链、产业链和价值链加速优化整合,成为推动经济社会发展的新动能。

2. 跨境电商商业模式创新

商业模式创新是以改变企业价值创造为基本逻辑来提升顾客价值和企业竞争力的活动。商业模式创新的首要意义在于帮助跨境电商企业提高创造价值和获取价值的能力，从而在有挑战的市场环境中获取竞争优势。全球化、竞争加剧、技术变革等因素正在深刻影响跨境电商竞争格局，宏观环境的变化缩短了商业模式的创新周期，跨境电商企业支持和加速创新是其发展的内在需求，进行商业模式创新的企业更容易获取竞争优势。因此，跨境电商企业要保持持续健康发展，创新商业模式势在必行。

跨境电商商业模式创新，一般以价值创造为核心，从目标市场、价值主张、价值创造、价值交付、利润获取 5 个要素进行考虑。

（1）目标市场。

进行商业模式创新，首先应考虑的问题是目标市场与客户群体，这是一个关乎跨境电商企业战略定位的问题。把企业的目标市场定位于需求未得到满足的细分市场，这是商业模式创新的基本方式。以阿里巴巴国际站的大多数制造商为例，大部分制造商的主要客户群体是大规模定制的客户，部分商家意识到了小量批发客户的需求，就开拓 RTS 赛道，满足这部分客户的细分需求，这是以目标市场为要素进行商业模式创新的基本方法。

（2）价值主张。

无论跨境电商企业是否明确提出其价值主张，企业都以提供满足客户需求的价值主张为核心竞争力。跨境电商企业的价值主张附着在企业的产品、服务或解决方案上。价值主张的出发点是客户的独特需求。在过去相当长的一段时间内，大部分中国跨境电商企业满足的是采购商生产制造的需求。但是，随着中国企业品牌意识的增强，中国企业开始打造品牌，增加产品附加价值，在其生产制造之外，增加设计、科技创新、品牌等价值，这是跨境电商企业基于价值主张要素进行商业模式创新的常见方法。

（3）价值创造。

价值创造是关乎跨境电商企业运营模式的问题。对于工贸一体型跨境电商企业，其价值创造方式为产品生产，而贸易型跨境电商企业则以代工模式来满足其经营需求。众多的微型跨境电商企业，在国内电商平台进行采购来满足其经营需求。价值创造的方式是商业模式的核心问题。

（4）价值交付。

跨境电商企业成功交付价值，意味着该企业找到了目标客户，最终目标客户购买了该企业的产品、服务或解决方案。例如，某手机商家通过阿里巴巴国际站上传产品并实施营销来获取客户，最终达成交易，就是一种价值交付方式；某宠物用品商家用社会化媒体聚集粉丝，并通过内容营销进行"种草"，通过落地页进行流量承接，也是一种价值交付方式。不同类型的跨境电商企业有着不同的价值交付方式，价值交付方式也是商业模式的核心问题。

（5）利润获取。

完成价值创造并不等同于获取了利润，即使完成价值交付也并不意味着跨境电商企业已回收成本并获取利润，盈利模式与成本控制和收入模式有关。例如，一些跨境电商前期会通过投入付费广告来获取流量，很长一段时间，店铺的盈利都为负。盈利模式是跨境电商企业商业模式的终极问题，任何商业模式创新都必须能够建立或提高企业持续盈利的能力。

从以上 5 个维度进行分析，可以得到跨境电商企业现有的商业模式。跨境电商企业在进行商业模式创新时，可以从本企业现有的商业模式出发，对其中一个维度进行创新，也可以同时对多个维度进行创新。在品牌出海的浪潮中，跨境电商企业要勇于进行商业模式创新，以在全球市场竞争中"弯道超车"，实现爆发式增长，成长为世界品牌。

二、构建和保护营销创新生长环境

营销创新需要基因和土壤，这需要明确创新意识、创新组织架构、创新工作机制、创新保障这一资源配置的闭环，使各种创新要素在遵循整体组织业务方向和管理原则的情况下进行聚合，形成有利于创新发展的生长环境。

1. 明确创新意识

跨境电商企业应该有营销创新的共同价值追求。跨境电商的市场环境瞬息万变，因此明确营销创新在企业发展中的作用，在企业的各个方面体现营销创新意识、落实营销创新，是跨境电商企业发展的内在需求。而建立学习型组织，让企业跟上新技术、新模式的步伐，是跨境电商企业实现长期可持续发展的必要条件。

2. 创新组织架构

跨境电商企业要完成创新目标，仅靠个人几乎是无法实现的，需要从组织上进行创新，创新组织架构是构建营销创新生长环境的重要部分。跨境电商企业一般以成立独立业务单元、内部创业孵化器的形式来与原有业务做区隔。本书推荐了一种重战略中台支持的创业型组织架构，细化后如图11-10所示。

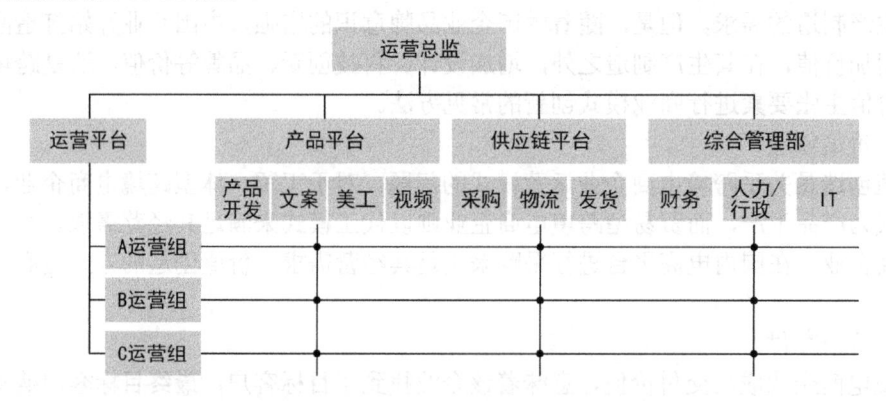

图11-10 重战略中台支持的创业型组织架构

在运营平台根据不同的跨境电商渠道建立运营小组，把产品、供应链、综合管理部等组建起战略支撑中台。这种组织架构一方面，保持前端运营团队的小型化和灵活性，以更好地匹配市场需求，并将创新的任务主要赋予这些运营团队；另一方面，通过战略支撑中台去保证每一条运营线都能高效运营，为试错和规模化提供可能性。这种组织架构，对于以第三方平台经营为主体的企业比较普遍，如深圳赛维、通拓等都在应用这种组织架构。正是因为这样的组织架构，才得以让跨境电商企业以较低的成本实现了快速创新发展，快速地拓展了市场。

3. 创新工作机制

创新以人为本，跨境电商以数字经济新生代知识工作者为主要就业群体，此类群体追求平等、坦诚、创新、自由的组织文化，因此舒适、时尚的办公环境、弹性工作制、远程办公，都有利于孕育创新的文化。

新营销方式的试验突破不可避免地需要大量试错和迭代成本，需要在绩效管理机制上做相应容错的优化。建设高包容性的组织文化，可以有效避免新团队因无力承担必要的失败而在创新方面畏首畏尾。

另外，创新思想更容易在宽松、民主、愉悦的环境下孕育和产生。透明、公平、民主的决策机制可以调动员工的积极性，企业应充分授权，建立民主决策机制，激活创新思想。

4. 创新保障

创新需要探索未知领域或尝试新方法，这就意味着失败风险更高，特别是在跨境电商多平台、多区域的市场环境下。因此，要在制度上确认对创新行为的认可，并设立相应的保障体系，落实有利于创新的资源配置。

无论是从制度层面还是从经济层面，都要做好相应人员的保障工作，只有这样才能让员工没有后顾之忧，全身心投入相应的创新工作中。例如，可以从合同期限、薪资构成、可能的转岗方向等进行安排和保障。总而言之，保护营销创新环境不是空谈，而要以必败的假设对参与的团队和个人提供保障，并尽可能形成长效机制，才有希望迎接必胜的结果。

三、创新激励

营销创新，进可在新兴市场与需求层面快速扩张并建立"护城河"，退可在激烈竞争的市场中确立竞争优势。不仅要构建和保护营销创新生长环境，还要设立行之有效甚至激进的创新激励。

跨境电商企业多数员工有 3 个重要特征。首先，员工为个人兴趣、新鲜体验和理想而工作，把工作作为成就自我的途径。这会导致他们对组织目标相对漠然，一旦职责超出或偏离兴趣，他们就可能缺乏责任感。其次，员工作为"数字原住民"，喜欢追求变化和刺激，思维活跃，这会使他们对组织和工作的忠诚度较低，跳槽率高。最后，他们擅长虚拟世界中的人际交流和人机交互，追求开放自由、相对宽松的企业文化，但对现实工作场景中的团队协作意识和凝聚力稍欠缺。

商业环境的快速变化和就业群体的特点对组织的创新激励提出了挑战，要落实创新，组织需要根据主要就业群体的特征，在物质激励的基础上，适当提升精神激励的重要性。具体可以从以下两方面入手。

首先，组织需要明确认可员工创新的贡献，并将其与晋升机会、物质回报挂钩。创新的贡献不仅体现在成功上，失败的创新也有其价值，应予以肯定。但毕竟组织未从失败的创新中获得可见的产出，故失败的创新无法通过物质奖励进行充分肯定。因此，我们就更加需要对好的创新结果进行充分的肯定且给予奖励，让创新工作即使面临极高的失败风险，也能让员工因为高额的成功回报而充满激情。

其次，对于新生代员工关注自我发展等特点，组织应当精心设计职业发展通道，提供大量的培训发展机会，拓宽员工工作施展空间，把组织成长与员工个人成长关联起来，并让员工真正成为自我成长过程的掌控者、成长成果的最终拥有者和价值兑现者，从而构建创新的长效机制。

本 章 小 结

跨境电商从最开始的"跑马圈地",到现在进入社交引流的时代,已经是下半场了,营销创新正广泛且深刻地发生着。跨境电商的发展史,同样是营销创新史。跨境电商营销创新可以从新技术的应用、跨界融合、已有营销方法的整合、借鉴它山之石等方面开始。

直播电商是近年高速发展起来的一种营销创新形式,和传统广告、点击付费广告相比,其引流、获客的效率更高,在品牌提升方面也有独到的作用。本章讨论了直播营销的特点,直播营销的六要素,直播营销与其他营销任务的联动,直播营销的一般流程,评价直播体系,成效分析与优化方向。我们发现营销创新对人们的生活和思维方式会产生深远影响。

在13N1营销框架体系下,本书介绍了10项典型营销任务,这些任务之所以能构成13N1营销框架体系,是因为它们能在对应的层级实现整合。良好的整合营销最终能打造优秀品牌,其中,品牌流量IP化是有效的方法。为了打造品牌流量IP,应实施线上流量整合、线上与线下协同营销,以及多模式整合营销的高阶营销技巧,分别对应战略层、战术层、战斗层的3层整合策略。

营销创新离不开其发展环境和激励政策。跨境电商营销创新有着明显的技术驱动特征,VR、AR、大数据、人工智能技术在跨境电商营销创新中有着广泛的应用。基于商业模式组成要素也可以进行创新,营销创新不是天上掉馅饼,而是构建和保持营销创新生长环境、长短期积极甚至激进的创新激励下的产物。

曾经,展会是获取海外客户的主要渠道,谁曾想在互联网时代,展会却越来越举步维艰。曾经,我们为了第三方电商平台的流量争夺殚精竭虑,但社会化媒体营销让我们看到了另一片蓝海。我们还未回过神来,直播的兴起又带给我们各种惊喜。5G、6G时代还会发生什么,我们不知道。但营销创新本身有通用方法,只要我们始终如一地坚持创新,就会一直处于时代的风口浪尖,甚至引领时代的发展。

本 章 习 题

一、选择题

1. 跨境电商营销创新的一般方法包括(   )。
  A. 新技术的应用   B. 跨界融合
  C. 已有营销方法的整合与活用   D. 它山之石
2. 直播营销成效分析的评价维度主要包括(   )。
  A. 流量类指标 B. 流量转化指标 C. 销售效果指标 D. 直播评价指标
3. (   )属于战斗层的整合策略。
  A. 线上流量整合   B. 线上线下营销协同
  C. 模式整合   D. 流量IP
4. 企业选择重点跨境电商渠道的决策因素主要有(   )。
  A. 战略因素 B. 财务因素 C. 渠道风险 D. 关联交互影响

二、实操题

联系一个跨境电商企业,了解其经营状况,并根据其实际情况给出营销创新建议。

参 考 文 献

[1] 菲利普·科特勒. 市场营销学. 北京：中国人民大学出版社，2015.

[2] P. 弗雷泽. 约翰逊. 采购与供应管理（原书第 15 版）. 北京：机械工业出版社，2019.

[3] 迈克尔·波特. 竞争战略. 北京：中信出版集团，2014.

[4] 克里斯托弗·洛夫洛克. 服务营销. 北京：中国人民大学出版社，2018.

[5] 苏朝晖. 客户关系管理 客户关系的建立与维护（第 4 版）. 北京：清华大学出版社，2018.

[6] 杨飞. 流量池. 北京：中信出版集团，2018.

[7] 克里斯·安德森. 长尾理论. 北京：中信出版集团，2015.

[8] 杰克·特劳特. 新定位. 北京：机械工业出版社，2019.

[9] 阿黛尔. 用户画像. 北京：机械工业出版社，2018.

[10] 马述忠，卢传胜，丁红朝，张夏恒. 跨境电商理论与实务，北京：中国言实出版社，2018.

[11] 郑建辉，陈江生，陈婷婷. 跨境电子商务实务，北京：北京理工大学出版社，2017.

[12] 海猫跨境编委会. 大卖家（第 2 版）（修订版）. 武汉：华中科技大学出版社，2018.4

[13] 刘慧君，董晓燕. 跨境电商视觉营销，北京：中国人民大学出版社，2018.

[14] 李成庆，王荣琴，段建. 视觉营销，杭州：浙江工商大学出版社，2020.

[15] 肖勇，杜治方. UI 设计，北京：中国轻工业出版社，2019.

[16] 谭鸿健 刘德华 董媛. 网络营销 镇江：江苏大学出版社，2019.

[17] 何晓兵 何杨平 王雅丽. 网络营销——基础、策略与工具. 北京：人民邮电出版社，2016.

[18] 萧潇. 创意文案与营销策划. 天津：天津科学技术出版社，2020.

[19] 参与感：小米口碑营销内部手册. 北京：中信出版集团，2018.

[20] 王高. 销售促销效果评估：一个 Multinomial Logit 模型的应用[J]. 2003.

[21] 邓乔茜，王丞，周志民. 社会化媒体营销研究述评[J]. 外国经济与管理，2015，37（1）：11.

[22] 梁琪. 基于直播带货狂欢下的冷思考——以"淘宝"直播为例[J]. 新闻传播，2021（2）：2.

[23] 谢莹、阿布都热合曼·阿布都艾尼. 跨境电商商业模式创新路径研究述评[J]. 山东工商学院学报，2020，34（5）：11.

[24] 申海波. 企业商业模式创新的识别与评价[N]. 光明日报，2014-08-28（016）.